李飞 李怡君 著

"一带一路"
视阈下的跨国税源管理

Tax Administration of
Cross-Border Coorparation from Perspective of
the Belt and Road

社会科学文献出版社
SOCIAL SCIENCES ACADEMIC PRESS (CHINA)

序

  李飞博士的著作《"一带一路"视阈下的跨国税源管理》在对跨国税源管理现状剖析的基础上，运用制度经济学理论对我国高校合作办学国际税收流失的影响因素进行了深入研究和分析，并在此基础上，从制度经济学视角提出了我国治理非居民企业税收流失的模式选择及路径。该著作选题新颖，立论巧妙，论证有力，研究方法得当，内容安排适宜。

  该著作在回顾和借鉴高校学者和税务实际工作者的税收流失理论、研究方法和成果的基础上，以对我国高校合作办学国际税收流失的现状剖析为切入点，运用制度经济学理论，结合不对称信息理论、博弈论理论，同时运用法学、管理学等跨学科知识，对高校合作办学国际税收流失的成因进行了系统、深层次、多角度的制度研究和分析。并在此基础上，从制度经济学视角提出了我国国际税收制度改革的模式选择及路径，提出了针对性、现实性较强的防止高校合作办学国际税收流失的思路和设想，具有较强的理论意义和实践意义。而且本研究突破了现有相关文献中政策文本分析的单一方法，对问题的剖析具有相当的深度、广度和较强的说服力。

  从李飞博士对该项目的论证来看，其研究具有很大的创新性，内容新颖，选题前沿，立论有据，论证充分，尤其是较好地交叉运用了经济学、管理学、社会学、心理学等学科知识和方法，具有重要的理论意义和实践价值。该成果将对我国税收制度建设、财税体系改革、税收流失的防范和治理等提供有益借鉴和指导价值。

周光礼
2018 年 9 月 18 日

摘 要

本文将理论研究与实证分析相结合，运用新制度经济学的理论基础和分析框架，从正式约束、非正式约束、实施机制等方面深入剖析了跨国税源管理的漏洞及其深层次原因，借鉴国外跨国税源管理的成功做法，结合我国跨国税源管理的现状，提出了跨国税源管理的意见和建议：首先，强化正式约束的效用；其次，发挥非正式约束的作用；最后，增强实施机制的有效性。

研究结果表明：①跨国税源管理正式约束的效应未完全发挥、跨国税源管理的非正式制度与正式制度不够匹配、跨国税源管理机制与制度变迁不协调是跨国税源管理水平的重要影响因素；②跨国税源管理对国家之间的税收关系、财政收入规模、宏观调控、资源配置效率等产生不同程度的影响；③跨国税源管理是牵涉多方利益、涉及多个职能部门的系统工程；④强化正式约束的效用、发挥非正式约束的作用、提高税收征管等实施机制的效率是加强跨国税源管理的有效措施。

关键词：跨国税源管理　非居民企业税收流失　制度经济学理论

ABSTRACT

This paper deeply analyzed the reasons of the tax loss of the non-residential cooperation from perspective of formal constraints, informal constraints, implementation mechanism by applying new system economics theoretical analysis framework with the methodology of theoretical analysis and empirical analysis. Suggestions and implications are brought up to prevent and control tax loss and to strengthen tax administration of the international cooperation on the basis of reference of successful experience, combined with the actual situation in China. Suggestions and implications are as followings: firstly, strengthening the utility formal institutional constraints; secondly, fully playing the role of informal institutional constraints; thirdly, enhance the effectiveness of enforcement mechanism.

The main conclusions generated from this study are as follows.

(1) Main factors of international tax loss of the international cooperation. The configuration of the tax system is not reasonable; change in tax informal institutional constraints and the change of the configuration of the tax system are not matched and the implementation mechanism cannot meet the requirement of the institutional transformation.

(2) Tax loss of the international cooperation has different degrees of impact on factors on tax relationship between countries, scale of fiscal revenue, macroeconomic regulation and efficiency of resource allocation.

(3) Tax loss of the international cooperation is a global, long-term and complicated project.

(4) It is effective to prevent and control tax loss of international cooperation to give full play to the utility of formal constraint to strengthen the informal institutional constraint and to promote the effective operation of the implementation mechanism.

Keywords: Tax Administration of Cross-border Cooperation; Tax Loss of Non-residential; Theory of Institutional Economics

目 录

第一章 引言 ··· 001
　第一节　选题的背景和意义 ·· 001
　第二节　文献综述 ··· 003
　第三节　研究方法与思路 ·· 007
　第四节　创新点与存在的问题 ·· 008

第二章 "一带一路"倡议的内涵 ··· 010
　第一节　"一带一路"概念 ·· 010
　第二节　"一带一路"提出的战略背景 ·· 011
　第三节　"一带一路"提出的历史意义 ·· 014
　第四节　"一带一路"发展所取得的历史成就 ·································· 017

第三章 非居民企业税收的概念界定 ·· 023
　第一节　非居民企业税收的历史渊源 ··· 023
　第二节　防范非居民企业税收流失的相关概念界定 ···························· 024

第四章 防范非居民企业税收流失的理论分析框架 ································ 036
　第一节　理论背景 ··· 036
　第二节　借鉴上述理论的原因 ·· 038
　第三节　非居民企业税收管理现状 ·· 038

第五章 非居民企业税收流失对宏观经济和微观经济的影响 ······················· 054
　第一节　国家间税收关系 ·· 054
　第二节　政府收入规模 ·· 055
　第三节　宏观调控 ··· 059

第四节　资源配置效应 …………………………………………… 060
　　第五节　政府收入机制 …………………………………………… 060
　　第六节　国民收入分配格局 ……………………………………… 060
　　第七节　投资与消费 ……………………………………………… 060
　　第八节　税收效率 ………………………………………………… 061
　　第九节　企业财务成果与市场环境 ……………………………… 062
　　第十节　税负的不公平转嫁 ……………………………………… 063

第六章　非居民企业税收流失的影响因素分析 ……………………… 064
　　第一节　影响因素的理论分析之一：正式制度 ………………… 064
　　第二节　影响因素的理论分析之二：非正式约束 ……………… 078
　　第三节　影响因素的理论分析之三：实施机制 ………………… 086

第七章　防范非居民企业税收流失的实证分析 ……………………… 099
　　第一节　案源发现 ………………………………………………… 099
　　第二节　案例描述 ………………………………………………… 100
　　第三节　案例分析 ………………………………………………… 102

第八章　加强非居民企业税收管理的意见和建议 …………………… 144
　　第一节　强化正式约束的效用 …………………………………… 144
　　第二节　完善组织管理体制 ……………………………………… 146
　　第三节　发挥非正式约束的作用 ………………………………… 147
　　第四节　促进实施机制的有效运行 ……………………………… 153

第九章　结论 …………………………………………………………… 161

附录一　非居民企业税收业务常见问题解答 ………………………… 163

附录二　非居民企业税收相关法规汇编 ……………………………… 171

参考文献 ………………………………………………………………… 234

致　　谢 ………………………………………………………………… 239

第一章 引言

第一节 选题的背景和意义

党的十九大指出，中国特色社会主义进入新时代。在这一新的历史起点上，以习近平新时代中国特色社会主义思想为指导，高质量推进大国税收建设，更需要厘清现实，把握趋势，进而精准定位，认清和承担使命担当。推进新时代大国税收建设，要适应世界经济格局的深刻调整，推动形成全面开放新格局，引领新时代税收现代化。

本研究以跨国税源管理为研究主题，研究意义主要从以下几个层面体现。

第一，在经济全球化和区域经济一体化大背景下，西方发达国家经济上的贸易保护主义、社会上的排外主义和政治上的保守主义抬头，区域一体化趋势也在英国脱欧和美国退出TPP之后趋于停滞。在此复杂多变的经济环境下，我国面临如何应对当前复杂的国际经济环境，如何解决国内传统产业产能相对过剩问题，带领企业走出困境，将自身的产能优势、技术与资金优势、经验与模式优势转化为市场与合作优势，实现全方位开放一大挑战。"一带一路"倡议正是在此背景下提出的，伴随"一带一路"倡议向纵深推进，跨国公司呈现迅猛发展势头，越来越多的跨国公司在中国境内进行跨国投资，跨国经营承包工程作业和提供建筑、设计、咨询、审计等劳务，成立外国企业常驻代表机构等，与之相关的跨国税源管理问题不断出现，如非居民企业税收的涉税品目较多、纷繁复杂，非居民企业税收征纳双方信息不对称、信息获取难度较大，非居民企业税收不易纳入监控、税收征管水平较低，跨国税源管理专业人才匮乏，境内单位和企业扣缴义务难以履行，这对防范和治理非居民企业税收流失提出了新的管理要求和挑战，引起了税收理论及税收征管部门等的广泛关注。因此，加强跨国税源管理对促进经济的稳定协调发展、改革开放和经济结构调整、服务贸易举足轻重。但是，由于关于非居民企业税收的法律法规不够健全、非居民企业税收的管理体制不够完善、跨国公司和境内支付单位对相关非居民企业税收政策不够了解导致的纳税遵从度较低等多因素的影响，与之相关的管理问题和税收流失问题层出不穷，非居民企业的税收流失问题尤其突出，引起理论界和各级国际税收征管部门高度关注。国际税收征管部门在境外企业和单位从我国境内企业和单位取得的各类收入与高额利润方面存在较多税收征管问题，如大型设备安装费、设计费、咨询费、广告费、管理费等国际税收征管部门的税源管控能力仍须进一步提高，税收征管技术和税收征管手段仍须进一步改善，跨国税源管理在整个税收征管中始终是薄弱环节，因此加强跨国税源管理、防范非居民企业纳税人的税收流失，更好地维护和行使税收管辖权、参与国际税收分工成为各级国际税收征管部门亟待解决的问题。

第二，从理论层面看，本书旨在防范和治理非居民企业纳税人的税收流失、加强跨国税源管理的理论与方法研究，试图探索新制度经济学理论在防范和治理非居民企业纳税人税收流失、加强跨国税源管理及营改增税制改革的应用，完善对非居民企业税收征管的相关理论，并引起人们对该问题的关注与重视。

第三，从实践层面看，本书为加强我国跨国税源管理、防范非居民企业税收流失和提高我国非居民企业税收征管水平提供咨询、支持和参考，试图构建新的防范非居民企业纳税人的税收流失和跨国税源管理体系，在一定程度上提高我国的跨国税源管理水平，加快产业结构调整步伐，增强税收财政职能，促进经济平稳增长，推进供给侧结构性改革，维护税收管辖权，维护国家经济安全和金融安全，增强国际税收协作，在此过程中促进发展与改革、供给与需求、新动能与传统动能、国富与民富的平衡。

第四，从国家政策层面来看，跨国税源管理不仅是我国实施对外开放基本国策的重要内容，而且是我国更好地进行团队化和专业化管理、参与国际税收分工的重要体现。这使跨国税源管理在税收征管实践中的地位也日益突显。跨国税源管理的复杂性日益受到社会各界关注，国际税务管理部门也从非居民企业税收的资料备案、汇算清缴、纳税登记、信息搜集与分类管理、税收数据分析、税源监控、"走出去"企业的服务与管理、税务审计、关联企业的同期资料申报与管理、关联交易调查、反避税管理、优化对非居民企业纳税人纳税服务等方面进一步加强管理。非居民企业税收因其社会影响面和行业的特殊性，涉及的税收征管机制问题更成为税收理论界和国际税收征管实践关注的焦点和热点。

第二节　文献综述

中外学者对税收流失的论述各有千秋，下面就税收流失问题的论述进行简要的评价。

一　西方税收流失理论

（一）对税收流失的论述

早在柏拉图古希腊时期的著作中就能找到关于税收流失的定义、种类及形式等的论述。荷兰的税收法律把纳税人的各种违反法律规定履行纳税义务的行为都界定为税收流失。美国的杰穆思对税收流失有比较详尽的论述，主要包括对税收流失的两种主要形式——逃税与税收筹划的界定、逃税与税收筹划发生的环节及政府对这两种形式所持有不同态度等内容。[①] 法国的经济学家关于税收流失的概念和表现形式也有论述：企业或个人没有按照现行的会计制度国际财税准则的规定，通过减少应税收入或增加应税支出的方法减少应纳税额的行为。

综上所述，西方国家的学者对税收流失的主要表现形式——偷税、逃税、避税和税收筹划（节税）持有基本相同的观点：税收筹划（节税）是纳税人利用税收法律的缺陷、漏洞少缴纳税款的行为，一般发生在纳税之前，各国对税收筹划（节税）的态度是不反对；偷税和逃税是纳税人违反税收法律规定少缴纳税款的行为，一般发生在纳税之后，各国对偷税和逃税的态度是反对的。

---

① James, G., *Finance & Accounting* (Phoenix: Mechanism Industry Publishing House, 2005), pp. 127 – 129.

(二) 关于税收流失的表现形式

日本的税收专家认为税收流失的表现形式有偷税、避税、逃税、违规的免税、骗取国家出口退税、滥用税收协定等。法国的税收专家认为税收流失表现形式有偷税、逃税、漏税、违规的免税、避税与税收筹划（节税）、欠缴国家税款、骗税、滥用税收协定和国内法的相关规定。德国的税收专家认为税收流失的表现形式有偷税、逃税、违规的税收减免、违规的税款延期缴纳、拖欠国家税款、避税、税收筹划、骗取国家出口退税、暴力抗税等。

(三) 关于税收流失的估算

据美国的税收专家测算，2010 年美国的税收流失额高达 519 亿美元，税收流失率为 17.2%。据德国的税收专家测算，德国 2011 年的税收流失额高达 611 亿马克，税收流失率为 29.97%。据欧洲的税收专家测算，希腊 2010 年的税收流失额为 432 亿欧元，税收流失率为 34.7%；2010 年意大利的税收流失额是 513 亿欧元，税收流失率为 40.1%。据日本的税收专家测算，2011 年日本的税收流失达到 7153 亿日元，税收流失率为 37.6%；印度、巴西、智利、墨西哥等国的税收流失率甚至达到 50%~60%。①

(四) 关于税收流失产生的原因

美国的税收专家认为，税收流失是由于先进的电子设备和互联网在贸易与服务的广泛运用，而目前的税收管理水平与管理手段尚须进一步提高；印度的税收专家认为，税收流失的存在是相关法律、法规不够完善使纳税人能够利用法律、法规的漏洞减少依法应缴纳的税款；意大利的税务专家认为，税收流失是由于现行的财税体制与经济的跨越式发展之间的不协调。②

(五) 防控税收流失和加强税源管理的策略

美国、意大利运用纳税人登记编码的方式比较有效地防控税收流失；日本通过加强审计纳税人的账簿，特别是加强应税收入、应税支出与应税所得的审计来有效防控税收流失；韩国通过加大税收宣传力度，提高纳税

---

① Justin Scott, "Tax System & Tax Administration", *Journal of Finance* 5 (1990).
② Justin Scott, "Tax System & Tax Administration", *Journal of Finance* 5 (1990).

人的纳税遵从意识和纳税人满意度的方法防控税收流失；澳大利亚通过对大企业实施团队化和专业化管理有效地防范大企业的税收流失；加拿大国内收入局通过加强与社会其他部门建立信息交换与信息共享的长效管理机制，在涉税管理中有效地运用涉税信息，有效地防止信息不对称造成的税收流失。①

二 我国的税收流失理论

我国早在汉朝就有关于税收流失的历史记载，汉武帝意识到税收流失的存在并下令在全国范围内进行税收流失的调查与清理。

（一）关于税收流失的概念界定

刘艳认为，税收流失是纳税人违反国家政策运用不法手段进行偷逃税款的经济现象。② 谷雪梅对税收流失的概念这样界定：企业或个人背离国家的意图、违反税收相关法律以达到减少应纳税额目的的行为，表现形式有偷税、逃税、漏税、骗税、避税、节税。③ 邓晓宇对税收流失做出如下定义：企业或个人为了减少应纳税额的各种不法行为及其对经济产生的不良效应，在数额上等于应纳税额与实纳税额的差额。④

（二）关于税收流失的表现形式

刘艳认为税收流失主要表现为偷税、逃税、欠税、避税、税收筹划（节税）、骗取出口退税、抗税、不合法的减免税和包税等。⑤ 谷雪梅认为，表现形式有偷税、逃税、不合法的免税、欠税、避税、税收筹划（节税）、骗税、抗税等。⑥ 邓晓宇把税收流失的表现形式分为偷税、逃税、不合法的免税、不合法的减税、不合法的税款延期缴纳、欠税、避税、税收筹划（节税）、骗税、抗税等。⑦

---

① Justin Scott, "Tax System & Tax Administration", *Journal of Finance* 5 (1990).
② 刘艳：《浅析税收流失原因》，《商业研究》2005 年第 2 期。
③ 谷雪梅：《税收流失原因的探讨与思考》，《商业研究》2009 年第 9 期。
④ 邓晓宇：《税收流失的制度原因分析》，《西部财会》2016 年第 3 期。
⑤ 刘艳：《浅析税收流失原因》，《商业研究》2005 年第 2 期。
⑥ 谷雪梅：《税收流失原因的探讨与思考》，《商业研究》2009 年第 9 期。
⑦ 邓晓宇：《税收流失的制度原因分析》，《西部财会》2016 年第 3 期。

(三) 关于税收流失的估算

敖汀在《税收流失不良效应分析》一文中指出由于地下经济的存在及规模较大的现金交易，我国每年的税收流失超过一千亿元；① 马国强认为税收流失大规模存在于国民经济的各个角落，"地上经济"和"地下经济"都超过了税收总额的半数以上。②

夏南星于 2000 年和 2003 年分别运用不同的数理统计法测算出 1987~1994 年的地下经济占国民生产总值的比重均超过 20%，由此产生的税收流失为 620 亿元，其中 1983~1986 年该比重达 23%，由此产生的税收流失为 710 亿元；③ 梁朋认为在 1985~1994 年地下经济占国民生产总值的比重均超过 20%，1997 年税收流失规模为 675 亿元，与 1985 年的税收流失规模相比提高了 1.8 倍。④ 朱小斌、杨缅昆运用现金比率的数理统计法测算的 1979~1997 年均税收流失规模为 800 亿元。⑤ 贾绍华用现金比率法的数理统计法测算的税收流失规模约 4000 亿元，地下经济占国民生产总值的比重达到 40%。⑥

总之，我国的经济学家和从事税收工作的研究者认为，税收流失大规模存在于国民经济的各个角落，税收流失问题的防范与治理需要很多部门、时间与精力去做。

(四) 关于税收流失产生的原因

刘艳认为税收流失的主要原因是税收法律体系仍需进一步完善。⑦ 谷雪梅造成税收流失的原因如下：纳税人的纳税意识较低，纳税遵从度仍需进一步提高。⑧ 邓晓宇认为税收法律的执行有待进一步提高。⑨

总之，中外的经济学家和从事税收工作的研究者对于税收流失的研究涉

---

① 敖汀：《税收流失不良效应分析》，《西部财会》2018 年第 8 期。
② 马国强：《浅议税收流失》，《吉林财税高等专科学校学报》2014 年第 2 期。
③ 夏南星：《税收流失原因的几点思考》，《涉外税务》2000 年第 9 期。
④ 梁朋：《税收流失原因的相关问题研究》，《商业时代》2008 年第 6 期。
⑤ 朱小斌，杨缅昆：《税收流失的原因分析》，《吉林财税高等专科学校学报》2012 年第 3 期。
⑥ 贾绍华：《中国税收流失问题研究》，中国财政经济出版社，2002，第 126~129 页。
⑦ 刘艳：《浅析税收流失原因》，《商业研究》2005 年第 2 期。
⑧ 谷雪梅：《税收流失原因的探讨与思考》，《商业研究》2009 年第 9 期。
⑨ 邓晓宇：《税收流失的制度原因分析》，《西部财会》2016 年第 3 期。

及概念界定、表现形式、规模估算、产生原因及对策建议，然而防范和治理非居民企业税收流失和跨国税源管理是我国改革开放的新生事物，理论研究者和税收工作者对该问题在思想上和意识上没有足够重视，加之关于防范和治理非居民企业税收流失问题和跨国税源管理统计数据、资料难以获得（由于部门利益和统计数据的不透明），导致这方面的研究缺乏科学性和系统性。

第三节　研究方法与思路

一　研究方法

1. 调查研究法

以制度经济学为指导，以实地调研和统计资料搜集为主，定性分析和定量分析相结合。

2. 比较研究法

研究我国防范和治理非居民企业税收流失应放在我国经济建设、经济结构调整、改革开放的大背景下进行。注重国际比较，对跨国税源管理的主要影响因素——非居民企业税收制度、非居民企业税收征管环境、对非居民企业税收的理念认识、非居民企业税收征管实施机制等，与国内部分先进城市和国外非居民企业税收管理经验较丰富的国家进行比较，总结国内外的成功经验，并结合我国经济建设、经济结构调整、改革开放的特点，为我国防范和治理非居民企业税收流失、加强国际税源管理提供积极的参考和借鉴。

3. 案例研究法

通过对一些防范和治理非居民企业税收流失和跨国税源管理的典型案例进行分析研究，从中获取有价值的资料。

4. 规范分析法

首先提出防范和治理非居民企业税收流失和跨国税源管理问题的解决取决于正式约束、非正式约束、实施机制的理论框架，随后在上述框架内采用理论和实际相结合的方法，分析非居民企业税收流失的现状，跨国税源管理现状和非居民企业税收流失的原因。

二 研究思路

本研究以我国跨国税源管理问题为考察对象,第一,介绍了研究背景:一带一路的概念、战略背景、历史意义及取得的历史成就;第二,对非居民企业税收的概念进行了界定;第三,建立防范非居民企业税收流失的理论分析框架;第四,非居民企业税收管理现状;第五,非居民企业税收流失对宏观经济和微观经济的影响分析;第六,运用制度经济学的相关理论,从正式约束、非正式约束、实施机制等方面进行因素分析;第七,防范非居民企业税收流失的实证研究;第八,基于上述分析,具体探讨防范和治理非居民企业税收流失问题的制度设计,分析防范和治理非居民企业税收流失问题所需的公共政策环境和实施机制。

第四节 创新点与存在的问题

一 创新点

第一,从新制度经济学的视角审视防范和治理非居民企业税收流失问题,可以为加强我国国际税收管理体系建设、推动我国国际税收制度体系的改革与完善提供理论依据和实践指导。

第二,本研究并不仅仅停留在防范和治理非居民企业税收流失层面,而是透过上述问题探讨政府公共权力的有效运行、国际税收法律制度建设和税收管辖权的维护与加强、我国在世界税收领域的地位等重大政策问题,在主题升华的同时大大拓宽了本研究的视野。

第三,从制度构建和完善、理念与环境、实施机制三个层面着手研究防范和治理非居民企业税收流失问题,既考虑文化层面的问题,又考虑制度层面的问题;既关注改革价值等原则问题,又关注改革路径等技术问题,从而使理论的探讨不流于空疏,使制度设计不流于轻率。

二 存在的问题

第一,国际税务部门自身的利益保护意识比较强,加之人们在思想意识上缺乏对防范和治理非居民企业税收流失问题研究的重视,且从客观因素来讲，本研究所需的数据、资料较难获得，使本研究的实证分析依然比较薄弱，在一定程度上影响了对防范和治理非居民企业税收流失问题及加强跨国税源管理问题的深入分析、探讨和研究。

第二，跨国税源管理问题研究在我国长期以来缺乏重视，且跨国税源管理的数据、资料涉及部门利益，使数据、资料的获取存在较大难度，这在一定程度上限制了本成果实证研究，致使本成果对涉及加强跨国税源管理的机制变革、优化跨国公司的经营环境、跨国税源管理的实施机制的国际比较也缺乏深入探讨，某些方面难免以偏概全；在此基础上得出的一些结论、推论及政策建议仍有待进一步研究和探讨，政策建议的可操作性也有待一线的国际税收征管人员在实践中进一步验证。

第二章 "一带一路"倡议的内涵

"一带一路"建设涉及东亚、西亚、南亚、中亚、东欧等地的60多个国家,这些国家的国情不同,文化不同,税制设计迥异。其中既包括蒙古等经济欠发达的国家,又包括新加坡等经济较发达的国家;希望本部分对理解"一带一路"诸国的情况有所裨益。

第一节 "一带一路"概念

"一带一路"(The Belt and Road,B&R)是"丝绸之路经济带"和"21世纪海上丝绸之路"的简称。"丝绸之路"最早由德国地理学家Ferdinand Freiherr von Richthofen在19世纪70年代提出。"一带"指"丝绸之路经济带",是在陆地。它有四个走向:一是经中亚、俄罗斯到达欧洲;二是经中亚、西亚至波斯湾、地中海;三是中国到东南亚、南亚、印度洋;四是"冰上丝绸之路"。2017年7月4日,习近平主席在莫斯科会见梅德韦杰夫的时候,双方已经正式提出要开展北极航道合作,共同打造"冰上丝绸之路"。所谓"冰上丝绸之路"是指穿越北极圈,连接北美、东亚和西欧三大经济中心的海运航道。"一路"指"21世纪海上丝绸之路"和"空中丝绸之路"。"海上丝绸之路"重点方向有两条,一是从中国沿海港口过南海到印度洋,延伸至欧洲;二是从中国沿海港口过南海到南太平洋。所谓"空中丝绸之路"是指通过跨境电子商务网络平台和跨境电子商务产业交易链的建设,实现各国的跨境自由贸易。它是连接中国和世界的"空中桥梁",是拉动地方经济增长的全新引擎。空中丝路的覆盖面、持续性,可以与其他交通产业互为补充。原国家外经贸部副部长龙永图用"如虎添翼"来形容空中丝绸之路的建设——不管是对海上还是陆上丝路的建设,空中丝绸之路都是一个非常重要的补充,起着重要的支撑作用。还说:"如果说我们现在主要依靠陆上和海上来推动互联互通，那么将来空中丝绸之路必然会成为一个越来越重要的选择。""空中丝绸之路"建设首先是中国需要把自身的机场和支线机场搭建起来，形成网络体系，再帮助沿线的国家有些地方扩大和建设新机场。其次，要进一步扩大民用航空的市场，增加航班，增加各个航空公司在沿线地区的存在。

第二节 "一带一路"提出的战略背景

改革开放初期，我国采取了以"引进来"为主的一系列重大举措。这一时期的国际税收，主要是针对引进国（境）外资金、企业、技术和人才的需要，创造条件、多予优惠和加强管理的"涉外税收"发展阶段。20世纪80年代初，《中外合资经营企业所得税法》、《个人所得税法》和《外国企业所得税法》颁布实施，与其他税收法律法规相配合，形成了一套相对完整适用的涉外税收制度，为解决涉外企业和个人所得税征收管理等问题提供了法律保障，维护了国家税收权益和纳税人合法利益，适应了涉外经济发展的需要，促进了国家对外开放的有效实施。

2000年党的十五届五中全会提出实施"走出去"战略。2002年十六大又提出，"坚持'走出去'与'引进来'相结合的方针"，标志着对外开放已经从初期主要依靠"引进来"进入"引进来"与"走出去"并重的新阶段。

2012年党的十八大提出适应经济全球化新形势，全面提高开放型经济水平，开启了我国国际税收的"大国税收"发展阶段。习近平总书记在二十国集团领导人峰会上关于"加强全球税收合作，打击国际逃避税，帮助发展中国家和低收入国家提高税收征管能力"的重要讲话精神，积极参与"税基侵蚀与利润转移（BEPS）行动计划"等国际规则制定，充分展现大国责任担当。深度参与全球税收合作，服务支持"一带一路"和自由贸易区建设，深化内地和港澳台合作，到2020年基本建成与大国地位和对外开放格局相适应、具有中国特色的国际税收新体系，实现国际税收管理体系的全面升级和现代化，助推构建全面开放新格局发挥重要职能作用。

改革开放以来，我国经济高速发展，经济总量排名世界前列，综合国力显著提升，居民生活水平得到显著改善。但与此同时，在发展的过程中也产生了一些问题，具体如下所述。

一 部分行业产能过剩,需要寻找新的市场

我国经济经过一段中长期快速发展,积聚了大量产能,产能过剩已成不争事实。尤其是第二产业发展,国内进入市场饱和状态,企业再发展空间受到限制,盈利能力逐步下降。而这在一些欠发达国家和地区仍属于稀缺资源。以钢铁、水泥为例,安哥拉的水泥售价为每吨340美元,而国内却售每吨50美元。这些过剩的产能需要寻找一个新的市场,从而继续创造我国经济增长点。而"一带一路"倡议涉及国家众多,且多为发展中国家,许多国家的经济发展需要我国的资金、技术和产品等。我国可以利用自身优势,向沿线国家输出过剩产能、资金和技术,这样可以带动沿线国家经济发展,同时,这些国家资源禀赋各异,我们也可引入需要的技术、产品等,从而使资源在国家间流动,这有助于我国与沿线各国形成优势互补、互利共赢的伙伴关系。

二 区域经济发展不平衡,应重视中西部地区经济发展

在改革开放进程中,东部沿海地区充分利用其在地理位置上的优势发展经济,从而极大地推动其经济的发展,而中西部地区尽管资源丰富,但受地理位置等因素的限制,未能充分享受改革开放的发展成果,经济发展速度较慢。改革开放40年来的发展,使东部沿海地区和中西部地区的经济发展水平差距日渐增大。尽管我国政府也在不断出台新的措施,如西部大开发战略、中部崛起计划等,以期加快中西部地区的经济发展。且从近些年的经济发展情况来看,中西部地区的经济增长速度确实有了一定提高,但我国仍存在较为明显的区域发展不平衡问题。"一带一路"倡议的实施有望改善这种局面。从地理位置上看,我国中西部地区省份与"一带一路"沿线国家距离更近,尤其一些省份与"一带一路"沿线国家接壤,其经济往来更为便利,中西部地区经济具有较强的发展潜力,区域经济发展失衡问题有望得到改善。

三 "引进来"优势减少,"走出去"需求提升

我国实施"引进来"战略以来,发展形势良好,但随着我国劳动力成本的迅速上升,许多外企(如制造业企业)逐渐撤离中国,"引进来"战略发展遇到瓶颈;同时,随着经济的快速增长,中国企业"走出去"的需求开始

提升，许多企业把目光瞄向国外市场，对外投资发展潜力较大。在此情况下"一带一路"倡议的提出恰好可以满足我国企业的对外投资需求。而且，"一带一路"倡议涉及较多国家，各国的经济、税收等政策及贸易水平各不相同，有的国家处于工业化初期阶段，需要大量的基础设施建设，可能希望借此机会引入中国的技术和资金，我国在这些领域的过剩产能和先进经验都可以助力这些国家的经济发展，为我国企业"走出去"提供了很好的机会。其他领域亦是如此，我国可以与沿线国家优势互补，互相帮助，推动经济共同发展。同时，"一带一路"倡议也包括"引进来"，我国可以审慎引入国外企业，为"引进来"战略注入活力。

四 国际经济形势复杂多变

从国际经济发展情况看，国际经济环境复杂多变，许多国家的经济发展受国际金融危机的影响，发展问题依然严峻，各国都在寻找新的发展机遇，国际贸易格局不断调整。实施"一带一路"倡议，加强我国与沿线国家的贸易往来，符合经济全球化的基本要求，符合资本市场化的要求，符合我国对外开放的基本国策要求，有助于推动国际经济合作的新发展，推动世界一体化的进程。

共建"一带一路"旨在促进经济要素有序自由流动、资源高效配置和市场深度融合，推动沿线各国实现经济政策协调，开展更大范围、更高水平、更深层次的区域合作，共同打造开放、包容、均衡、普惠的区域经济合作架构。共建"一带一路"符合国际社会的根本利益，彰显人类社会共同理想和美好追求，是国际合作以及全球治理新模式的积极探索，将为世界和平发展增添新的正能量。

共建"一带一路"致力于亚欧非大陆及附近海洋的互联互通，建立和加强沿线各国互联互通伙伴关系，构建全方位、多层次、复合型的互联互通网络，实现沿线各国多元、自主、平衡、可持续的发展。"一带一路"的互联互通项目将推动沿线各国发展战略的对接与耦合，发掘区域内市场的潜力，促进投资和消费，创造需求和就业，增进沿线各国人民的人文交流与文明互鉴，让各国人民相逢相知、互信互敬，共享和谐、安宁、富裕的生活。

当前，中国经济和世界经济高度关联。中国将一以贯之地坚持对外开放的基本国策，构建全方位开放新格局，深度融入世界经济体系。推进"一带一路"建设既是中国扩大和深化对外开放的需要,又是加强和亚欧非及世界各国互利合作的需要,中国愿意在力所能及的范围内承担更多责任和义务,为人类和平发展做出更大的贡献。

第三节 "一带一路"提出的历史意义

随着信息全球化、经济全球化的日益加深,各国的商贸往来日渐频繁,经济联系日益紧密。在此国际背景下,我国的商贸发展还有空间。"一带一路"倡议的提出,为我国发展带来新的机遇,同时也为沿线国家和全球经济做出了贡献。

一 "一带一路"有利于我国调整经济布局,缩小东西部发展差距

1978年以来,我国经济迅速发展,人们的生活发生了翻天覆地的变化,幸福指数不断提高。当时邓小平在南海边画了一个圈,广州、深圳、福建等经济特区快速发展,并带动了东部地区经济的崛起,但对中西部的经济发展却没有明显的助益。我国东部经济发展明显快于西部,而西部的资源丰富,大部分尚未得到开发利用。"一带一路"倡议扩大了沿线国家和地区与我国中西部地区的商贸合作,西部地区可与沿线国家形成全方位、深层次的合作体系。例如,净化营商环境,搭建公正透明的贸易平台,消除贸易壁垒;扩大国外企业和西部地区的投融资平台;加强新能源、新技术的深入交流合作,推进创新创业合作机制的建立;鼓励西部有能力的企业"走出去",参与沿线国家的产业建设,在沿海国家的交通要塞设置商贸区和产业园,打造中国特色的民族品牌,实现产业区域的共同发展、资源互补的发展格局。在这种环境下,"一带一路"倡议不仅提升了我国西部的开放程度,使东西部经济共同发展,进而打造了我国东西部全方位的开放格局,共同致力于中国经济的稳步发展。

二 "一带一路"倡议顺应了改革全球经济体制的时代潮流

2013年,习近平同志在出访中亚和东南亚国家期间,先后提出共建丝绸之路经济带和21世纪海上丝绸之路的重大倡议。"一带一路"倡议顺应和平、发展、合作、共赢的时代潮流,是推动开放合作、促进和平发展的中国

方案，是纵贯古今、统筹陆海、面向全球的世纪蓝图，得到国际社会广泛关注和许多国家积极响应。经过近几年的不懈努力，"一带一路"建设取得阶段性成果，积极效应正在显现。

(一) 为世界开放型经济发展提供重要途径

国际金融危机爆发至今，世界经济复苏进程艰难曲折，新的强劲增长动力尚未形成，国际贸易和跨国投资萎靡不振，世界经济陷入低增长、低通胀、低需求和高失业、高债务、高泡沫的"新平庸"。面对全球有效需求不足的困扰，各国抓紧调整发展战略，着力优化经济结构，积极培育新的经济增长点。尽管国际社会出现一些"去全球化""逆全球化"迹象，一些国家甚至采取加强贸易投资保护等不合时宜的做法，但经济全球化深入发展的大势没有改变，以开放促发展、以合作图共赢仍然是世界发展的主流。"一带一路"建设以政策沟通、设施联通、贸易畅通、资金融通、民心相通为主要内容，有利于区域乃至全球要素有序自由流动、资源高效配置和市场深度融合，有利于扩大国际贸易和跨国投资规模，创造更多的市场需求和就业机会，为发展开放型世界经济注入更为持久的新动力，为世界和平发展增添新的正能量。

"一带一路"相关国家要素禀赋各异，比较优势差异明显，互补性很强。有的国家能源资源富集但开发力度不够，有的国家劳动力充裕但就业岗位不足，有的国家市场空间广阔但产业基础薄弱，有的国家基础设施建设需求旺盛但资金紧缺。我国经济规模居全球第二，外汇储备居全球第一，优势产业越来越多，基础设施建设经验丰富，装备制造能力强、质量好、性价比高，具备资金、技术、人才、管理等方面的综合优势。"一带一路"建设的空间和潜力巨大，打造全方位、立体化、网络状的大联通，共建集群化落地、链条式发展的产业合作园区，有利于各国发挥比较优势，拓展贸易投资和产能合作，把经济的互补性转化为发展的互助力，形成生机勃勃、群策群力的开放合作系统。

(二) 为全球提供更具有广泛包容性的发展平台

习近平同志指出，"一带一路"建设不是封闭的，而是开放包容的；不是中国一家的独奏，而是沿线国家的合唱。"一带一路"相关国家基于但不限于古代丝绸之路的范围，各国和国际、地区组织均可参与，成为"一带一路"的建设者、贡献者和受益者。"一带一路"不是对现有地区合作机制的替代，而是与现有机制互为助力、相互补充。"一带一路"倡议强调求同存异、兼容并蓄、和平共处、共生共容，尊重各国的发展道路和模式选择，加强不同文明之间的对话。中国坚持走和平发展道路，愿意与其他国家分享自己的发展经验；希望世界了解历史悠久、博大精深的中华文明，也希望从其他文明中汲取更多智慧。已有60多个国家和国际组织对参与"一带一路"建设表达了积极态度，充分体现了"一带一路"深厚的民意基础和广泛的亲和力、吸引力。

"一带一路"的包容性还体现在与各国发展战略的对接上。近年来，相关国家和地区着眼于自身发展和区域合作，提出了一系列发展战略。比如，俄罗斯推进欧亚经济联盟建设，印度尼西亚提出全球海洋支点发展规划，哈萨克斯坦提出光明之路经济发展战略，蒙古国提出草原之路倡议，欧盟提出欧洲投资计划，埃及提出苏伊士运河走廊开发计划，等等。"一带一路"与这些战略的对接已经或正在达成重要共识，一批重大合作项目也在规划和建设之中。中国政府还在与相关国家共同规划中蒙俄、新亚欧大陆桥、中国—中亚—西亚、中国—中南半岛、中巴和孟中印缅六大经济走廊，规划建设以重点港口为节点的海上国际运输大通道。只有实现各国发展战略确定的目标、路径和举措深度对接、优势互补，建立更加紧密的互利合作关系，才能使这些发展战略取得更大效果、发挥更大作用。只有把是否促进各国经济社会发展、是否提高民众福利水平作为衡量建设成效的标准，"一带一路"才有吸引力、凝聚力和生命力。

（三）为全球经济治理提供中国思路

第二次世界大战后形成的一整套国际贸易、金融、发展合作制度安排，曾营造了稳定的国际环境，促进了世界经济发展，但这一体系已不能完全适应当今世界格局的发展变化。当前，国际经贸规则面临重构，多边贸易体制发展坎坷，多哈回合谈判久拖不决，多边投资规则尚未建立。国际金融体系亟待改革，现有的国际货币基金组织、世界银行等多边金融机构代表性不足，难以满足全球日益增长的融资需求，难以适应防控区域性和全球性金融风险的需要。"一带一路"建设致力于推动相关国家扩大市场开放和贸易投资便利化，有利于促进国际经贸规则朝着更加公正合理的方向发展，是区域经济合作理论和实践的重大创新，也为完善全球经济治理提供了新思路、新方案。

"一带一路"倡议提出以来,中国政府加快实施自贸区战略,与韩国、澳大利亚分别签署自贸协定,中国—东盟自贸区升级谈判进展顺利,区域全面经济伙伴关系协定、中日韩自贸区等谈判扎实推进,更多国家和地区正在与中国开展自贸区联合可行性研究。亚太自贸区进程启动,联合战略研究稳步推进。亚洲基础设施投资银行协定顺利签署,意向创始成员国达到57个,明确了专业、高效、廉洁的新型多边开发银行的发展方向,成为现有国际金融体系的有益补充。中国政府出资400亿美元成立丝路基金,为相关国家基础设施建设、资源开发、产业合作和金融合作等提供融资支持,目前已按照国际化、市场化、专业化原则开展了实质性项目投资。

(四)为民心相通和文明互鉴搭建新桥梁纽带

习近平同志指出,"国之交在于民相亲,民相亲在于心相通""文明因交流而多彩,文明因互鉴而丰富"。"一带一路"为相关国家民众加强交流、增进理解搭起了新的桥梁,为不同文化和文明加强对话、交流互鉴织就了新的纽带。从历史上看,古丝绸之路不仅仅是一条通商合作之路,更是一条和平友谊之路、文明互鉴之路。在新的历史条件下,深化各国的人文交流,可以让各国民众有更多共同语言,增进相互信任,加深彼此感情,夯实"一带一路"建设的社会根基和民意基础。加强各国之间的文明互鉴,可以让不同文明在相互尊重的基础上,从其他文明中寻求更多智慧、汲取更多营养。

"一带一路"沿线相关国家和地区民族众多,拥有各自灿烂辉煌的文明。在求和平、谋发展、促合作的今天,各国人文交流形式更加多样、内容更加丰富。特别是"一带一路"倡议提出以来,很多国家纷纷探寻古丝绸之路与本国难以割舍的联系,人文交流合作进一步展开。中国政府开展了大量工作,与相关国家科技、教育、文化、体育、卫生、旅游等领域合作水平不断提高。中国政府还通过提供力所能及的援助支持一批人文交流合作项目,得到相关国家的热烈欢迎和普遍赞誉。

第四节 "一带一路"发展所取得的历史成就

2013年下半年习近平主席提出"一带一路"倡议,至今已有五年。在这五年中,"一带一路"建设由点及面,在发展中不断前进、在合作中茁壮成长。"'一带一路'建设植根于丝绸之路的历史土壤，重点面向亚欧非大陆，同时向所有朋友开放。不论来自亚洲、欧洲，还是非洲、美洲，都是'一带一路'建设国际合作的伙伴。"习近平主席对各国共建"一带一路"的盛情邀请言犹在耳，"一带一路"建设已经驶入加速推进的"快车道"，成为世界经济全面复苏的一股强大动力。"一带一路"倡议提出五年来，得到了全球积极响应和参与，经过五年的实践，"一带一路"建设从理念、愿景转化为现实行动，取得了重大进展。

一　基础设施互联互通加快推进

设施联通是"一带一路"建设的核心内容和优先领域。五年来，高效畅通的国际大通道加快建设。中老铁路、中泰铁路、匈塞铁路建设稳步推进，雅万高铁全面开工建设。斯里兰卡汉班托塔港二期工程竣工，科伦坡港口城项目施工进度过半；希腊比雷埃夫斯港建成重要中转枢纽。中缅原油管道投用，实现了原油通过管道从印度洋进入中国；中俄原油管道复线正式投入使用，中俄东线天然气管道建设按计划推进。中欧班列累计开行数量已经超过9000列，到达了欧洲14个国家42个城市。

二　经贸投资合作成效显著

中国与沿线国家和地区的贸易和投资合作不断扩大，形成了互利共赢的良好局面。2017年，中国对"一带一路"国家的进出口总额达到14403.2亿美元，同比增长13.4%，高于中国整体外贸增速5.9个百分点，占中国进出口贸易总额的36.2%。其中，中国对"一带一路"国家和地区出口7742.6亿美元，同比增长8.5%，占中国出口总额的34.1%；自"一带一路"国家和地区进口6660.5亿美元，同比增长19.8%，占中国进口总额的39.0%，近五年来进口额增速首次超过出口。2017年，中国对"一带一路"沿线国家和地区投资143.6亿美元，占同期中国对外投资总额的12%。尤其是，在中企海外并购项目整体锐减五成、交易总额整体下降逾10%的情况下，对"一带一路"沿线国家和地区并购投资额逆势增长32.5%。目前，中国与沿线国家和地区已建设80多个境外经贸合作区，为当地创造了24.4万个就业岗位。中国—白俄罗斯工业园等成为双边合作的典范，中国—老挝跨境经济合作区、中哈霍尔果斯国际边境合作中心等一大批合作园区也在加快建设。

三 金融合作深入发展

金融合作是"一带一路"国际合作的重要组成部分。通过加强金融合作，促进货币流通和资金融通，可以为"一带一路"建设创造稳定的融资环境，引导各类资本参与实体经济发展和价值链创造，推动世界经济健康发展。截至2018年6月，中国在7个沿线国家建立了人民币清算安排。目前，已有11家中资银行在27个沿线国家设立了71家一级机构。

四 国际接受度不断提升

五年来，在以和平合作、开放包容、互学互鉴、互利共赢为核心的丝路精神指引下，"一带一路"倡议持续凝聚国际合作共识，在国际社会形成了共建"一带一路"的良好氛围。正如习近平主席所言，我们推进"一带一路"建设不会重复地缘博弈的老套路，而将开创合作共赢的新模式；不会形成破坏稳定的小集团，而将建设和谐共存的大家庭。"一带一路"倡议的国际影响力日益提高，与相关国家和国际组织的战略对接工作不断推进，朋友圈和合作范围持续扩大。目前，中国已与100多个国家和国际组织签署了共建"一带一路"合作文件；"一带一路"倡议及其核心理念被纳入联合国、二十国集团、亚太经合组织、上合组织等重要国际组织成果文件。作为2017年中国最重要的主场外交活动，"一带一路"国际合作高峰论坛的成功召开，标志着"一带一路"建设框架下最高规格的官方国际对话机制建立起来。

五 民心相通不断促进

"国之交在于民相亲，民相亲在于心相通。""一带一路"建设参与国弘扬丝绸之路精神，开展智力丝绸之路、健康丝绸之路等建设，在科学、教育、文化、卫生、民间交往等各领域广泛开展合作，为"一带一路"建设夯实民意基础，筑牢社会根基。中国政府每年向相关国家提供1万个政府奖学金名额，地方政府也设立了丝绸之路专项奖学金，鼓励国际文教交流。各类丝绸之路文化年、旅游年、艺术节、影视桥、研讨会、智库对话等人文合作项目百花纷呈，人们往来频繁，在交流中拉近了心与心的距离。

回顾5年来"一带一路"建设历程，我们有理由为"一带一路"建设取得的成果和进展感到高兴和自豪。"一带一路"倡议承载了各国人民实现共同发展、共同繁荣的美好愿望，契合了应对世界经济风险和挑战的现实需要，展示了引领和建设开放型世界经济的战略视野，也展现了中国作为大国的负责任建设性作用。五年来，这一倡议深入人心，得到国际社会广泛理解、认同、支持和参与，朋友圈越来越大。事实证明，"一带一路"建设恰逢其时，符合民意，效果显著，是一条正确的道路。

六　数字经济对"一带一路"沿线国家的贡献

在信息技术飞速发展的今天，数字经济对国民经济巨大推动作用日益显著，巨大的经济规模为"一带一路"可持续发展提供了平台基础。从"一带一路"建设五年来发展的历史轨迹和取得的辉煌成就来分析，数字经济建设始终伴随"一带一路"建设发展的各个阶段，成就来源于数字经济的技术支撑，正是数字经济无与伦比的优势，助推了"一带一路"经济规模的快速发展，从而打破了经济发展的区域性瓶颈制约机制，建立了"跨区域"（自由贸易区）"跨体制"（G7、G20）等泛经济合作大同，构建了新经济秩序共同体，体现了巨大的发展潜能和活力，引起全球广泛关注。

近十多年来，一些国家包括中国、印度、阿联酋、以色列、波兰等，通过制订高瞻远瞩的数字经济发展战略，在数字基础设施、电子商务、网络治理等各方面取得了举世瞩目的成绩，数字经济增长速度明显超过发达国家，日益显示出巨大的潜力和活力。移动互联网赋能个人消费者，使全球化、大规模的协作成为可能，并直接促生了所谓的"大数据洪流"，数字经济发展迈入大数据时代。

移动互联网的广泛渗透根本改变了企业的商业模式和个人的生活、消费方式。最为引人注目的有基于用户广泛参与的共享经济的兴起、工作场景多元化和设备智能化，驱动各国电子商务出现新一轮井喷式的发展。这集中反映在"一带一路"沿线国家和地区电子商务发展指标上。联合国贸易与发展会议构建的"B2C电子商务发展"指标由开展B2C电商所需的互联网用户普及率、使用信用卡支付份额、物流水平和安全服务器等指标复合形成，反映了开展消费端的电子商务的便捷度。从这一指标值看，"一带一路"沿线国家和地区平均值为49.0%，略高于世界平均的47.2%。

2016年，"一带一路"沿线国家和地区7项核心基础设施领域（公用事业、交通、电信、社会、建设、能源和环境）的项目与交易额约 4940 亿美元。仅 2017 年第一季度，中国企业在"一带一路"相关国家新增非金融类直接投资合计 29.5 亿美元，占同期对外投资总额的 14.4%，较上年同期上升 5.4 个百分点。"一带一路"倡议已经成为中国企业海外投资的关注焦点。《世界互联网发展报告 2017》显示，全球 22% 的 GDP 与涵盖技能和资本的数字经济密切相关。据《数字中国建设发展报告（2017 年）》，2017 年，中国数字经济规模达 27.2 万亿元，同比增长 20.3%，占 GDP 的比重达到 32.9%。

除了基础设施的合作共建，科技、商贸、文化也是"一带一路"倡议的重头戏。随着中国数字经济的快速发展，具备全球化视野和过硬实力的中国互联网企业迸发出"扬帆出海"的强烈意愿。

美国知名网站 World Atlas 公布的 2017 年第一季度全球互联网公司 25 强排行榜显示，排名前十的公司包括：亚马逊、谷歌、脸书、腾讯、阿里巴巴、百度、Priceline 集团、易贝、Netflix 和亿客行公司，除腾讯、阿里巴巴、百度是中国公司外，其余全是美国公司。

以阿里巴巴为例，"一带一路"沿线国家和地区已经成为其战略发展重点，公司计划建立若干数字自由贸易区，打造全球化的"数字丝绸之路"。为实现这一目标，阿里巴巴从电子商务、支付手段和物流等方面入手，致力于将中国国内成熟的电商环境移植到相关国家。

2014 年，阿里巴巴以 2.49 亿美元投资新加坡邮政。菜鸟物流在"一带一路"沿线国家和地区布局了 17 个海外仓。2016 年，以 10 亿美元收购东南亚最大电商 Lazada，创下阿里巴巴海外投资的单笔记录。蚂蚁金服投资泰国正大集团旗下的 Ascend Money，并又对印度版"支付宝"Paytm 进行了投资。

借助于电子商务带来的庞大用户和相关数据，阿里巴巴还在积极通过阿里云在中国香港、新加坡、中东、欧洲等地建设数据中心，在全球设立 14 个地域节点，自主研发的大规模计算操作系统"飞天"也一同"出海"，将遍布全球的百万级服务器连成一台超级计算机，以在线公共服务的方式为社会提供计算能力。

阿里巴巴只是中国企业深度参与"一带一路"沿线国家和地区数字经济建设的一个缩影。华为、中兴、烽火、小米和美图等一大批中国企业已经纷至沓来。

华为海外收入占比已超过70%，中兴海外收入占比达到50%，中国电信系统设备厂商的全球竞争力，为"一带一路"沿线国家和地区的通信基础设施建设提供了重要保障。

以华为为例，"六七年前，保加利亚没人知道华为，如今已经家喻户晓，不仅因为华为手机流行，更因为华为带来的网络设备和技术，改变了人们的生活。"华为保加利亚公司高级客户经理奥雷里奥·加里奇亚在接受媒体采访时表示。这在很多"一带一路"沿线国家和地区并不鲜见，中国企业正在身体力行帮助当地促进产业的发展和升级，"中国智造"的名片也叫得越来越响亮。

智能终端也是"中国智造"的主要优势领域。虽然苹果和三星依然领跑全球市场，但市场份额加起来只有1/3。2016年，中国企业在全球智能手机出货量的比重超过50%，在全球前十大手机企业中，中国品牌已占据七席。

伴随智能终端的普及，手机应用也成为中国互联网企业崭露头角的新领域。以美图秀秀为例，专门为印度用户打造的自拍应用"美颜相机"在印度谷歌应用市场2016年度最流行应用领域占据榜首。2017年初，美图秀秀因手绘自拍在海外走红，登上了俄罗斯等8个国家和地区手机免费应用总榜榜首，跻身全球21个国家和地区手机免费应用总榜前十。

数据显示，2016年中国软件业实现出口519亿美元，同比增长5.8%，增速比2015年提高4.1个百分点。驻云、网久、大疆创新、每日瑜伽等中国互联网科技企业都受益于此。

中国互联网企业的"出海"实践，把最新的技术创新和模式应用带到了"一带一路"沿线国家和地区，与当地政府、企业和民众形成了良好互动，为沿线国家和地区发展数字经济，改善经济增长模式做出贡献，这也是共商共建共享理念的最好实践。

当前，"一带一路"沿线国家和地区都在奋力发展，正在发生的数字经济变革是不容错过的发展机遇。欧美发达国家都先后制订了各自的国家数字化战略，为数字经济发展提供了许多指导和支持。一些国际组织如经合组织、世界经济论坛高度重视数字经济发展，每年出台这一领域全球发展报告。面对现实，"一带一路"沿线国家和地区在数字经济发展方面面临多重挑战，其中最大的挑战可以归结为如何创造一种有利于数字创新和创业环境，从而弥合与发达国家之间的鸿沟。

第三章 非居民企业税收的概念界定

第一节 非居民企业税收的历史渊源

非居民企业税收是国际税收的重要内容，相对于悠久深厚的税收历史，国际税收的历史要短得多，它是国际经济交往发展到一定历史阶段的产物。原始的关税是国际税收起源的典型形态，在货物进出国境时它承担了国家之间税收分配的功能。随着国际经济贸易活动的发展，资金、技术和劳务在国际上的流动频繁致使纳税人的所得、收入来源没有固定的地域。当一个纳税人的收入来源于多个国家时，不同的国家采用不同的税收管辖权界定，往往导致多个国家对同一笔跨国所得行使征税权。在这种情况下，一个国家对征税权的运用，必然会影响其他相关国家的经济利益，形成了国家与国家之间的税收分配关系。

2008年前，我国的税收征管体系中还没有明确的国际税收，只有涉外税收。随着世界经济的发展，到2013年出现了分水岭事件，即在2013年9月的G20第八次峰会上，各国领导人签署发布了《二十国集团领导人圣彼得堡宣言》，涵盖了世界经济发展现状、促进经济增长、创造就业、投资融资、完善多边贸易体系、打击逃税、国际金融体系改革、金融监管、能源政策、促进全球发展、应对气候变化和反腐等议题，世界范围的国际税收改革开启新纪元。也是在这次会议上，中国表示支持国际社会对国际税收规则体系予以改革。同年，国家税务总局局长王军要求国际税收工作"一年一个台阶，三年有一个明显变化"，到2020年基本形成符合我国根本利益和世界发展趋势的中国国际税收新体系。接下来的2014年、2015年、2016年，是国际税收任务最为繁重的三年。因为2013年布置了24个月的国际税改任务。2014年全国国际税收工作视频会议上，第一次定义了国际税收，提出国际税收是国家税收的国际方面，这是在中国国际税收历史上官方的第一次完整阐述。同年11月，习近平主席在中国历史上第一次对国际税收工作做出三点重要指示，即"加强全球税收合作，打击国际逃避税，帮助发展中国家和低收入国家提高税收征管能力"。到2015年10月，15项BEPS成果发布。同年11月安塔利亚峰会上，G20领导人对国际税改达成共识。2016年是三年目标的最后一年，是"十三五"时期开局和举棋之年，同时也是深化国税地税征管体制改革的开启之年，国际税收工作更是任务重、时间紧、要求高。

近年来，国际税收的地位大大提升，成为国际经济治理的重要组成部分，同时成为国际政治对话的重要组成部分和财经议题。国际税收管理人员要做好国家税收国际方面的管理，要把它作为国际经济治理的重要部分去努力、去认识、去实践，只有把这两个层面的工作做好，我国在国际政治对话中才更有分量、更有底气。

第二节　防范非居民企业税收流失的相关概念界定

一　非居民企业纳税人的界定

（一）定义

非居民企业是指依照外国（地区）法律成立且实际管理机构不在中国境内，但在中国境内设立机构、场所的，或者在中国境内未设立机构、场所，但有来源于中国境内所得的企业。（《中华人民共和国企业所得税法》第二条第二款）

这里所指的外国企业在中国境内设立的从事生产经营活动的机构、场所，包括以下五类。①管理机构、营业机构、办事机构。其中办事机构指外国企业在我国境内设立的从事联络和宣传等活动的机构，为总公司开拓中国市场进行调查和宣传等工作的代表处。②工厂、农场、开采自然资源的场所。这三类场所属于企业开展生产经营活动的场所。农场一项采取广义概念，即包括农场、林场、牧场、渔场等农业生产经营活动的场所。③提供劳务的场所。具体的业务范围包括从事交通运输、仓储租赁、咨询经纪、科研究、技术服务、教育培训、餐饮住宿、中介代理、旅游、娱乐、加工以及其他劳务服务活动。④从事建筑、安装、装配、修理、勘探等工程作业的场所，包括建筑工地、港口码头、地质勘探场地等工程作业场所。⑤其他从事生产经营活动的机构、场所。第5条补充了前面4条未能说明和包括的从事生产经营的机构、场所的类型。

（二）概念解释

（1）"依照外国（地区）法律成立的企业"包括依照外国（地区）法律成立的企业和其他取得收入的组织。（《中华人民共和国企业所得税法实施条例》第三条第二款）

（2）"实际管理机构"指对企业的生产经营、人员、账务、财产等实施实质性全面管理和控制的机构。（《中华人民共和国企业所得税法实施条例》第四条）

（3）尽管依照中国法律成立的个人独资企业、合伙企业不适用企业所得税法，但依照外国法律成立的各种类型的组织，包括个人独资企业、合伙企业、信托基金、外国非政府组织、学术机构如有取得来源于中国境内的所得，也适用企业所得税法。

（三）非居民企业分类

（1）非居民企业在中国境内设立机构、场所的，应当就其所设机构、场所取得的来源于中国境内的所得，以及发生在中国境外但与其所设机构、场所有实际联系的所得，缴纳企业所得税。（《中华人民共和国企业所得税法》第三条第二款）

（2）非居民企业在中国境内未设立机构、场所的，或者虽设立机构、场所但取得的所得与其所设机构、场所没有实际联系的，应当就其来源于中国境内的所得缴纳企业所得税。（《中华人民共和国企业所得税法》第三条第三款）

（3）"实际联系"指非居民企业在中国境内设立的机构、场所拥有据以取得所得的股权、债权，以及拥有、管理、控制据以取得所得的财产等。（《中华人民共和国企业所得税法实施条例》第八条）

（四）非居民企业所得税税率

（1）非居民企业在中国境内设立机构、场所的，应当就其所设机构、场所取得的来源于中国境内的所得,以及发生在中国境外但与其所设机构、场所有实际联系的所得,缴纳企业所得税,税率为25%。(《中华人民共和国企业所得税法》第四条第一款)

(2) 非居民企业在中国境内未设立机构、场所的,或者虽设立机构、场所但取得的所得与其所设机构、场所没有实际联系的,应当就其来源于中国境内的所得缴纳企业所得税,税率为20%,减按10%的税率征收企业所得税。(《中华人民共和国企业所得税法》第四条第二款、《中华人民共和国企业所得税法实施条例》第九十一条)

二 非居民企业纳税人的纳税义务

非居民企业纳税人的纳税义务是有限的,也就是说,税务机关只对非居民企业纳税人从中华人民共和国取得的收入征收增值税、企业所得税。如汽车行业的龙头企业郑州宇通集团有限公司依照中华人民共和国的税收法律规定,注册地址在河南郑州十八里河,是中华人民共和国的居民企业;美国国际技术发展集团有限公司依照美利坚合众国的税收法律法规注册成立而且在美利坚合众国设立实质意义上的管理部门,中华人民共和国境内只在郑州设立美国国际技术发展集团有限公司郑州代表处,按照上述非居民企业纳税人的定义,美国国际技术发展集团有限公司属于非居民企业纳税人,美国国际技术发展集团派遣美国专家为郑州宇通集团有限公司提供咨询服务和技术服务取得的咨询服务收入应按照相关的税收法律法规缴纳增值税和企业所得税。

三 非居民企业税收的特点

随着经济发展的全球化和一体化、跨国纳税人经济交易的频繁化与复杂化,非居民企业税收也呈现越来越强的隐蔽性、分散性、流动性和不确定性,加之复杂的税收工作流程、难以获取的涉税信息和费时耗力的内查外调,加大了非居民企业纳税人的税收征管难度。

四 非居民企业税收的目标

积极参与国际税收规则制定,旨在提升我国在国际税收领域的影响力和话语权;不断加强国际税收合作,旨在推动建立合作共赢的新型国际税收关系;严厉打击国际逃避税,旨在维护国家税收权益;主动服务对外开放战略，旨在更好地支持企业"走出去"。针对非居民企业税源的组织特点和来源地特点，完善跨境税源监控体系，强化跨境税源风险应对，优化非居民企业税源服务措施，加强非居民企业税源监控保障，提高非居民企业税源管理质量和效率，顺应国际经济税收发展趋势和对外开放要求，提升国际税收复杂事项管理层级，提升跨境税源监管与服务对外开放实效，提升国际税收工作信息化水平，建立国际税收征管新体制。

五 防范非居民企业税收流失的特点

防范非居民企业税收流失主要包括：非居民企业税收的专业化和团队化管理，监控国际税源，有效防范避税，国际税收协作，优化跨境税源的纳税服务等。非居民企业税源涉及的税种主要包括增值税、企业所得税和个人所得税，企业所得税税收收入占非居民企业税收收入的绝大部分，比例达到70%以上。加强防范非居民企业税收流失不仅是税务机关和税务人员履行税收管辖权义务，而且是保护非居民企业和非居民企业纳税人个人等跨境纳税人合法权益的重要手段，是目前和今后的国际税收管理工作的重要内容。

1. 拓展性

防范非居民企业税收流失职能有较大的拓展性。防范非居民企业税收流失通过非居民企业税收的资料备案、非居民企业税收汇算清缴、纳税登记、信息的搜集与分类管理、税收数据分析、对跨国经济活动的税务监控、售付汇证明的开具和管理、税务审计、关联企业的同期资料申报与管理、关联交易调查、反避税管理、优化对非居民企业纳税人纳税服务等管理手段，在维护国家经济安全和维护国家金融安全方面发挥着至关重要的作用。防范非居民企业税收流失拓展了税收管理的职能和作用。

2. 整体性

防范非居民企业税收流失体现了整体性。防范非居民企业税收流失是通过非居民企业税收的资料备案、非居民企业税收汇算清缴、纳税登记、信息的搜集与分类管理、税收数据分析、税源监控、售付汇证明的开具和管理、税务审计、关联企业的同期资料申报与管理、关联交易调查、反避税管理、优化对非居民企业纳税人纳税服务等综合管理手段的运用和有机结合，很好地体现了税收管理的整体性。

3. 日常性

防范非居民企业税收流失有较强的复杂性、业务性、政策性、技术性、创新性和挑战性。这项工作对国际税收管理部门、国际税收管理人员特别是一线工作人员要求较高，需要国际税收管理人员的日常工作积累，重要工作内容之一就是整合大量的数据信息，包括 CTAIS、金税三期管理决策平台、税收分析监控系统等各数据平台的内部数据信息和来自外经贸、工商、银行、文化、教育、外管局等部门的大量外部数据信息。

4. 层级性

防范非居民企业税收流失专业性、复杂性较强，各地区和各个管理层级防范非居民企业税收流失的管理模式、管理标准、管理水平、人员素质千差万别。2010 年以来郑州市国税系统一直在实行分层级的防范非居民企业税收流失模式，具体来讲，即实行市、区（县）、分局三个层级防范非居民企业税收流失。在这种管理模式下，三个层级各有各的管理重点，各自呈现不同的管理特色，三个层级的管理上下联动、互通有无、互为补充。

5. 人本性

防范非居民企业税收流失有较强的复杂性、业务性、政策性、技术性、创新性和挑战性，这对防范非居民企业税收流失部门管理人员的专业水平与业务素质都提出了较高的要求。一直以来，郑州市国税系统都十分注重业务培训，自 2012 年以来，在北京大学举办了 12 期防范非居民企业税收流失人才培训班，参训人员共计 896 人次，通过防范非居民企业税收流失知识的系统学习与经验交流，参训人员开拓了工作思路，提高了业务素质，提升了业务水平。

6. 创新性

随着经济和社会的进一步发展，非居民企业的货物与劳务的提供方式和营销方式、财务成果的核算方式与税收筹划的内容和方式都发生了十分深刻的变化，这使防范非居民企业税收流失的税收管理工作也变得更加复杂，同时也对防范非居民企业税收流失的税收管理工作提出了新的挑战。

六 非居民企业税收征管

（一）在境内未设立机构场所的非居民企业

1. 在境内未设立机构场所的非居民企业取得境内所得的形式

企业所得税法第三条所称所得，包括销售货物所得、提供劳务所得、转让财产所得、股息红利等权益性投资所得、利息所得、租金所得、特许权使用费所得、接受捐赠所得和其他所得。(《中华人民共和国企业所得税法实施条例》第六条)

2. 源泉扣缴

对非居民企业取得本法第三条第三款规定的所得应缴纳的所得税，实行源泉扣缴，以支付人为扣缴义务人。税款由扣缴义务人在每次支付或者到期应支付时，从支付或者到期应支付的款项中扣缴。(《中华人民共和国企业所得税法》第三十七条)

依照法律、行政法规规定有税款扣缴义务的境内机构和个人，应当自扣缴义务发生之日起30日内，向所在地主管税务机关办理扣缴税款登记手续。(国家税务总局公告2017年第37号文件)

扣缴义务人每次代扣代缴税款时，应当向其主管税务机关报送《中华人民共和国扣缴企业所得税报告表》及相关资料，并自代扣之日起7日内缴入国库。(国家税务总局公告2017年第37号文件)

3. 法律责任

(1) 扣缴义务人未按照规定办理扣缴税款登记的，主管税务机关应当按照《税务登记管理办法》第四十五条、四十六条的规定处理。

(2) 扣缴义务人未按本办法第五条规定的期限向主管税务机关报送《扣缴企业所得税合同备案登记表》、合同复印件及相关资料的，未按规定期限向主管税务机关报送扣缴表的，未履行扣缴义务不缴或者少缴已扣税款的，或者应扣未扣税款的，非居民企业未按规定期限申报纳税的、不缴或者少缴应纳税款的，主管税务机关应当按照税收征管法及其实施细则的有关规定处理。(国家税务总局公告2017年第37号文件)

(二) 在境内设立机构、场所的非居民企业

1. 直接构成机构、场所

企业所得税法第二条第三款所称机构、场所，是指在中国境内从事生产经营活动的机构、场所，包括以下三种形式。

(1) 直接构成机构、场所的形式。管理机构、营业机构、办事机构；工厂、农场、开采自然资源的场所；提供劳务的场所；从事建筑、安装、装配、修理、勘探等工程作业的场所；其他从事生产经营活动的机构、场所。

（2）非居民企业在中国境内的营业代理人。该营业代理人视为非居民企业在中国境内设立的机构、场所，指非居民企业委托营业代理人在中国境内从事生产经营活动，包括委托单位或者个人经常代其签订合同，或者储存、交付货物等（《中华人民共和国企业所得税法实施条例》第五条）。委托营业代理人，视同设立机构、场所。视同的条件必须包括以下三个方面，且必须同时具备：①接受外国企业委托的主体，既可以是中国境内的单位，也可以是中国境内的个人。②代理活动必须是经常性的活动。所谓经常，指既不是偶然发生的，也不是短期发生的，而是固定的、长期发生的行为。③代理的具体行为，包括代其签订合同，或者储存、交付货物等，只要经常代表委托人与他人签订协议或者合同，或者经常储存属于委托人的产品或者商品，并代表委托人向他人交付某产品或者商品，即使营业代理人和委托人之间没有签订书面的委托代理合同，也应认定其存在法律上的代理人和被代理人的关系。

（3）其他非营利组织。在中国境内进行经营活动并取得收入的外国慈善组织、学术机构、合伙企业、基金等属于在中国境内设立的机构、场所的非居民企业。

2. 企业所得税的源泉扣缴

（1）扣缴义务人

依照法律、行政法规规定负有税款扣缴义务的境内机构和个人，应当自扣缴义务发生之日起 30 日内，向所在地主管税务机关办理扣缴税款登记手续。（国家税务总局公告 2017 年第 37 号文件）

对非居民企业在中国境内取得工程作业和劳务所得应缴纳的所得税，税务机关可以指定工程价款或者劳务费的支付人为扣缴义务人（《中华人民共和国企业所得税法》第三十八条）。

"《中华人民共和国企业所得税法》第三十八条规定的可以指定扣缴义务人的情形，包括：（一）预计工程作业或者提供劳务期限不足一个纳税年度，且有证据表明不履行纳税义务的；（二）没有办理税务登记或者临时税务登记，且未委托中国境内的代理人履行纳税义务的；（三）未按照规定期限办理企业所得税纳税申报或者预缴申报的。"

前款规定的扣缴义务人，由县级以上税务机关指定，并同时告知扣缴义务人所扣税款的计算依据、计算方法、扣缴期限和扣缴方式。（《中华人民共

和国企业所得税法实施条例》第一百零六条）

工程价款或劳务费的支付人所在地县（区）以上主管税务机关根据《境内机构和个人发包工程作业或劳务项目报告表》及非居民企业申报纳税证明资料或其他信息，确定符合《中华人民共和国企业所得税法实施条例》第一百零六条所列指定扣缴的三种情形之一的，可指定工程价款或劳务费的支付人为扣缴义务人，并将《非居民企业承包工程作业和提供劳务企业所得税扣缴义务通知书》送达被指定方。（国家税务总局令第19号第十四条）

扣缴义务人每次代扣的税款，应当自代扣之日起七日内缴入国库，并向所在地的税务机关报送扣缴企业所得税报告表。（《中华人民共和国企业所得税法》第四十条）

（2）法律责任

非居民、扣缴义务人或代理人实施承包工程作业和提供劳务有关事项存在税收违法行为的，税务机关应按照税收征管法及其实施细则的有关规定处理。（国家税务总局令第19号第三十二条）

境内机构或个人发包工程作业或劳务项目，未按本办法第五条、第七条、第八条、第九条规定向主管税务机关报告有关事项的，由税务机关责令限期改正，可以处2000元以下的罚款；情节严重的，处2000元以上10000元以下的罚款。（国家税务总局令第19号第三十三条）

国家税务总局令第19号第五条、第七条、第八条、第九条规定如下。

第五条 非居民企业在中国境内承包工程作业或提供劳务的，应当自项目合同或协议（以下简称合同）签订之日起30日内，向项目所在地主管税务机关办理税务登记手续。

依照法律、行政法规规定负有税款扣缴义务的境内机构和个人，应当自扣缴义务发生之日起30日内，向所在地主管税务机关办理扣缴税款登记手续。

境内机构和个人向非居民发包工程作业或劳务项目的，应当自项目合同签订之日起30日内，向主管税务机关报送《境内机构和个人发包工程作业或劳务项目报告表》，并附送非居民的税务登记证、合同、税务代理委托书复印件或非居民对有关事项的书面说明等资料。

第七条 境内机构和个人向非居民发包工程作业或劳务项目合同发生变更的，发包方或劳务受让方应自变更之日起10日内向所在地主管税务机关报送《非居民项目合同变更情况报告表》。

第八条 境内机构和个人向非居民发包工程作业或劳务项目，从境外取得的与项目款项支付有关的发票和其他付款凭证，应在自取得之日起 30 日内向所在地主管税务机关报送《非居民项目合同款项支付情况报告表》及付款凭证复印件。

境内机构和个人不向非居民支付工程价款或劳务费的，应当在项目完工开具验收证明前，向其主管税务机关报告非居民在项目所在地的项目执行进度、支付人名称及其支付款项金额、支付日期等相关情况。

第九条 境内机构和个人向非居民发包工程作业或劳务项目，与非居民的主管税务机关不一致的，应当自非居民申报期限届满之日起 15 日内向境内机构和个人的主管税务机关报送非居民申报纳税证明资料复印件。

3. 非居民企业增值税

（1）纳税人

在中华人民共和国境内（以下称境内）提供交通运输业、邮政业和部分现代服务业服务（以下称应税服务）的单位和个人，为增值税纳税人。纳税人提供应税服务，应当按照本办法缴纳增值税，不再缴纳营业税。单位，是指企业、行政单位、事业单位、军事单位、社会团体及其他单位。个人，是指个体工商户和其他个人。（营业税改征增值税试点实施办法第一条"财税〔2013〕106 号"）

（2）扣缴义务人

中华人民共和国境外（以下称境外）的单位或者个人在境内提供应税服务，在境内未设有经营机构的，以其代理人为增值税扣缴义务人；在境内没有代理人的，以接受方为增值税扣缴义务人。（营业税改征增值税试点实施办法第六条）

（3）应税服务

在境内销售服务、无形资产或者不动产，指服务（租赁不动产除外）或者无形资产（自然资源使用权除外）的销售方或者购买方在境内；所销售或者租赁的不动产在境内；所销售自然资源使用权的自然资源在境内；财政部和国家税务总局规定的其他情形。具体来说，"应税服务，是指陆路运输服务、水路运输服务、航空运输服务、管道运输服务、邮政普遍服务、邮政特殊服务、其他邮政服务、研发和技术服务、信息技术服务、文化创意服务、物流辅助服务、有形动产租赁服务、鉴证咨询服务、广播影视服务。应税服务的具体范围按照本办法所附的《应税服务范围注释》执行"。(营业税改征增值税试点实施办法第八条)

(4) 增值税税率。提供有形动产租赁服务,税率为17%。提供交通运输、邮政、基础电信、建筑、不动产租赁服务,销售不动产,转让土地使用权,税率为11%。提供现代服务业服务(有形动产租赁服务除外),税率为6%。具体范围由财政部和国家税务总局另行规定。增值税征收率为3%,财政部和国家税务总局另有规定的除外。财政部和国家税务总局规定的应税服务,税率为零。(营业税改征增值税试点实施办法第十二条)

(5) 不需要代扣非居民增值税的情况。根据《财政部、国家税务总局关于全面推开营业税改征增值税试点的通知》(财税〔2016〕36号)附件4《跨境应税行为适用增值税零税率和免税政策的规定》第二条规定,境内的单位和个人向境外单位提供的完全在境外消费的下列服务和无形资产,适用免征增值税政策,但财政部和国家税务总局规定适用增值税零税率的除外:①电信服务;②知识产权服务;③物流辅助服务(仓储服务、收派服务除外);④鉴证咨询服务;⑤专业技术服务;⑥商务辅助服务;⑦广告投放地在境外的广告服务;⑧无形资产。

(6) 代扣非居民增值税的计算的两种情况。①如国外公司承担税费,直接计算增值税、城建及附加即可,增值税为支付费用×汇率/1.06×6%,城建及附加为增值税×(7%+3%+2%),汇出金额为支付费用×汇率-增值税-城建及附加。②如境内企业承担税费,增值税为支付费用×汇率/[1-6%×(7%+3%+2%)]×6%,城建及附加为增值税×(7%+3%+2%),汇出金额为支付费用×汇率。

七 防范非居民企业税收流失的现实意义

(一) 客观经济形势发展的需要

当前,世界经济格局正处于三方面的过渡阶段。第一,从主权经济向全球化经济过渡,这有两个明显特点。其一,全球化经济与主权经济的最大区别就是价值链分布。在主权经济时代,价值链分布在一个市场之内;在全球化经济时代,价值链分布要扩展到市场之外。其二,在主权经济的状态下,劳方与资方是一体的;在全球化经济的背景下,劳资是可以分离的,管理可以操控全世界的劳动,操控全球价值布局。第二,从劳动经济向资本经济过渡。第三,从要素驱动向创新驱动过渡。与此相对应,中国在与经济相关领域的税收有四大转型。其一,从资本输入转向资本输出。其二,从世界工厂转向世界市场,并且中国市场形成不仅仅是地域因素,也不仅仅是人口因素(当然是重要因素),更重要的是人口、地域形成了有效需求。中国是亚洲最大的奢侈品消费市场,是世界第二大奢侈品消费市场。中国是世界工厂的时候,创造全球的价值;中国是世界市场的时候,实现全球的价值。那么,在这个过程中,中国不应该得到财富分配吗?不应该得到利润分配吗?规则制定中如果不认识到这些问题,我们将无以在规则之中取得应该拥有的权益。其三,中国经济发展从要素驱动转向创新驱动。所有产品都由两部分价格构成,一部分是无形资产,一部分是有形资产,要素驱动是简单定价,创新驱动将使无形资产定价占据重要地位。其四,中国正在从生产环节的单一现代化转向全链条现代化。这四大转型都需要我们调整国际税收工作理念和工作战略。

(二)强化大国税务管理的需要

在当前国际税收工作中,必须要有国际化的视野,树立大国税务理念。那么,什么是大国税务理念?对于中国来讲,首先是大国经济,作为世界第二大经济体,国际税收必须与其经济地位相匹配,要与参与国际经济活动的深度、广度和规模相对应。

2014年11月16日,习近平主席在澳大利亚布里斯班举行的G20领导人峰会上提出:"加强全球税收合作,打击国际逃避税,帮助发展中国家和低收入国家提高税收征管能力。"这是我国最高领导人首次在国际重大场合就税收问题发表重要意见,也首次描绘了我国税收工作在全球税收领域的坐标和方向。国家税务总局局长王军在全国税务工作会议上提到,我国正以越来越开放的姿态拥抱世界,大国外交的壮美画卷正徐徐展开,我国税收参与全球税收治理乃至经济治理的天地更加广阔;河南省委经济工作会议要求顺应发展大势,抢抓全球化的机遇,充分利用两个市场、两种资源,"买全球、卖全球","引进来、走出去",加快自身发展。

这些重要指示和精神预示着国际税收体系将和其他领域的国际治理规则，共同形成全球经济治理体系，直接影响我国的经济全面开放水平。此时，国际税收工作人员要明确，国际税收已成为规范国际经济秩序、抵御国际金融风险、促进全球经济复苏的重要手段，在优化生产要素配置、消除跨境投资障碍、推动国际经济合作方面，承担了更加重要的使命。我们要用开放的视野学习借鉴国际税收领域的先进经验，推动我国成为国际税收舞台上发挥强大影响力的重要成员，更好地发挥在全球税收治理中的引领作用。全国各级国际税收管理部门要进一步强化大国税务理念，统筹内外两个格局，深度参与国际税收合作，积极构建新型国际税收管理，推动各项工作落到实处。

（三）国际税收征管协作的需要

邓小平同志曾经说过："我们最大的经验，就是不要脱离世界。"谈到国际税收征管协作，先要回顾一下国际税收的征管原则。国际税收的实质是协调国家之间的税收分配关系，也是国际经济治理乃至国际政治对话的组成部分。旧的原则是居民管辖权和税收管辖权之间的博弈，博弈的方式是居民国的投资在来源国有常设机构就有征税权，没有常设机构就没有征税权。这是二战以后建立的国际税收秩序，目的是促进资本输出国、要素输出国向全球扩张，提高全球福祉，这也是二战以后第一轮经济全球化所瞄准的方向。但是，投资来源国要提供公共产品和公共服务，这些产品和服务被消费以后，投资者应该纳税予以补偿，这是基本的财政原理。结果是居民国和来源国形成竞争，竞争的结果是彼此都没有得到好处。好处跑到哪里去了？跑到没有实质经济活动、只有法律形式的避税天堂和低税率地区。因此，2014年4月，在悉尼召开的G20财长和央行行长会议明确提出，新的国际税收指导原则是"税收与经济实质相匹配"（Tax-substance Alignment）。这来源于G20悉尼宣言——利润在经济活动发生地和价值创造地征税。有了这个总的指导原则，这个世界就开始走向公平，因为税收将紧跟实质，这个实质就是经济活动和价值创造。

第四章 防范非居民企业税收流失的理论分析框架

第一节 理论背景

一 制度经济学理论

制度经济学主要研究制度对经济行为、经济增长和经济发展如何相互影响、相互作用，制度的制定、变迁和发展变化对经济行为作用与反作用的机制原理。制度经济学从一个比较独特、崭新的视角分析经济问题和社会问题，其诠释能力较强。制度分析是经济学中引人注目并独具特色的研究方法。新制度经济学认为，假如要素构成中没有制度，其余的要素（天赋、要素、技术和偏好）是很难充分发挥其功效和作用的，因此经济学理论的要素除了包括天赋、要素、技术和偏好等，很有必要把制度这一要素也加进来。诺斯（Douglas North）是新制度经济学的杰出代表，科斯（Ronald Harry Coase）和诺斯分别于1991年和1993年获得诺贝尔经济学奖，他们对制度经济学的研究与发展做出了十分突出的贡献。作为新兴学科——制度经济学的创始人和代表人物，科斯做出的贡献主要表现为：在他的代表作《企业的性质》（Nature of Enterprise）的经济学分析中，引入了交易成本（Cost of Transaction）的概念。诺斯运用新古典经济学和经济计量学的方法诠释历史上的经济增长问题，威廉姆森（Oliver Williamson）进一步发展了制度经济学，德姆塞茨（Harold Demsetz）对企业所有权、财产与经济发展之间关系进行了精辟的论述。他们极大地发展了制度经济学，使制度经济学成为以比较独特、崭新的视角分析经济问题和社会问题的学科，被主流经济学认可，在当代经济学体系中起着举足轻重的作用。

(一) 制度的概念

新制度经济学中的制度是规则的统称，主要由正式制度（也称为正式约束、正式规则）、非正式制度（也称为非正式约束、非正式规则）和实施机制（也称实施手段）三方面具体内容构成。

新制度经济学认为，正式制度作为制度构成的第一个方面，指人们有意识创造和设计的、共同约束着社会活动和社会行为的，并通过国家意志体现出来的规则。非正式制度作为传统文化的主要组成部分，主要包括文化习惯、社会舆论、传统习俗等。非正式制度作为制度的第二个构成方面，具有非强制性，是非意识的、在长期交往中形成的行为规则。

非正式制度类似于正式制度，同样对人们的行为具有巨大约束力。而且具有相当持久的生命力，有时非正式制度变迁或演进比正式制度变迁或演进更难。与正式制度相比，非正式制度有长期性、稳定性、变迁的时滞性。正式制度与非正式制度在形成、变迁与发展过程中各具特色，不能相互替代。

在制度经济学领域，制度构成的第三个方面是实施机制，是为了某些特定目标而设计的规则和制度且保障着正式制度与非正式制度的运行。增加违约成本以提高实施机制的有效性，使违约变得不划算、不符合利益最大化原则。

(二) 制度的性质

制度经济学认为，社会公众的经济活动与社会活动需要行为准则，行为准则的制定要考虑经济活动与社会活动的主体与组织体制两大要素。

在制度经济学领域中，人们在社会活动和社会行为中所形成的合作关系与竞争关系需要制度调整的原因在于：资源的相对稀缺性和有限性与人们无止境的贪欲之间的矛盾需要制度来调整。

制度经济学认为，制度的消费有非排他性和强迫性。所谓非排他性，指社会公众共同消费由少数人供给的制度，制度消费而获取的利益由社会公众共享；所谓强迫性，指某些制度消费对于某些利益集团来说只是一种被迫遵从，毫无利益获取可言。

(三) 制度的作用

制度产生、变迁和发展的终极目的是清除交易中的障碍，降低交易成本；制度的出现为社会提供了一个相当有效的激励机制，它能使个人的生产性努力的收益率约等于社会平均收益率。

第二节　借鉴上述理论的原因

制度在新制度经济学中占据核心地位。财政学这门学科建立的基础与前提是"制度至关重要"。在我国，税收占国家财政收入的90%以上，是国家组织财政收入的重要手段之一。正式制度是指"确定生产、交换和分配等不同环节的基础的一整套政治、社会与法的基本规则"。税收制度包括税收法律、税收法规、税收部门规章和实施细则，具体包括税法、税收征管法、税收管理体制等。非正式制度是制度结构中重要的组成部分之一，主要与惯例、意识形态、文化传承、环境有关，来源于所流传下来的信息以及部分文化遗产，在税收领域中，税收环境构成整个社会文化的一部分。实施机制是条件与手段的总称，这些条件与手段是正式制度和非正式制度顺利实施的重要保障。在税收领域中，实施机制是能协调规范好征纳关系的税收管理激励机制与惩戒机制，主要与税收征管有关，是确保税收收入以最小成本，足额、及时入库的税收征管条件或税收征管手段（相应的实施机制）。制度组成第一部分的正式制度是法制化的、与税收相关的政策法规，作为制度组成第二部分的非正式制度包括税收理念、税收意识、税收文化、税收传统、税收环境和税收习惯，制度组成第三部分的实施机制是法制化的税收征管条件与税收征管手段，它们共同构成影响非居民企业税收流失至关重要的三大因素。因此，用新制度经济学的相关理论来分析非居民企业税收流失十分合适。制度构成的三个重要部分即正式制度、非正式制度和实施机制相互关联并相互制约。在税收领域中，只有正式制度作用的有效发挥才能实现税收的有序管理；正式制度作用的有效发挥离不开社会公众的认可与支持以及相适应、相配套的实施机制作用的有效发挥，这样才能提高法律制度的效率、可行性和有效性。

因此，防范和治理非居民企业税收流失必须同步协调、系统优化制度构成的三个方面，这对于防范和治理非居民企业税收流失具有积极意义。

第三节　非居民企业税收管理现状

近年来，随着我国"一带一路"倡议的深入推进、对外交流合作的加强以及资源的进一步开放,非居民企业发展势头十分迅猛,并形成了十分庞大的消费市场,境外企业和机构通过非居民企业税收机构与非居民企业税收项目的形式从中国境内获取了较高的收入和利润。

一 非居民企业税收收入状况

随着我国经济的持续、平稳发展,就经济规模而言,中国成为世界第二大经济体;随着经济结构的调整和改革开放的不断深入,很多领域都变得更加开放,中国也成为知名跨国公司的投资热点,在中国投资的国际知名企业数量也不断增多;特别是十九大之后,这个趋势不仅在北京、上海、广州、深圳等一线城市十分明显,在二线城市和三线城市也不断凸显,非居民企业税收收入的绝对额和非居民企业税收收入在整体税收收入中的比重都呈现不断上升的趋势。

表 4-1 1982~2017 年非居民税收收入情况

单位:亿元,%

年份	非居民税收收入	税收收入总额	非居民税收收入占税收收入总额的比例
1982	3.27	699.87	0.47
1983	5.36	780.6	0.69
1984	8.39	947.35	0.89
1985	11.68	1297.66	0.90
1986	13.97	1400.75	1.00
1987	14.39	1503.72	0.96
1988	16.68	1715.73	0.97
1989	18.65	1996.06	0.93
1990	19.32	2086.93	0.93
1991	22.67	2356.99	0.96
1992	25.35	2663.08	0.95
1993	32.6	3601.68	0.91
1994	39.35	4381.41	0.90
1995	46.38	5237.59	0.89
1996	56.39	6013.27	0.94
1997	75.62	7823.91	0.97
1998	87.29	9321.79	0.94
1999	101.93	11387.61	0.90

续表

年份	非居民税收收入	税收收入总额	非居民税收收入占税收收入总额的比例
2000	117.68	13207.49	0.89
2001	122.95	14937.43	0.82
2002	173.61	18031.51	0.96
2003	176.12	19896.72	0.89
2004	223.78	23983.83	0.93
2005	301.56	32667.61	0.92
2006	375.29	38250.52	0.98
2007	473.87	49381.93	0.96
2008	579.92	58352.21	0.88
2009	603.32	67936.17	0.09
2010	778.56	76568.33	1.05
2011	1025.21	85369.36	1.20
2012	1090.3	91317.53	1.19
2013	1103.25	99000.27	1.11
2014	1135.12	103868.35	1.09
2015	1256.35	112856.56	1.11
2016	1543.75	115878.93	1.33
2017	1825.28	144360.21	1.26

资料来源：《中国财政年鉴》（1983~2017），中国财政出版社，第162~193页；《中国税务年鉴》（1983~2017），中国税务出版社，第112~136页。

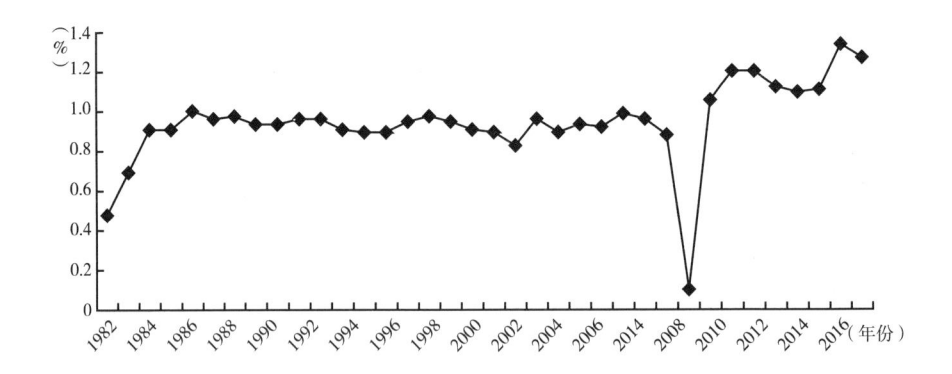

图4-1 1982~2017年非居民税收收入占税收收入总额的比例

二 非居民企业税收的征收方式

非居民企业税收的征收主要采取以下方式：源泉扣缴的征收方式、据实申报的征收方式和核定征收的方式。源泉扣缴的征收方式是非居民企业纳税人所得税的主要征收方式，通过源泉扣缴的征收方式取得的非居民企业纳税人所得税占非居民企业税收收入的80%~90%。按所得性质非居民企业纳税人所得税可分为：股息（红利）企业所得税、特许权使用费企业所得税、利息企业所得税、租金所得企业所得税、转让财产所得企业所得税等，其中股息（红利）企业所得税和特许权使用费企业所得税占企业所得税的比重较大，达到企业所得税的70%~80%。

源泉扣缴是非居民企业税收的主要征收方法，指支付人向境外的企业或单位支付款项之前，把境外企业或单位按照税收法律的规定应当承担和缴纳的税款从支付款项中扣除后，代境外的企业或单位上缴税务机关的做法。

非居民企业税收通常采取源泉扣缴的征收方式，在源泉扣缴的税收征收方式下，应纳税所得额的计算中，股息（红利）所得、特许权使用费所得、租金所得、利息所得的应纳税所得额为收入全额（包含收取的价外费用），转让财产所得为差额（扣除资产原值的差额）。

在郑州注册成立的郑州宇通集团有限公司有意向向位于美国芝加哥的美国国际技术发展集团购买汽车专利技术，双方谈签合同后，郑州宇通集团有限公司按照合同的规定期限向美国国际技术发展集团支付30万美元技术使用费。按照中美税收协定和中国国内法的相关规定，当位于郑州的郑州宇通集团有限公司向美国芝加哥的美国国际技术发展集团支付100万元技术使用费前，需向当地税务机关代为申报并代扣代缴增值税额5.66万元，预提所得税9.43万元，然后将税后余额84.91万元支付给美国国际技术发展集团，这种做法即为源泉扣缴〔应纳税额的计算方法：应纳税所得额为100万元的收入全额，不扣除任何费用，按协定税率10%，应纳增值税额=100/（1+6%）×6%=5.66万元；应纳所得税额=100/（1+6%）×10%=9.43万元〕。源泉扣缴的征收方式有利于税务机关以较低的征税成本取得税收收入，保证税款及时、足额入库，同时有效地防止了偷税行为的发生，也有效防范了税收流失，降低了税收征管成本，提高了税收征管效率。

三 非居民企业的涉税风险

非居民企业面临的涉税风险主要有在境外是否向外国税务当局及时足额申报纳税，有无偷、漏、抗、骗、避税问题以及加重征税，重复征税，该享受的税收优惠待遇未享受，境外所得是否向我国税务部门及时足额申报纳税，抵免是否正确，有无偷、漏、抗、骗、避税问题以及该享受的税收优惠待遇未享受等。

四 非居民企业税收流失的主要表现形式及现状

受非居民企业税收法律法规不健全，境内企业和机构对非居民企业税收缺乏足够的了解和认识而未履行代扣代缴义务，境外机构又不积极主动负担税款、承担纳税义务，非居民企业税收涉及的国际税源监管机制不完善等因素的影响，税务部门对企业和机构通过非居民企业税收形式从我国境内取得的商标使用费、外籍专家的工薪收入与劳务收入、特许权使用费等非居民企业税收，未能实施有效的税收监控，使非居民企业税收中的非居民企业纳税人税源一直缺乏有效的管理，导致非居民企业税收流失，国家税收权益乃至国家整体经济利益受到侵害。

非居民企业税收流失主要包括以下几种表现形式：避税、逃税、欠税、偷税、抗税、包税和吃税、滥用税收优惠和税收减免、滥用税收协定。

（一）避税

无论是在财政税收理论界还是在实际税收征管部门，避税（Tax Avoidance）是非居民企业纳税人较普遍应用的减少应纳税额的方式，非居民企业纳税人主要采取成本转移、费用转移、利润转移、资金转移等手段以达到减轻税收负担和不纳税的目的。

税收理论界对于所有的避税是否都划归税收流失持不同意见。有的专家认为，避税分为合法避税、非违法避税、表面合法而实质违法的避税三种形式。

合法避税，即合法节税（Legal Tax Savings）、税收筹划（Tax Planning）。合法避税是非居民企业纳税人依据相关税收政策，利用人、财、物的特殊安排和运作，充分利用税法中的优惠政策和优惠条款，减少应纳税额的方式。

合法避税不会受到税务机关的处罚和制裁，因此不能归为税收流失。

非违法避税（Legal Tax Avoidance）指纳税人挖掘和利用税法不完善处或税法漏洞做出减轻税负的安排。非违法避税行为会导致税收流失，但税务机关因为缺乏税收法律依据而不能进行税收行政处罚或法律制裁。而只能进一步完善税收法律法规，堵塞税法中的漏洞，使纳税人没有可乘之机才能减少非违法避税行为导致的税收流失。

表面合法而实质违法的避税行为（Illegal Tax Avoidance）在国际税收中普遍存在，主要通过"虚假设立机构"和"机构挂靠"，利用税法的差别待遇和税收优惠政策进行逃税。对于表面合法而实质违法的避税行为进一步加强税务稽查，对于查清核实的情况，应按照偷逃税款进行税收处罚。

非居民税收企业通常会通过转让定价的方式避税，也就是说国内的母公司以低于市价甚至低于成本价的价格卖给国外子公司，通常子公司所在国的税率低于母公司所在国的税率，这样母公司就会在账面上显示微利或亏损，这样集团公司就可以降低其整体应纳税额和税收负担。

（二）逃税

逃税（Tax Evasion）是一种非法的税收流失，也是税收流失常见的一种形式。逃税基本上是作为偷税的同义词来使用的，非居民企业纳税人运用非法的经营和核算方式减少应纳税额。

（三）欠税

欠税（Delinquency）是税收流失的一种表现形式，是指纳税人（这里指合作外方，一般是费用的收款方）和扣缴义务人（这里指境内机构，一般是费用的支付方）未按照相关税收法律法规或税务机关核定的纳税期限向主管税务机关足额缴纳税款，而未经审批超期缴纳或拖延缴纳国家税款、无偿占用国家税款作为流动资金，使国家税收收入损失时间价值的行为。在通常情况下，欠税只是纳税人和扣缴义务人暂时拖延缴纳税款，但已明确纳税义务，所欠缴的税款最终还是要足额缴入国库的。但税务理论的研究结果表明，企业之所以欠税，是以利益最大化为目的的"理性选择"。

合作外方延期缴纳税款的成本构成是违法成本。刑法规定：纳税人采取转移、隐匿财产导致税务机关无法追缴欠税的，欠税1万~10万元的处3年以下有期徒刑或拘役，单处或并处欠税 1～5 倍罚金；欠税 10 万元以上的，处 3～7 年有期徒刑，并处欠税 1～5 倍罚金。

（四）偷税

无论是在财政税收理论界还是在实际税收征管部门，偷税（Tax Evasion）被列为情形最严重的税收流失形式。偷税指通过修改会计凭证和其他会计资料，在会计账册中不列收入、少列收入，多列支出或不列支出，或者进行虚假申报等各种手段以达到不缴或者少缴应纳税款的行为，不仅是违反税法的行为，而且是借助做假账、伪造会计凭证等犯罪手段的非法行为，因此应受到拘役或监禁的法律制裁。简而言之，偷税就是纳税人未按照相关税收法律法规，运用减少应税收入、增加应税成本、虚假纳税申报等手段擅自降低税负。偷税通常在应税经济行为和纳税义务产生之后，对此我国税收征管法和刑法都有十分明确的处罚规定。

（五）抗税

抗税（Tax Revolt）是一种以暴力手段的极端方式来减轻自身纳税义务的行为，具体到非居民企业税收的情况，抗税是指纳税人（这里指合作外方，一般是费用的收款方）或扣缴义务人（这里指境内机构，一般是费用的支付方）以威胁、暴力等方法拒绝缴纳税款，以减轻自身的纳税义务的行为。

（六）包税和吃税

包税（Tax Quota）指某些地方的税务部门和税务人员贪污受贿，与扣缴义务人或纳税人勾结，采取承包税收定额的方法使实缴入库税款小于按照相关的税收法律法规计算缴纳的税款（Low Tax Assessment）。吃税即少数税务人员与纳税人勾结，运用各种不法手段共同偷逃税款的行为。目前，在我国，由征税违规导致税款流失的包税行为很多，且与偷税、逃税、骗税等税收违法行为同样会造成国家税款的流失，税收理论界也把它划归为税收流失的研究范围。

（七）滥用税收优惠和税收减免

滥用税收优惠（Tax Policy Abuse）是避税的一种，指非居民企业纳税人依据相关税收政策的规定，非法利用税收优惠政策某些条款减少应纳税额和税收负担的行为。

（八）滥用税收协定

滥用税收协定（Tax Agreement Abuse）也是避税的一种，指非居民企业纳税人依据相关税收政策的规定，非法利用税收协定的某些条款减少应纳税额和税收负担的行为。

对于上述不同表现形式的税收流失，《中华人民共和国税收征收管理法》和《中华人民共和国刑法》都非常明确地规定了处罚措施。

非居民企业税收以偷税、逃税、欠税、滥用税收协定、滥用税收优惠等多种表现形式存在于经济生活中的，也是各国理论界和国际税收工作者公认的难题。据统计，我国每年税收收入的流失超过6500亿元，非居民企业税收的税收流失达980亿元。相关统计数据表明，2017年美国国内收入局估算的税收流失额高达465亿美元，税收流失率为16.3%；德国的税收流失额高达611亿马克，税收流失率为31.2%；2017年希腊的税收流失额是389亿欧元，税收流失率为34.7%；2017年意大利的税收流失额是476亿欧元，税收流失率为37.4%；巴西、印度、墨西哥等国的税收流失率甚至达到60%。税收流失问题目前已经逐渐受到世界的广泛关注。[①]

非居民企业的税收流失在性质上主要分为：由税收法律法规体系的缺陷或漏洞造成的制度性的税收流失，不同国家的税率水平不同、税收标准不同、税负制度不同和相互竞争的税收政策不同，非居民纳税人会利用这些不同点在不同的国家和地区之间进行利润转移，以降低整体应纳税额或整体税收负担；税务管理部门由管理存在问题造成的管理性税收流失；由纳税人（这里指境外合作企业）的违法行为造成的遵从性税收流失。

五 非居民企业税收管理取得的成绩

（一）修改和完善《企业所得税法》

近些年来，中国运用反避税的各种手段进行跨国税源管理，成效比较显

[①] Justin Scott, "Tax System & Tax Administration", *Journal of Finance* 2018（5）：37-49.

著：通过反避税手段取得的税收收入从 2005 年 4.6 亿元增长到 2017 年的 1825 亿元。

中国在 2008 年对《企业所得税法》进行了修改和完善，这是我国在反避税工作中取得的显著成绩。这次《企业所得税法》的修改和完善是对反避税工作极大的促进，使中国反避税工作的工作方法不只是消极应对，而是主动出击。这种做法可以较大程度地提升非居民企业纳税人的税法遵从度，也可以使税务机关在非居民企业税收管理中能够有的放矢，在风险评估的基础上实施纳税评估、税务审计和税务稽查。

（二）加强非居民企业纳税人的税务审计和反避税管理

2018 年 1~3 月江苏省涉外税收完成 101 亿元，同比增长 22.8%。全省各级税务机关强化国际税收管理，通过审核评税，调增应纳税所得额 6.73 亿元；通过税务审计，补征所得税和增值税 1.37 亿元；通过反避税，补征所得税 0.82 亿元；通过加大对非居民企业税收管理力度，征收外国企业所得税 5.27 亿元。河南省狠抓跨境税源管理，不断完善税源发现和风险管理机制，非居民税收收入实现连年增长。尤其是 2017 年，打破了非居民税收收入"大小年"波浪形变动的趋势，在 2016 年收入增幅 41% 的高位增长基础上，仍保持稳步增长，实现非居民税收收入 13.4 亿元，同比增长 9%。

（三）开展非居民企业纳税人的重点调查

为了加强跨国税源管理，湖北省武汉市国际税收管理部门组织各区（市）局在 2017 年 11 月对辖区内的非居民企业纳税人进行了一次拉网式调查，重点调查在国内未设立机构，却有来源于武汉市的经营利润、安装费、现场服务费、技术转让费、审计费的和从事文化体育演出的外国团体等。湖北省武汉市国际税收管理部门还对报纸、杂志、互联网、电台、电视台等各种媒体的相关信息进行分析、整理和汇总，并把相关信息传递到各区（市）局，由各区（市）国税局进行调查。2017 年 1~12 月，已收集并有效处理非居民企业纳税人税源信息 80 多条，通过收集并有效处理非居民企业纳税人税源信息征收的非居民企业纳税人税款达到 325 万元，防范了非居民企业税收流失的风险，维护了我国的税收管辖权。2017 年，河南省通过监控管理促使 14 户企业自行调整补税，入库税款 4800 余万元，通过反避税立案调查入库税款 586 万元。

（四）发挥情报交换在跨国税源管理中的积极作用

湖南省长沙市国际税收管理部门为了加强跨国税源管理，在跨国税源管理中积极创新工作方式，把非居民企业税收的情报交换工作与审核评税、办理企业售付汇业务、税务审计、反避税、非居民企业税收的日常税收征管、税收协定执行、审批非居民企业纳税人享受税收协定待遇的业务等多项工作有机结合起来，充分发挥国际税收情报交换在跨国税源管理工作中的积极作用，取得了比较明显的税收征管效果。

该局的国际税收管理部门在办理审批非居民企业纳税人享受税收协定待遇的业务和办理对外付汇业务时发现了税收疑点，根据发现的税收疑点向非居民企业纳税人所在国的税务机关制作并发送了自动税收情报。2017年全年按照总局情报交换规程和省局相关文件规定，以及中国与美国、日本、韩国、澳大利亚、加拿大等5个缔约国签订的自动情报交换协议精神，对2017年发生的对外付汇情况进行了收集、筛选、整理、翻译、审核，对符合自动情报交换的126份合同进行了汇总、制作和上报，付汇金额达8691万元，税款达950万元。2017年共获取来自美国、日本、韩国、澳大利亚、加拿大等5个缔约国提供的涉税情报和涉税信息的税源管理需求6个。如对总局转来日本国税厅的专项情报请求，该局的大企业和国际税务管理处根据中国与日本签订的税收协定、总局情报交换工作的规定认真组织了对外来专项情报的调查，主动查找本辖区内企业和单位是否存在涉税疑点或涉税问题，通过对外来专项情报的调查，发现了本辖区内1户企业的避税线索，2户企业主动提出补缴税款的请求，共计补缴增值税、企业所得税和个人所得税等税款32.9万元，并按期制作英文函，回复调查结果。这不仅为日方提供了深入调查的信息，而且实现了源于国外的税收情报和税收信息在非居民企业税收管理中的有效运用，真正发挥了税收情报交换在非居民企业税收管理中的监控与威慑作用。

（五）加强股息、红利预提税的税收管理

按照修订后的《企业所得税法》，自2008年起，开始对非居民企业纳税人获取的源自我国境内的股息、红利按照10%的税率征收企业所得税。自2008年起，股息、红利预提税占我国非居民企业税收入中的比重一直较

高，约 70%~80%，股息、红利预提税近年来在厦门市非居民企业税收收入中的占比约为 75%。2018 年厦门市国税局利用对 2017 年的非居民企业纳税人所得税汇算清缴工作机会，对辖区内盈利数额较大的外商投资企业股息、红利的分配情况，股息、红利预提税的缴纳情况以及股息、红利的支付情况进行了一次拉网式清查。清查过程中发现 20 户外商投资企业的利润分配方案已通过董事会决议但尚未支付利润，未缴纳企业所得税。根据《企业所得税法》的规定，董事会决议一旦通过利润分配方案，无论是否向境外的投资方支付股息、红利，非居民企业纳税人所得税的纳税义务已发生，应按照《企业所得税法》规定履行纳税义务，缴纳股息、红利预提税。厦门市国税局加大清理力度，对上述辖区内的 20 户外商投资企业应缴纳的股息、红利预提税进行了清理，最终对上述 20 户外商投资企业追缴税款 420 万元、滞纳金 12.7 万元，并罚款 3.27 万元。

（六）加强股权转让的税收管理

税务机关难以捕获非居民企业纳税人股权转让的税源信息，使非居民企业纳税人股权转让的税收征管（特别是"两头在外"与间接股权转让税收征管）始终是非居民企业税收工作的难点与热点。河北省国际税收管理部门把从省商务厅及其他部门获取的企业并购信息、企业重组信息、股权转让和其他有价值的第三方非居民企业税收外部信息，分类、筛选、整理后，安排各地市局对上述信息进行逐条排查，并对排查结果进行考核，各地市局在股权转让的核查工作中各显神通。唐山市国际税收管理部门在股权转让的核查工作中加强流程管理和政策管理，积极组织税款入库；并通过加强非居民企业纳税人的股权转让的业务培训，大力宣传非居民企业纳税人的股权转让的相关税收政策，不仅提高了税收征管人员的工作能力和业务水平，夯实了税收征管人员的工作基础，而且提高了非居民企业纳税人的纳税意识及境内支付企业和单位的扣缴税款意识。邢台市国际税收管理部门在股权转让的核查工作中引导区（市）分局的税收征管人员及时、准确地落实在股权转让业务中涉及的非居民企业税收政策。邯郸市国际税收管理部门在及时召开的全市非居民企业税收专业工作会上，以案例的形式把股权转让核查的基础工作做得比较规范、比较扎实的区（市）分局的经验与做法进行广泛推广；并针对发生股权转让业务的外资企业，积极引导外资企业的财务人员通过有资质的会计师事务所、税务师事务所、律师事务所等中介机构对股权转让业务中涉及的转让资产进行价值评估，国际税收征管人员按照中介机构的评估价值征收股权转让业务中涉及的企业所得税，这种做法不仅提高了非居民企业纳税人和境内支付单位的纳税遵从度，而且降低了国际税收征管人员的执法风险，同时也可以化解由国际税收征管人员单方面确定股权转让中资产价格产生的税企双方矛盾。在此次非居民企业纳税人股权转让的核查工作中，共补缴企业所得税税款790万元、滞纳金49万元，并罚款23万元。在加强对非居民企业纳税人股权转让管理的同时，石家庄市积极利用股市信息，加强对在境内外上市的居民企业向H股、QFII分配股息征税的监管。2016年征收居民企业向H股、QFII分配股息非居民企业纳税人所得税1087.94万元。2018年6月14日，《中国税务报》整版刊登了石家庄市在对H股股息征税和对QFII股息征税的经验和做法。

（七）规范非居民企业纳税人申请享受税收协定待遇审批流程

非居民企业纳税人享受税收协定待遇的规范管理关系到缔约国之间税收利益的再分配，正确判定非居民企业纳税人是否应该享受税收协定待遇是做好跨国税源管理工作的重要方面。按照总局、省局要求，认真审核，严格把关，规范管理，在工作中山东省淄博市做到既维护国家税收权益，又保障纳税人的合法利益，为淄博市经济发展提供了良好的税收环境。

为了做好非居民企业纳税人享受税收协定待遇审批工作，淄博市国际税收管理部门按照相关文件规定，对审批程序进行了规范，指出该项工作风险所在，帮助执法人员防范税收执法风险。正是有了这种规范性审批程序，执法人员根据规范性审批程序审核非居民企业纳税人申请享受税收协定待遇时严格把关，成功识破了一起非居民企业纳税人滥用税收协定待遇的申请，有力地维护了国家税收权益，2017年12月13日《中国税务报》上刊登了该信息。

2017年淄博市国际税收管理部门共受理12户非居民企业纳税人享受税收协定待遇申请，对外支付金额9378.65万元，共减免税额353.48万元。其中，审批的户数为9户，对外支付金额为8064.23万元，减免税额341.8万元；备案的户数为3户，支付金额1314.42万元，共减免税额11.68万元，有力地保障了纳税人的合法利益，为淄博市经济发展提供良好的税收环境。

(八) 严格非居民企业纳税人的对外付汇审批制度

山东省烟台市国际税收管理部门在跨国税源管理中,严格非居民企业的对外付汇审批制度,从源头防范和控制非居民企业税收的税收外流。对同一个境内机构和境内个人向境外的连续付汇行为进行重点关注,并联系银行部门和外汇管理部门在发现上述信息时,要把上述信息同步传递和告知给税务管理部门。税务管理部门根据上述税收信息对该境内支付机构和境内支付个人的对外付汇业务进行详细调查,看是否存在通过"化整为零"的方式进行偷逃非居民企业所得税的嫌疑。

(九) 做好税收宣传工作

山东省潍坊市国际税收管理部门在跨国税源管理工作中,充分利用各种机会对非居民企业纳税人和境内支付单位进行税法宣传,提高他们对非居民企业税收政策的了解,进而提高税法遵从度。自2010年以来,国际税收管理部门的工作人员每年都对涉及非居民企业税收管理的税收政策进行整理与编印,免费发放给基层税务机关和纳税人使用,既有效地宣传了税收政策,指导基层局更好地做好非居民企业税收管理工作,又为纳税人提供了最新的税收政策,受到基层局和纳税人的一致好评。同时,根据《非居民企业纳税人享受税收协定待遇管理办法(试行)》第四条规定:"税务机关应为纳税人提供优质和高效服务,及时通过电话、面谈、网络、函件等多种方式解答有关非居民企业纳税人享受税收协定待遇的税务咨询。"工作中大企业和国际税务管理处的工作人员认真执行该项规定,对于纳税人或代扣代缴义务人提出的问题,能够及时解答,对于有争议或政策不明的问题,企业和国际税务管理处的工作人员进行收集整理并及时向上级请示汇报,迅速做出明确答复,提高纳税人满意度,提高企业税法遵从度。高密市局通过宣传政策,使易初莲花主动申报代扣代缴非居民企业纳税人税款;安丘市局为非居民企业纳税人纳税开辟纳税服务绿色通道,为非居民企业纳税人提供贴心服务,使纳税人在最短的时间内办完纳税事宜;昌邑市局按照"以纳税人为中心"的理念,充分关注纳税人的需求,采取全方位措施优化纳税服务。2017年9月26日,德国GTE跑道工程有限责任公司外方代表到潍坊市局进行了详细的税收政策咨询,得到满意的答复后,主动到昌邑市国税局办理非居民企业纳税人所得税涉税业务。

（十）强化信息化管理在非居民企业税收征管中的作用

在跨国税源管理工作中，为加强非居民企业税收征管工作的薄弱环节，落实相关税收政策，维护国家税收权益，湖南省长沙市国际税收管理部门决定将2017年非居民企业税收征管工作作为加强非居民企业税收管理工作重点，从长沙市商务局和CTAIS系统取得在长沙市非居民企业税收的相关信息并下发给各基层单位进行调查。

为了做好此项工作，国际税收管理部门的工作人员首先对涉及非居民企业税收征管工作的相关政策进行整理并下发给各基层局，使他们在工作中做到有法可依并正确执行税收政策；其次，上下联动，积极解决问题。对于基层局在实际工作中遇到的问题进行指导并积极向省局汇报，争取上级支持；再次，对非居民企业税收的负责人积极进行税收政策宣传，做好耐心细致的政策解释工作，减轻基层局压力，支持基层局工作；最后，及时下发成功征收非居民企业税收的案例和信息。

通过采取以上措施，规范了基层局加强非居民企业税收征管工作管理办法，建立了非居民企业税收信息发现机制。长沙市各区局积极行动，对本辖区企业股权转让情况进行认真调查；芙蓉区局在日常巡查巡管中发现了1条非居民企业税收信息，通过跟踪管理和积极服务，最终征收了股权转让非居民企业纳税人所得税10.63万元，实现了芙蓉区局对非居民企业税收的首次征税，也是该项工作在芙蓉区局取得的首次突破；雨花区局、开福区局、天心区局、岳麓区局等单位对本辖区非居民企业税收征管工作进行监控。由于长沙市在非居民企业税收征管方面成绩突出，湖南省局于2017年8月20日在长沙市召开国际税收工作现场会，对长沙市的非居民企业税收和反避税工作给予充分肯定。

（十一）优化人力资源配置

河南省税务系统针对本地区国际税源分布不均衡、市地人员素质参差不齐、征管力量分散的特点与现状，以及总局对国际税收"上升管理层级"的要求，精准发力，聚合全省专业人才。2017年河南省税务系统一方面整合全省资源，建立了省局直接统筹管理的团队工作机制。抽调37名国际税收业务骨干及后备人才分别组建了非居民税收管理与税收协定执行、反避税（特别纳税调整)、"走出去"企业税收服务与管理、征管协作与外语服务4个专业团队。制定了团队工作制度,采取分级负责制、"集中+分散"制、工作备忘制、信息报告制等4项工作制度,同时对工作团队的定位、职责、权限进行清晰界定,即工作团队主要负责突破全省国际税收重点、难点案件及重要风险分析、应对等工作,其他日常工作根据省、市、县(区)局分工各司其职,从而依托专业团队扩充省局处室力量,做实做强省局国际税收管理工作,按照"省局主办、团队支撑、地市配合"的新模式,有效提升国际税收复杂事项管理和应对层级,打开了国际税收管理新局面。

另一方面,经全省人才选拔进一步充实了国际税收人才库。按照《河南省国家税务局国际税收管理专业人才库2017年入库人员选拔方案》,经过地市初选、省局复选和多次研究讨论,综合考虑候选人员毕业院校、专业、学历、特长以及工作经历、工作实绩、参与省局国际税收团队工作表现、省局特需专业等有关因素,把各项指标进行分值量化,并打分排序,同时根据国际税收业务量的大小,兼顾地市之间的平衡,从全省范围选拔55名人员进入国际税收人才库。其中,管理类36名、外语类12名、计算机类7名。目前,这些专业人才已经在专业工作上发挥举足轻重的作用,为国际税收工作真正起到了人才支撑的作用。

(十二) 优化内部信息化管理手段

一是完善金税三期管理决策平台及税收分析监控系统相关模块,丰富业务需求,优化系统功能。首先在税收分析监控系统中增加非居民、走出去、反避税及数据报表等方面的模块,自2016年12月至2018年2月,已提出了新增27个模块的业务需求,开发了9个模块,目前正在进行测试。将来逐步过渡到金税三期管理决策平台中。二是运用全国国际税收工作管理平台,规范国际税收业务流程操作管理,与总局实现互通互联、数据共享。三是依托省局门户网站,建设包括政策法规、热点交流、信息报道、服务"一带一路"等内容的国际税收服务专栏。四是充分利用金税三期管理决策平台、税收分析监控系统等,实现数据采集、报表报送的自动化,切实为基层减负。

(十三) 不断丰富"互联网+税务"的内容

一是规范简化纳税人报送的涉及国际税收业务的报表资料,凡是能通过网络共享、复用的资料，不得要求纳税人重复提供。二是不断丰富网上办税服务厅的内容，凡能实现网上办理的事项，不得要求纳税人必须到现场办理。三是采用电子网页、电子邮箱、微信等形式为纳税人提供咨询、辅导服务，与纳税人建立高效、便捷的沟通渠道，针对具体问题提供个性化服务，及时解读相关国际税收政策。

第五章　非居民企业税收流失对宏观经济和微观经济的影响

跨国税源管理最突出、最重要的问题就是非居民企业的税收流失问题。本章将从宏观与微观两个方面透析较高非居民企业税收流失对经济的不利影响。非居民企业税收流失因其广泛性和危害性已日渐引起社会各界的高度关注。从本质上来说，非居民企业税收流失是一种社会资源不规范性的再分配，对我国社会经济发展产生严重的负面影响，不仅会减少国家的财政收入，导致公共产品和公共服务供给不足，社会资源配置效率降低；而且严重损害我国税收利益、税法的权威性及实施效果。同时会影响税收作为宏观调控手段的作用，影响包括市场竞争、市场资源配置、收入再分配、劳动就业和社会经济各方面的公平与效率；另外，合作外方的税收流失还会蚕食中方资产，扭曲公平竞争的市场机制，破坏市场经济秩序，从而对我国的社会经济发展产生严重的负面影响。

第一节　国家间税收关系

非居民企业税收流失是开放经济下的税收现象，与跨国税源管理问题紧密相关，而跨国税源管理属于非居民企业税收管理的范畴和国际税收范畴。非居民企业税收管理不仅是显示我国税收管理能力和纳税服务水平的重要平台，树立国际形象的重要载体，而且是我国实施对外开放、参与国际税收分工的重要内容，是我国维护和行使税收管辖权的重要组成部分。它的背后隐含的是国与国之间的税收关系。国与国之间的税收关系主要表现在以下两个方面。

一　国与国之间的税收分配关系

国与国之间的税收分配关系涉及对同一课税对象由哪国征税或各征多

少税的税收权益划分问题。当一国征税导致另一国不能征税，或者一国多征税而另一国少征税时，两国之间就会产生税收分配关系。如位于美国密歇根州底特律的通用公司为宇通公司提供业务咨询服务，对于美方取得的来源于中国的教学劳务收入，中国是这笔所得的来源国，美国则为所得的居住国。中国可以按照属地原则征收预提所得税①，属地原则是指一国政府可以在本国区域内的领土和空间行使政治权利，具体到所得税的征收来说，即一国政府有权对来源于本国境内的一切所得征税，无论取得该笔所得的是本国人还是外国人；美方可以按照属人原则征收企业所得税，属人原则是指一国可以对本国的全部公民和居民行使政治权利，具体到所得税的征收来说，即一国政府有权对本国的全部公民和居民的一切所得征税，无论他们的所得来源于本国还是外国；这样来源国与居住国就会产生一定的税收分配关系。

二 国与国之间的税收协调关系

在经济一体化进程中，国与国之间在经济上的相互依存程度不断加深，税收对各国经济交往和经济发展的影响也不断加深。而在非居民企业税收中涉及的对所得课税和对财产课税和与之相关的税收流失问题均会对国际投资与国际技术转让等产生深远的影响，这要求国家之间在税收制度与税收政策等方面进行一定的协调。20 世纪 60 年代中期，西方国家为了防止资本外流和税收外流，纷纷降低本国的公司所得税税率，平均由 50% 降低到目前的 30% 左右。这场大规模的降税运动就是国与国之间开展的一种税收协调。另外，发展中国家为了吸引外资也纷纷给予国外投资者税收优惠政策，这也是国与国之间的税收协调关系。

第二节 政府收入规模

非居民企业税收流失会减小我国政府财政收入规模，增加政府宏观调控难度。非居民企业税收流失与政府财政收入二者存在高度的负相关关系。因

---

① 预提所得税并不是一个独立的税种，而是按照预提的方式课征的个人所得税或公司所得税，即由所得支付人在向所得受益人支付所得时为其代扣代缴税款。预提所得税的课税对象一般是股息、利息、特许权使用费、财产收益等。

此，税收流失会造成政府财政收入的减少。① 直观地看，非居民企业税收流失的存在会减少税收收入。

税收收入的减少会导致财政赤字的增加或财政支出的减少，降低政府的行政能力，阻碍宏观经济的稳定、持续、协调发展，削弱税收宏观调控作用的发挥，降低税收行政效率。长期来看，政府会采取以下三种方式弥补政府财政收入的减少，即扩大某些税种的征税范围、课征新税、增加税负，以实现既定的税收收入目标、满足财政需要，而这无疑会增加税制的复杂性和非居民企业纳税人偷逃避税的动机，进而引致更大规模的税收流失。

然而这只是一个静态的、单向的分析结果，对这个问题进行进一步的思考可得：税收流失造成了税收收入的减少，同时减轻了非居民企业纳税人的税收负担，降低了非居民企业纳税人的实际税负，产生了类似于享受税收减免、税收优惠、税收协定的效应，促进企业发展、经济增长以及政府收入规模的增长。

与发达国家相比，中国财政收入占GDP的比重较低，如2013年发达国家的收入比重在30%~60%，2013年美国为35.27%、德国为47.14%、英国为40.37%、日本为30.72%、丹麦为31.97%、芬兰为32.61%、荷兰为33.16%、瑞典为35.79%，均比我国财政收入占GDP的比重高；该比重与部分发展中国家相比也较低，2013年巴西为27.18%、俄罗斯为25.92%、印度为30.02%、塞尔维亚为31.27%、牙买加为29.93%、南非为30.78%、塞内加尔为30.29%。

表5-1 中国财政收入和占比（1990~2017年）

单位：亿元，%

年份	CR	FR	GDP	FR/GDP	CR/FR
1990	1502.24	3009.46	19017.16	15.83	49.91
1991	1389.61	3250.52	22303.91	14.60	42.75
1992	1538.15	3483.37	26638.13	13.10	44.16
1993	1602.92	4402.95	35001.41	12.60	36.41
1994	2823.55	5307.07	47192.43	11.25	53.20
1995	3015.12	5935.23	60478.07	9.81	50.80

---

① 贾绍华：《中国税收流失问题的研究》，中国财政经济出版社，2002，第126~129页。

续表

年份	CR	FR	GDP	FR/GDP	CR/FR
1996	4317.01	8562.11	68012.71	12.59	50.42
1997	4830.72	8651.14	74462.58	11.62	55.84
1998	5090.19	9902.87	82137.25	12.06	51.40
1999	6186.38	12379.39	83563.53	14.81	49.97
2000	7619.31	15367.17	90136.29	17.05	49.58
2001	9173.71	16386.04	97314.77	16.84	55.98
2002	11026.64	18903.64	105172.28	17.97	58.33
2003	12483.83	21715.25	117390.17	18.50	57.49
2004	13012.33	25698.25	140018.92	18.35	50.63
2005	17023.28	32017.58	179326.12	17.85	53.17
2006	20456.62	38760.17	211923.49	18.29	52.78
2007	27749.16	51321.78	249529.87	20.57	54.07
2008	32393.02	60434.73	300670.26	20.10	53.60
2009	38796.85	71186.88	340607.09	20.90	54.50
2010	41285.66	77975.37	353307.66	22.07	52.95
2011	43529.12	80223.17	426398.65	18.81	54.26
2012	47918.32	89527.46	472695.72	18.94	53.52
2013	49026.51	92368.39	521367.68	17.72	53.08
2014	51232.65	97846.27	573658.32	17.06	52.36
2015	53216.68	99352.16	613256.12	16.20	53.56
2016	55672.36	102378.21	632789.28	16.18	54.38
2017	57239.18	132597.87	653728.25	20.28	43.17

注：CR（Central Revenue）代表中央财政收入；FR（Fiscal Revenue）代表国家财政收入；FR/GDP代表国家财政占GDP比重；CP/FR代表中央财政与国家财政的比例。

资料来源：《中国财政年鉴》（1991~2017），中国财政出版社。

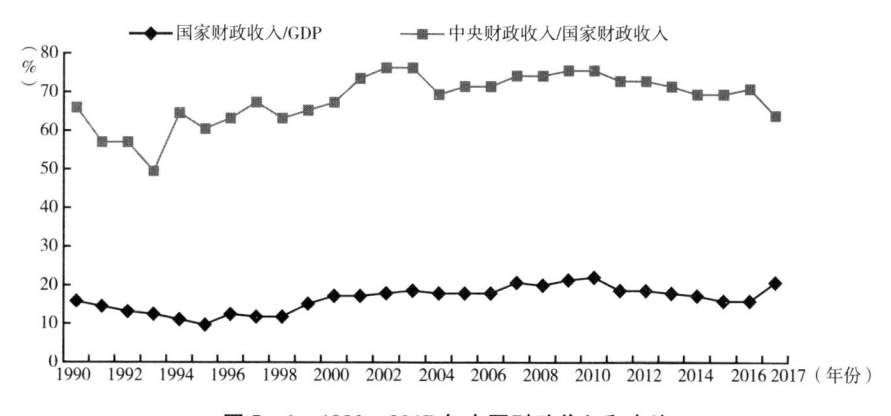

图5-1 1990~2017年中国财政收入和占比

表 5-2 税收占 GDP 比重的国际比较

单位：%

年份	2001	2002	2003	2004	2005	2006	2007	2008	2009
世界平均	28.91	30.02	30.25	29.88	31.35	32.05	32.63	28.85	30.11
工业化国家平均	31.86	32.17	32.21	32.73	34.81	34.96	36.16	32.03	31.97
发展中国家平均	18.26	19.27	19.52	18.92	19.63	19.76	19.85	18.76	18.97
中国	15.06	14.17	13.68	13.75	14.31	14.97	15.24	11.07	11.06
年份	2010	2011	2012	2013	2014	2015	2016	2017	—
世界平均	29.95	28.86	28.92	28.88	29.32	28.91	30.06	29.92	
工业化国家平均	33.14	32.17	32.03	32.24	33.66	32.29	33.05	32.62	
发展中国家平均	20.26	18.87	18.93	19.03	20.38	21.31	19.26	18.89	
中国	11.19	11.06	9.95	11.89	11.81	10.92	11.12	11.02	

资料来源：《中国财政年鉴》（2002～2017），中国财政出版社。

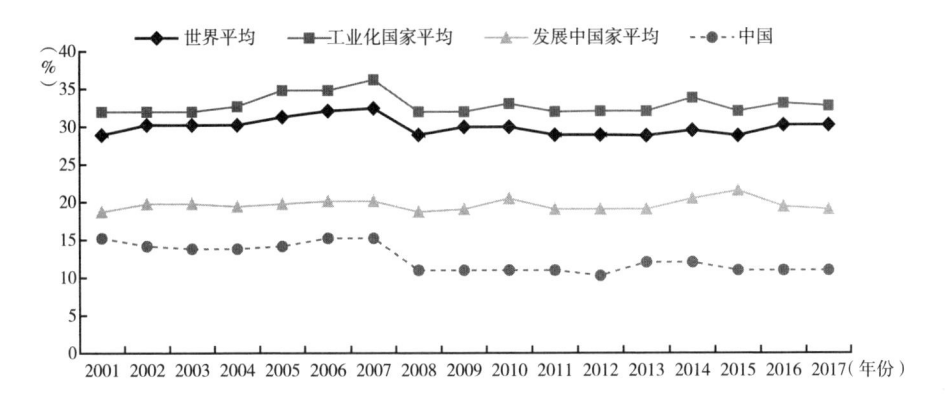

图 5-2 2001～2017 年税收占 GDP 比重的国际比较

表 5-3 中国国家投资占社会固定资产投资的比重

单位：%

年份	NI/SFI	年份	NI/SFI
1981	28.12	1987	26.12
1982	22.68	1988	25.96
1983	23.79	1989	23.83
1984	28.08	1990	22.36
1985	27.97	1991	21.72
1986	26.39	1992	21.16

续表

年份	NI/SFI	年份	NI/SFI
1993	21.08	2006	16.92
1994	20.72	2007	16.86
1995	20.96	2008	15.75
1996	20.19	2009	15.62
1997	19.93	2010	15.56
1998	19.35	2011	12.39
1999	18.88	2012	12.03
2000	18.72	2013	11.65
2001	18.65	2014	11.39
2002	18.32	2015	11.479118
2003	17.72	2016	10.953529
2004	17.35	2017	10.427941
2005	17.08		

注：NI/SFI 代表国家投资占社会固定资产投资的比重。
资料来源：《中国财政年鉴》（1982~2017），中国财政出版社。

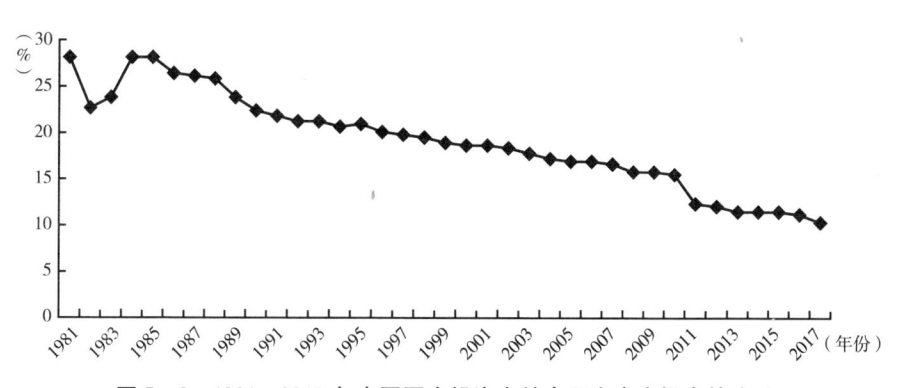

图 5-3　1981~2017 年中国国家投资占社会固定资产投资的比重

第三节　宏观调控

税收流失减小政府收入规模，弱化了税收对宏观经济调控的能力，政府收入规模的减小会减少政府投资，减小项目投资规模，尤其是政府对基础设施建设项目的投资规模，减弱了国民经济的影响力和控制力。

第四节　资源配置效应

税收收入的减少导致政府财力不足,从而弱化了宏观调控能力,对社会经济生活中相对稀缺的人、财、物力不能实现有效配置,国家的社会经济效益也会因此而降低。

第五节　政府收入机制

从上文的分析可以得出如下结论:一方面,税收流失减小了财政收入规模;另一方面,政府财政支出逐年持续增长,进而通过改变收入机制(如税外收费等方式)弥补收入的不足、解决财政赤字不断扩大的问题(导致收费规模不断膨胀),造成税收—财政的恶性循环。

第六节　国民收入分配格局

首先,非居民企业税收流失减小了财政收入规模,与此同时减少了国家转移支付,国家转移支付的缩减会减少社会保障资金的规模,降低社会低保人员的收入(社会保障资金),导致政府收入再分配的调节力度下降;其次,非居民企业税收流失会使某些人从税收流失中非法获利,同时还能得到各种补贴,收入水平提高,造成国民收入分配的不公平、不合理。

第七节　投资与消费

非居民企业税收流失弱化了政府的宏观调控功能,进一步加剧了贫富差距。改革开放以来的城镇居民基尼系数呈现如下变化趋势:1978~1984年短暂下降,于1984年到达谷底0.239后上升(见表5-4、图5-4)。从总体发展趋势上看,基尼系数呈上升趋势,基尼系数越高表明贫富差距越大,社会财富在社会各阶层分布得越不均衡,整个社会的动荡和不安定因素也越多;贫富差距的扩大也使消费增长速度变缓、整体消费倾向呈现下降趋势,消费市场的疲软会导致国家整体经济增长更加依赖投资和净出口（促进经济增长作用相对较弱的两个因素），进而导致在国家的整个经济结构中投资、消费比例的失衡，而这不利于国家整个经济的快速、稳定和协调发展。

表 5-4 1978~2017 年中国城镇居民基尼系数

年份	基尼系数	年份	基尼系数
1978	0.308	2000	0.346
1979	0.294	2001	0.355
1980	0.285	2002	0.396
1981	0.297	2003	0.417
1982	0.298	2004	0.449
1983	0.276	2005	0.436
1984	0.239	2006	0.457
1985	0.258	2007	0.448
1986	0.267	2008	0.437
1987	0.318	2009	0.426
1988	0.344	2010	0.447
1989	0.376	2011	0.438
1990	0.315	2012	0.449
1991	0.285	2013	0.432
1992	0.298	2014	0.429
1993	0.343	2013	0.432
1994	0.338	2014	0.429
1995	0.317	2015	0.418
1996	0.295	2016	0.426
1997	0.326	2017	0.431
1998	0.338	—	—
1999	0.339	—	—

第八节 税收效率

一 税收行政效率

获取各项财政收入的总成本与取得的各项财政收入总和之比，就是税收行政效率。衡量税收行政效率十分重要的指标就是税收流失的数额。二者关系可以表示如下：税收流失数额越小，税收行政效率越高；税收流失数额越

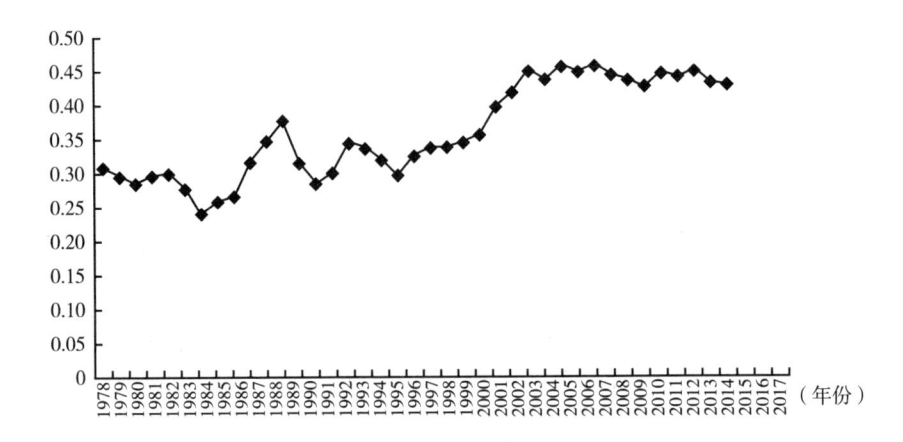

图 5-4　中国城镇居民基尼系数趋势（1978~2017 年）

资料来源：《中国统计年鉴》（1979~2017），中国统计出版社；孙刚：《试析税收对我国收入分配的调节》，《税务研究》2017 年第 12 期。

大，税收行政效率越低。此外，影响税收行政效率的因素还包括：税收征收管理各个环节的衔接、税务部门的执法规范程度、纳税人和扣缴义务人的纳税遵从度等。

二　税收经济效率

假设税收是中性的，从宏观上看，税收流失会减少用于提供公共产品和公共服务的生产要素，进而降低社会总产量，同时也会降低社会生产效率，从而降低公共部门的资源配置效率和产出效率；从微观上看，税收流失也会减少纳税人用于提供私人产品和私人服务的社会资源的生产要素和其他资源，造成各类生产要素组合的扭曲，降低私人部门的产出效率和配置效率，使企业在市场竞争中处于不利地位。

第九节　企业财务成果与市场环境

从微观上看，非居民企业税收流失与企业的利润（财务成果）存在正相关关系：非居民企业税收流失数额越大，其利润也越高，财务成果越显著，获得的生产者剩余更多；反之越少。非居民企业税收流失降低了企业的实际税负水平，降低了非纳税人企业提供商品和劳务的价格和成本，偷逃税款的非居民企业纳税人可以以更低的成本和价格在国际市场上与同行业企业竞争，引发恶性的资源竞争，造成企业间收入分配秩序的混乱，导致市场的不公平竞争并引发无序的市场竞争。

第十节　税负的不公平转嫁

非居民企业纳税人与境内扣缴企业的税收不遵从行为导致部分非居民企业税收流失，而税收任务总量在一定时期内（一般是1个财政年度）是定数，从部分非居民企业纳税人流失的税款就要由其他的非居民企业纳税人与居民企业弥补，居民企业与非居民企业纳税人在市场经济体制下公平竞争、承担税负、履行纳税义务，而非居民企业税收流失行为，违反税收相关法律法规和税收协定的规定，非法减少应纳税额、非法降低自身税负，从而加重了其他企业的税收负担，产生了税收转嫁和税负不公。

第六章　非居民企业税收流失的影响因素分析

从制度经济学的视角分析，影响跨国税源管理的因素包括正式制度、非正式制度和实施机制，上述众多影响因素中，税收制度属于正式制度的范畴，税收环境、税收文化、纳税意识属于非正式制度的范畴，纳税服务和税收征管属于实施机制的范畴，以此构建非居民企业税收流失制度经济学的理论分析框架。并对这些因素逐一进行国际比较，借鉴国外的先进做法，结合制度经济学的相关理论和我国非居民企业税收流失的现状与实际，对防范和控制非居民企业税收流失问题提出相应的对策，并在此基础上提出可资参考决策的依据。

第一节　影响因素的理论分析之一：正式制度

正式制度（正式约束或正式规则）指人们有意识地创造与设计出来的、以国家意志为表现形式的一系列法律法规。税收正式制度（税收法律法规、税收协定、税收安排等）是否科学、税制配置是否合理、是否适合目前的非居民企业税收征管现状等都会影响税收收入的及时足额入库及非居民企业税收涉税管理，进而影响非居民企业税收流失问题。

一　税制配置对非居民企业税收流失的影响

税收协定、税收安排、相关的国内法（包括税收法律、法规、规章和规范性文件）不仅是国家立税的唯一标准，而且是税务机关征税的唯一依据和纳税人纳税的唯一标准。税收法律制度是否严密和完善与税收流失密切相关。科学、严密、完善的税制会堵塞税收流失的制度性漏洞，而税制的缺陷将会形成税收流失的制度性因素。造成我国税收流失的正式制度方面的原因是我国基本税收制度及与缔约国签订的税收协定尚不够科学、严密、完善，为不遵纪守法的合作外方偷逃税款创造了客观条件。

(一) 税收法律体系不够健全、完整

我国现行的税收法律法规都以单行文的形式存在，目前尚没有一部统领所有税收法律的税收基本法，对一般税收问题、共同税收问题尚无统一规定；对重要的税收问题（如税收立法权等），不同税法中的同一概念出现相互交叉、重叠的现象，指定的税收法律法规出现纰漏，使纳税人进行偷逃骗税有可乘之机，使税收执法缺乏必要的法律依据，导致非居民企业税收流失。

(二) 涉外税收法律立法级次偏低，法律效力较低、执行力不强

目前我国税收法律立法级次分为以下三级：第一级是以法律形式存在的税收法律，由我国立法机关全国人民代表大会及其常务委员颁布实施；第二级是以暂行条例、实施细则形式存在的税收法规，由全国人民代表大会及其常务委员授权国务院颁布实施；第三级是税收规章，由地方人民政府颁布实施。初步构建起国内税收法律规范体系；税收协定（国际法范畴）及我国于1994年税收机构改革时建立了初步的国内税收法律法规体系构成目前的非居民企业税收法律体系，而该体系尚不健全、不完整。截至目前，除税收协定、两部实体法（《企业所得税法》《个人所得税法》）和一部程序法（《税收征管法》）是全国人民代表大会及常务委员颁布实施、以税收法律的形式存在以外，其他指导涉外税收管理实践的涉外税法大多以立法级次和法律效力比较低的暂行条例、涉税文件的形式存在，这些暂行条例、涉税文件之间相互矛盾、相互抵触、缺乏协调性。

(三) 税法透明度低

大量、长时间的授权立法导致税收协定与国内税收法律法规之间的不协调，出现税收立法程序不规范、法律变化频繁等缺陷，致使国内税收法律法规透明度低、税务机关的税收执法权过大（如税收执法随意性强、自由裁量权过大），导致了纳税人的抵制情绪和各种税收不遵从行为，进而导致非居民企业税收流失。

(四) 税收协定不能完全适应时代的发展

税收协定中相关条款的规定不够科学、合理。世界贸易愈来愈频繁,愈加复杂:贸易方增加、贸易形式灵活多变、贸易内容丰富、贸易结构升级、贸易方式转型、贸易手段增添了更多的高科技成分,中国的贸易地位和贸易形势也发生了极大的变化,税收协定相关条款的规定已经不能适应中国贸易地位和贸易形势的巨大变化,这些税收协定中的政策漏洞很容易被非居民企业纳税人利用。税收协定的不合理性主要表现在以下几方面。

1. 税收协定的谈判工作文本不能适应国际贸易与国际税收关系中的新情况

税收协定(属于国际税法范畴,是我国国际税收政策的集中体现)与国内税收法律、税收法规、税收部门规章、税收管理办法等构成目前我国非居民企业税收管理的法律依据。国际贸易与国际税收关系呈现的新情况和新问题使税收协定中的问题更加突出:目前税收协定主要是中国政府与西方发达国家谈签的,这些税收协定与国际贸易和国际税收关系中呈现的新情况和新问题不协调,相关条款做出的规定已经不满足国际贸易、国际税收关系和非居民企业税收管理的需要。目前已经谈签的税收协定基本上是 20 世纪末以发展中国家角度与西方发达国家谈签的,谈签的主要条款都体现吸引外资原则,主要是保护发展中国家利益(被投资国家的利益);而目前国际政治格局与国际经济格局发生了翻天覆地的变化,2016 年中国的对外直接投资(Outbound Direct Investment,ODI)超过外国直接投资(Foreign Direct Investment,FDI),中国由商品输出国(Commodity Exporter)变为资本输出国(Capital Exporter)。我国走出国门在国外投资的居民企业数量不断增加,投资结构也发生了很大的变化,而我国在税收谈判中依然沿用 1996 年颁布的税收协定范本即经济合作发展组织范本(Organization of Economics and Development Convention,OECD Convention)。我国制定的税收协定相关规定应随着中国贸易地位和贸易形势的变化而变化,由于我国在国际贸易和国际税收关系中的地位发生了极大的变化,已经从以被投资为主的国家变为以投资为主的国家,应站在投资企业国家的立场更多地保护投资企业国家的利益,在此基础上及时修订税收协定范本,调整我国国际税收政策,改变我国与协定缔约国的谈判基础。

2. 相关条款不能满足中国贸易地位和形势的巨大变化

在世界各国间愈来愈频繁的国际贸易中,贸易结构升级、贸易方式转型，中国的贸易地位和贸易形势也发生了极大变化，税收协定的相关条款已经不能满足中国贸易地位和贸易形势的巨大变化，因此对税收协定中的相关条款进行修订以适应国际政治和经济发展新形势已经是迫在眉睫的事情。如我国与有关国家缔结的双边税收协定中，在所得征税的股息、利息和特许权使用费等相关条款中，都有这样的规定：可以享受税收协定优惠税率的必须是该项股息、利息和特许权使用费的受益所有人。但对受益所有人身份的判定并无十分明确的规定。又如，非居民企业纳税人提供跨国劳务时，通常会遇到境内外收入的划分问题，尤其当劳务提供地点同时涉及境内外时，网络通信的发展使境内收入的确定存在较大难度。随着通信工具特别是互联网和电子商务的飞速发展，很多境外非居民企业纳税人声称通过网络完成对境内企业的跨国服务项目，这些跨国服务项目包括建筑劳务、设计劳务、安装劳务、咨询劳务、装配劳务、委托管理等，增加了税务机关判定劳务发生地、提供地的难度。电子商务的出现使一些境外非居民企业纳税人为达到避税目的，在与境内企业签订的协议或合同中约定劳务的大部分或全部在境外发生。而在目前的国际税源管理机制下，税务机关判定纳税义务的主要依据是境外非居民企业纳税人和境内企业签订的协议或合同，即使对合同或协议中提到的劳务发生地、费用数额、划分比例心存疑问，却很难找到更加有效的途径证明劳务发生的真实性和支付劳务的合理性。税务机关只能根据双方签订的合同或协议来判定劳务是否在中国境内完成，以划分劳务在中国境内和境外劳的比例，进而判定境外非居民企业纳税人是否能够享受税收协定待遇。因此，符合税收协定相关规定的境外劳务和享受税收协定优惠待遇的非居民企业纳税人的数量会不断增加。再如现行的税收协定规定，非居民企业纳税人在我国任何12个月中劳务提供时间连续或累计超过6个月或183天的构成常设机构，非居民企业纳税人为了绕过常设机构的判定标准，在签订的合同或协议中常常将劳务提供时间限制在6个月或183天之内，非居民企业纳税人就会利用税收协定关于常设机构判定标准的条款减少或避免税款，降低税负，实现利益最大化的目标。而税务机关对劳务提供时间真实性的核查与监控难度较大，这样符合税收协定相关规定的"常设机构"数量会越少，而符合税收协定相关规定的境外劳务和享受税收协定优惠待遇的非居民企业纳税人的数量会增加，为非居民企业纳税人避税提供了较大空间。因此，我国在进行对税收协定范本的修订时，应修订对非居民企业纳税人营业利润征税权的划分规则,进一步加强我国作为收入来源国的地位,扩大收入来源国的税收管辖权,扩大"常设机构"的范围,扩大征税权范围。

3. 国内法的相关税收规定缺乏合理性

(1)国内法的相关税收法律法规比较笼统。比较笼统的国内法税收法律法规很难对国际税务管理的工作实践做出科学的、正确的指引,易于操作的税收政策执行标准在国际税务管理的工作实践中也很缺乏,这在税收政策层面就极有可能存在让跨国纳税人有机可乘的税收政策漏洞。在我国,目前涉及国际税收管理的立法层次较高、法律效力较高的税收法律法规主要包括《企业所得税法》及其实施细则和配套性税收政策、《个人所得税法》及其实施细则和配套性税收政策、《企业税收征管法》及其实施细则和配套性税收政策,但其中涉及国际税收征收管理的相关规定非常有限;且这些数量非常有限的规定比较笼统、不够清晰、不够明确。这些征收管理规定对于确定纳税人、扣缴义务人、应纳税所得额的计算、适用税率、适用汇率、应纳税额的计算和缴纳、纳税时间、纳税地点等税收要素都相当明确,而实际的涉外税收实务却错综复杂,在各种文件或案例中都没有明确规范对非居民企业纳税人的事项调查、纳税义务的判定、信息处理、税源控管、税款征收等各项工作的制度与程序。各地的国际税务管理部门对这些非居民企业税收政策的执行也各有不同,对享受税收协定待遇的非居民企业纳税人进行审批,对涉外税收业务进行判定并进行税款征收,对非居民企业纳税人的税收事项实施管理,执行的标准缺乏统一性。这就极有可能造成应征入库税款没有征缴入库,该免征税款的没有按合法程序免征,该审批的涉税事项没有审批,该备案的涉税事项没有备案。上述违规的税收征管对于"税收管辖权"的维护和我国税法严肃性的维护是极其不利的。

(2)国内法的相关税收法律法规与税收协定的衔接不够顺畅。如对非居民企业纳税人征税范围的定义,国内相关法规与税收协定的规定出现不一致的情况。单就特许权使用费的界定而言,表述比较笼统,对特许权使用费征税的范围界定比较狭窄,既缺乏操作性,又滞后于经济事务的发展,不符合国际惯例,特别是与税收协定中对特许权使用费的规定不一致。国内法对特许权使用费定义未将"设计或模型、图纸报酬""使用或有权使用工业、商业、科学设备等报酬"内容包含在征收范围,而税收协定对特许权使用费的定义包含了设计费和设备使用费,也就是说,按照税收协定相关条款的规定,非居民企业纳税人应按照《企业所得税法》的规定对该业务向对方收取的设计费,依据设计费全额纳税,而按照国内法《非居民企业纳税人承包工程作业和提供劳务税收管理暂行办法》(2009年)的规定,境外企业的设计收入按照劳务征税,如果没有构成常设机构则免税,如果构成常设机构则依照15%~30%的核定利润率、25%的税率征收企业所得税,二者的税负有较大的差距。这样对同一性质的境外收入在不同的省市、不同的地区却存在截然不同的纳税义务判定,各地税务机关会根据自己的理解、判断和工作经验进行征税,对于非居民企业纳税人从事设计如何征税存在较大争议:沿海地区的税务机关一般按照劳务征税,而内地各税务机关按照特许权使用费征税。这在一定程度上影响了税法的严肃性与统一性,影响了非居民企业税收管理质量和效率,加大了国际税收征管难度,增加了非居民企业纳税人的纳税遵从成本,导致部分税款流失。

(3)税收实体法方面的规定相对滞后。《企业所得税法》及其实施条例以及后续下发的配套性政策对于涉外税收的征收管理规定不够完善,主要表现为以下几个方面。①相关概念的界定不够清晰。如对非居民企业纳税人的实际管理机构和营业代理人概念的界定,对非居民企业纳税人税款的计算征收和非居民企业纳税人的税收管理至关重要,虽然《企业所得税法》对实际管理机构和营业代理人都做出规定,但这些规定都是概括性的,原则性较强,比较笼统,在涉外税收实践中操作性不强。②对没有设立机构和场所的非居民企业纳税人境内和境外所得的标准不够明确,在涉外税收实践中操作性不强,不好把握。国税、地税的大企业和国际税收管理人员都是根据自己的理解界定没有设立机构和场所的非居民企业纳税人境内和境外所得,对标准的理解千差万别,在政策执行上也有很大差距,对同一笔税收业务会出现多种征税方案,不利于很好地维护税收管辖权,不利于维护税法应有的严肃性与稳定性。③非居民企业纳税人来源于中国境内不同类别的收入(或所得)实现的时间难以确定,难以确定纳税义务的履行时间,导致非居民企业税收收入不能准确、及时入库。如对非居民企业纳税人来源于中国境内的财产转让收入(或所得)实现时间,《企业所得税法》及其实施条例以及后续下发的配套性政策没有做出规定,又如对境外企业取得的红利所得的履行纳税义务的时间规定,在国际税收征管工作实践中缺乏操作性。

(4)非居民企业税收政策条款对不合理商业目的无明确规定,用什么样的方法进行特别纳税调整也没有具体说明。

（5）法律、法规及文件对"常设机构"的规定也相对滞后。据统计，《企业所得税法》及其实施条例以及后续下发的配套性政策中涉及外国企业常设机构税收管理的规定共计 45 个，其中 36 个文件的规定是在 1983～1993 年出台的，也就是说，80% 的文件规定都是在改革开放前 10 年出台的。为解决短时间内跨国公司大量进驻中国、外资大量进入中国市场过程中出现的各种新的税收征管问题，全国人大、财政部、国家税务总局针对全国各地的涉外税收管理问题出台了大量新规。而自 1994 年税制改革至今，仅出台了 9 个关于常设机构税收管理的文件规定。其间中国的经济形势发生了翻天覆地的变化，中国于 2001 年加入世贸组织，各种涉外税收征管问题层出不穷，旧的文件显然已经不能适应我国目前经济形势的需要。非居民企业税收法律法规出现了老旧滞后的问题，应尽快完善、补充和调整相关规定以适应国际经济发展和国内经济发展的新形势。

（6）对税收协定的使用缺乏统一理解与具体操作规范和执行标准。在错综复杂的国际税收实务中，对税收协定的适用缺乏统一的理解和具体操作规范与执行标准，国际税收管理人员大都凭自己对条款的主观理解执行税收管辖权，这不利于维护我国税收管辖权的严肃性，不利于维护税法应有的严肃性与稳定性。

现行《个人所得税法》规定，个人所得税制实行分类课税制。个人所得税分类课税制已不能满足经济发展的客观需求，如日趋复杂的支付情况，出现相等的收入但归属不同的课税项目，纳税不等、税负不公和征管漏洞等问题也接踵而至，特别是简易征管模式在信息时代已经造成税收管理成本的增加和税收管理效率的降低，这使有些非居民企业纳税人利用税收政策漏洞或者征管手段缺失逃避纳税。同时，存在边际税率偏高，综合费用扣除制度不合理，税率级距过多、过于复杂多样等问题，这不仅会诱使许多非居民企业纳税人进行收入形式的转换，以达到少缴税款的目的，税收流失也就很难避免；也会使非居民企业纳税人个人感到个人所得税境内外税制差异大，税款计算比较复杂，税负较重，纳税遵从成本较高，增加了非居民企业纳税人个人的纳税遵从难度，也很容易造成税收流失。

（7）在税收程序法方面的规定相对滞后，可操作性不强。主要体现为新修订的于 2001 年 4 月 1 日开始实施的《税收征管法》，主要侧重于居民纳税人的税收管理，而在非居民企业纳税人的税收管理方面，则缺乏强有力的税源监控与追缴欠税的法律手段，主要体现在以下几个方面：《税收征管法》中缺乏支付外汇报告制度，我国居民企业和个人向境外非居民企业纳税人和个人对外付汇时，没有向主管税务机关报告的义务，这使国际税务管理人员不能对非居民企业纳税人税源进行及时监控；对非居民企业纳税人的事项调查、纳税义务的判定、信息处理、税源控管、税款征收等各项工作都没有明确规范的制度与程序；缺乏向非居民企业纳税人追缴税款、清缴欠税制度，对在我国不履行纳税义务并出境的非居民企业纳税人和个人，应该如何实施清缴欠税、如何实施追缴其偷逃的税款，均无十分明确的规定；在实际非居民企业纳税人的税收征管中，税务机关有较大的自由裁量权，导致在税法的理解和具体执行方面不统一，存在较大差异，不利于税务机关依法行政、依法治税。

（8）政策存在漏洞，增加执法难度。政策存在漏洞主要表现在以下两方面。一是关于非居民企业税收的法律法规存在漏洞，如对非居民企业纳税人向境内企业或其他单位转让技术、提供贷款、提供权益性资金、转让无形资产、提供相关劳务时，双方订立的合同或协议未在规定期限内向主管税务机关报备的行为，《税收征管法》及其实施细则和配套性税收政策均未规定应承担怎样的责任、做出怎样的行政处罚，增大了国际税收征管部门的执法难度。二是关于售付汇证明开具和管理方面的相关法律法规不够合理：关于境内企业和个人向境外支付服务贸易等项目下的款项金额小于 5 万美元，无须向外汇管理部门和银行提供《服务贸易、收益、经常转移和部分资本项目对外支付税务证明》，无须在国税管理机关和地税管理机关开具税务证明，就可以进行外汇支付业务。这使部分单位把较大金额的款项分解成若干笔金额小于 5 万美元的款项向境外支付，就比较容易逃离税务机关的税收征管监控视野，这个政策漏洞为不法分子偷税、漏税提供了可乘之机，容易造成非居民企业税收收入的流失。

三 发达国家非居民企业纳税人税制体系借鉴

下面介绍发达国家的非居民企业纳税人税制体系对我国非居民企业纳税人税制体系的经验借鉴。

（一）在双边税收协定中加入反滥用协定条款

第三国居民企业滥用其他两国之间税收协定的主要目的是规避有关国家

的预提所得税。很多国家如美国、日本、加拿大、韩国、澳大利亚、英国等在双边税收协定中加入反滥用协定条款，以防范税收协定的滥用造成的预提所得税税收流失，具体有以下几种方法。

1. 排除法

以美国为首的西方发达国家在与国际公认的避税地（或避税天堂、税收天堂）如卢森堡、巴巴多斯、斯里兰卡、塞浦路斯、以色列、科特迪瓦、牙买加等国家签订的税收协定中加入防止滥用税收协定以逃避预提所得税纳税义务的相关规定，在避税地注册的中介控股公司或中介金融公司（也称为导管公司）不属于该协定适用的纳税人。通过增加上述规定，就可以避免第三国居民通过在上述避税地成立的中介控股公司或中介金融公司的税收筹划方法享受美国的预提所得税优惠、规避美国的预提所得税纳税义务。日本、法国和新西兰等国家也采用这种方法避免或减少税收流失，在与避税地签订的税收协定中加入防止滥用税收协定以逃避预提所得税纳税义务的相关规定。

2. 真实法

为了避免或减少税收流失，有些国家在税收协定中加入这样的规定和条款：无实际经营的企业不适用税收协定的减免税条款。如英国与瑞士、荷兰及荷属安的列斯等缔约方签订的税收协定中规定，如果财产转让、股息、利息和特许权交易单纯为了享受税收协定优惠待遇而没有真实的商业经营目的，则不适用税收协定中关于预提税减免的规定，不能享受税收协定优惠待遇带来的经济利益。除英国外，澳大利亚、瑞典、丹麦、瑞士、荷兰等国在签订税收协定时也增加了这样的条款。

3. 受益所有人法

即享受税收协定优惠待遇的必须是真正意义上的居民企业，如果不符合税收协定条款规定的就不是真正意义上的居民企业，不是真正意义上的居民企业就不能享受税收协定优惠。"受益所有人"指对资本、资本收益的使用、资产有自由支配权力的人。OECD 税收协定范本注释（*Notes of Tax Agreement Convention*）运用排除法诠释受益所有人，即代理人等中介机构不在受益所有人的范畴之内。虽然世界各国对受益所有人的概念理解不尽相同，在签订税收协定时都有关于受益所有人的相关规定，如美国自 20 世纪 80 年代后与法国、加拿大、澳大利亚、意大利、新西兰、塞浦路斯、巴巴多斯、牙买加等国家签订的税收协定（Tax Agreement）、协定议定书（Protocol）或备忘录（Memo）都有受益所有人的相关规定。美国在与中国签订的税收协定备忘录中规定，只有受益所有人才能享受税收协定优惠待遇，受益所有人必须满足以下三个条件：第一，中国居民个人拥有75%以上的股份；第二，企业超过60%股票必须在深圳证券交易所或上海证券交易所上市；第三，企业没有把获取的较大比例的利润向第三国居民支付。美国、加拿大、丹麦、法国、意大利、荷兰等国家用受益所有人法防止非居民企业纳税人通过税收优惠滥用获取不当税收利益。

4. 渠道法

如果税收协定其中一方的缔约国居民向第三国居民支付利息、股息、特许权使用费、财产转让收入（包括股权转让收入）、劳务收入等所得则不能享受税收协定优惠税率。意大利、法国、比利时、德国等国在与瑞士签订的税收协定中规定，来源于税收协定缔约国一方的居民的收入股息、利息、特许权使用费、财产转让收入（包括股权转让收入）、劳务收入等所得满足以下三个条件，才能享受税收协定规定的优惠税率：第一，非居民企业纳税人债务不得超过资本公积的6倍；第二，贷款利率不得超过市场利率；第三，所得的偿债比重不得超过50%，25%以上的所得必须用于分红。否则，就不能享受协定优惠税率。上述限制条件是为了限制跨国公司将所得的很大一部分以股息、利息、特许权使用费的形式支付给在瑞士成立的子公司，并利用子公司作为中介金融（控股、特许）公司规避预提税。也就是说这些限制性规定是为了防止第三国的居民企业利用两国缔结的税收协定通过在缔约国一方成立居民企业的方式进行税收筹划。此外，美国与丹麦、塞浦路斯等国签订的税收协定中也采用渠道法避免跨国企业滥用税收协定达到避税目的。

5. 禁止法

为了防止跨国公司在避税地成立中介控股公司、中介特许公司、中介金融公司利用税收协定规避所得税，有些国家不与实行避税地政策的国家或地区签订税收协定。目前，美国、英国、德国、法国、意大利、澳大利亚等15个国家不与避税地签订税收协定。如果税收协定适用于缔约国的原殖民地国家（或地区），则要单方面废除原有的税收协定。实行禁止法的美国就曾单方面废除了与原英国殖民地英属维尔京群岛、巴巴多斯、安哥拉、多米尼加、伯利兹、圣文森特、格林纳达等国家（或地区）缔结的税收协定。

在国际税收实践中，很多国家都选择多种方法同时使用而并非局限于某一种或某几种方法。

(二) 构建层次清晰、简洁合理、操作性强、透明度较高、便于理解与遵从的法律法规体系

美国与世界上很多国家都签订了税收协定，并且为了防止税收协定的滥用和税收流失，构建了立法层次清晰、简洁合理、操作性强、透明度较高、便于理解与遵从的国内法律法规体系，完善非居民企业税收政策体系，夯实非居民企业纳税人所得税征管的基础。美国税法对扣缴义务人的范围是这样界定的：对外国人取得的应扣缴的任何所得进行收取、监管、控制、处置或支付的人。另外，美国税法关于非居民企业纳税人概念、纳税义务的判定标准、应纳税所得范围、适用税率、征管程序等内容都有明确的规定。

美国税法对享受税收协定的优惠税率有十分严格的规定：美国的非居民企业纳税人向美国国内收入局申请享受税收优惠待遇时，应向美国国内收入局提供缔约国居民身份证明的相关材料，填报相关表格。由美国国内收入局按照相关规定鉴定其居民身份证明，并依据判定结果决定该纳税人是否构成缔约国的居民，是否该项所得的实际受益所有人，是否能够享受协定税收优惠待遇，经审核缔约国居民可以享受协定优惠待遇，再按协定税率扣缴预提所得税（企业所得税的一种），否则就要按标准预提所得税税率扣缴相关税款。如果缔约国的收款人为中介金融（控股、特许）公司，则应由所得的实际受益所有人填报相关表格。除美国外，加拿大、瑞士、比利时、阿根廷等国家的税法对享受税收协定的优惠待遇也有类似规定。

美国关于非居民企业税收管理的国内法也有比较详细的规定，美国政府对于在境外投资、生产、经营的美国企业在国外已经缴纳的所得税享受部分或全部抵免，以减轻在境外投资、生产经营企业的税收负担；非居民企业纳税人在美国境内投资、生产、经营取得的收入在某些特定情况下，非居民企业能够提供足够的证明资料，且经过美国国内收入局的审批后，可以享受税收优惠政策，即可以减少或者免除应纳税额；同样，如果实施了偷税、逃税、骗税、抗税等税收违法行为，非居民企业纳税人也会受到法律十分严厉的制裁，如果非居民企业纳税人以人为的减少应税收入、增大应税成本、虚假纳税申报等方式减少应纳税额，除补缴税款外还要被法律重罚，要向美国国内收入局缴纳 10 万美元，并要承担全额诉讼费。

瑞士单方面制定了《防止税收协定滥用法》以防止通过税收协定的滥用

进行避税的行为，还把《防止税收协定滥用法》中的相关规定写进了瑞士在与比利时、法国、德国和意大利等国签订的双边税收协定中。

西班牙国内收入局考虑了非居民企业税收的特殊性，这种特殊性主要表现在非居民企业税收通常涉及重复征税、税收抵免和税收饶让、转让定价、税收筹划、避税港等复杂问题，这些问题不能由原来的《个人所得税法》（Individual Income Tax Law）和《公司所得税法》（Corporation Income Tax Law）解决，而需要制定专门的法律规范非居民企业纳税人的涉税行为。考虑上述因素，西班牙国内收入局于1999年1月1日颁布实施了《非居民企业纳税人所得税法》（Non-residential Income Tax Law），特定非居民企业纳税人按照居民实施税收征管，规范非居民企业纳税人的涉税行为，成为目前独一无二的税收单行法。《非居民企业纳税人所得税法》的颁布与实施，有利于西班牙经济社会的发展，更便于遵守欧盟的法律、协议和适应世界经济一体化带来的国际税收复杂环境，同时也使税收制度体系更加完善，《非居民企业纳税人所得税法》在制定过程中借鉴了国际通行的所得税处理办法和国际税制改革新经验，在非居民企业纳税人分类、纳税义务的判定、税率的设置、协定优惠待遇的享受、反避税规则等方面体现了国际惯例和前瞻性。

日本国税厅考虑到外国法人税收的复杂性、流动性与特殊性，法人税法、法人税法施行令、租税特别措施法等对外国法人税款征收与税收管理方面都做了比较详尽的规定。外国法人税收法律法规的实施促进了人才、劳务、资本等要素的自由流动，降低了外国法人的税收遵从成本，促进了经济社会的发展，也体现了日本税收制度体系的完整性。

（三）税收法律法规都有限制资本弱化的条款

很多国家都有限制资本弱化的规定，如果税务当局不对资本弱化采取限制措施，跨国公司就会通过资本弱化方式进行国际避税，降低企业税收负担，造成税款流失，损害该国的税收利益。因此，目前世界上很多国家纷纷制定防范资本弱化的法律法规，主要包括：①只适用于本国的法人实体，但不适用于外国居民企业在本国的分支机构，也不适用于本国的合伙企业；②利息限额扣除一般为支付给境外的且在本国企业中股权比例超过15%的非居民企业纳税贷款人；③本国企业支付给境外的限额贷款利息要依据债务与股本比例确定，超过限额的贷款利息不允许在所得税前列支。

1. 美国

美国于1986年修改《国内收入法典》时，加入了防止纳税人利用资本弱化降低纳税义务的条款：不符合规定的利息不能在所得税前列支扣除。这里的"不符合规定的利息"指满足下列条件的美国企业向境外关联企业支付的利息：①当国外关联公司获取该笔利息所得后，由于该笔利息所得与美国的生产经营无关，因此无须在美国纳税；②按相关税收协定规定，该笔利息所得无须在美国纳税；③向免税单位（如教会、学校等单位）支付的利息；④超过限额的利息费用；⑤债务股本比高于3∶2的美国居民企业要遵从收入剥离规则，即这类企业如果向境外股东或境内免税股东支付的利息超过公司所得的50%，超额利息不得计入成本费用在所得税前列支。

2. 英国

根据英国1988年通过的《所得和公司税法》(Income and Corporation Act)的规定，英国国内企业向国外关联企业支付的利息不得税前列支：①英国企业被该国外关联企业控股的比例超过75%；②英国企业与该国外关联企业同被另一个非英国居民企业控股的比例超过75%；③英国企业与该国外关联企业同被另一个英国居民企业控股的比例超过75%，但英国居民企业占借款的英国公司控股比例超过90%的除外。

3. 加拿大

加拿大在1971年颁布的《所得税法案》(Income Tax Act)关于资本弱化的相关规定：①加拿大居民企业向境外关联企业支付的利息不得在所得税前列支，这里的境外关联企业指拥有加拿大居民企业25%以上股权比例的境外非居民企业纳税人；②债务股本比超过3∶1，当银行等金融机构或特定非居民企业纳税人向加拿大居民企业提供的借款超过了该非居民企业纳税人在加拿大居民企业中股本金额的3倍，支付的利息不得在所得税前列支；③超额利息不可税前扣除。

4. 澳大利亚

澳大利亚在1936年颁布的《所得税课征法案》(Income Tax Act)关于资本弱化的相关规定，澳大利亚居民企业向境外关联企业支付的利息不得在所得税前列支，具体如下：①境外企业持有境内居民企业15%以上有选举权的股份；②对境内居民企业在人事、财务、管理等方面有控制权；③境内居民企业的债务股本比超过3∶1，但经过有关部门批准的境内金融机构的债务与权益比例可以达到20∶1，超过部分的借款利息不允许税前列支，但这部分利息所得也不作为股息分配代扣代缴企业所得税。

5. 法国

根据法国在国内法中关于资本弱化的相关规定，法国居民企业向境外关联企业支付的利息不得在所得税前列支：①规定企业的债务与股权的比例不得超过3∶2，但如果法国与缔约国有税收协定，按照协定执行；②境内公司支付利息的利率上限不得超过私人公司发行债券的平均年利率；③境内借款公司的注册资本必须全部到位，否则利息支付不仅不能税前扣除，还要视同股息分配按照25%的税率缴纳预提所得税（但与法国签订有税收协定的国家，对于有税收协定的国家，税率按协定税率执行）。

6. 德国

1993年以前，许多德国企业利用资本弱化进行避税。德国自1994年1月1日实行的新法规中对资本弱化有了严格的规定：境内的居民企业向有关联关系的境外非居民企业纳税人借款，上述的关联关系是指境外非居民企业纳税人持有境内企业较大比例的股权或与境内企业有其他关联关系，如果债务股本比超过3∶2（1993年以前的债务股本比为3∶1），如果支付利息的境内居民企业向境外关联企业支付利息，则对应的利息就不得在所得税前扣除并应视同利润分配缴纳25%的股息预提所得税。

从上述国家限制境内公司资本弱化的法规看，各国的处理办法有很多相似之处，但也各有千秋。首先，除英国外，以上几个国家都通过规定债务与股权比例的办法来限制本国企业通过向国外关联企业支付利息的方式变相转移利润，但各国的债务与股权的比率各不相同。其次，各国都规定只有境外企业与本企业存在某种关联关系时，本国企业向境外企业支付的超限额贷款利息才不能在所得税前列支。但对关联关系的具体界定各国的法律法规也各有不同，美国、澳大利亚、加拿大、英国、葡萄牙等国家均按境外企业对本国企业的控股比例界定是否存在关联关系，当境外企业对本国企业的控股比例分别达到或超过50%、25%、15%、75%、10%，则存在关联关系；德国在税收法律法规中只规定提供贷款的境外企业拥有德国境内借款企业的大量股权，而并未明确具体的控股比例。最后，英国、美国、法国、德国等多数国家都规定本国公司不能税前扣除的利息要视同公司分配股息扣缴预提所得税，但加拿大和澳大利亚国家的税法中没有类似条款的规定。

（四）在税收法律法规中都有维护纳税人权益的条款

20世纪80年代以来，发达国家对纳税人权利十分重视。美国1988年颁布《纳税人权利法案》，建立了"纳税人援助制度"，设立了纳税人辩护律师服务中心。法国各省都设有一个有一半人员来自纳税人的税务委员会，接受纳税人的申诉，并对案件进行独立评议，在各级税务部门设有一名专职调解员。财政部设有部调解员及共和国调解员，对在下级的对话调解中解决不了的问题向纳税人提供救济。另外，全世界许多国家都专门制订了维护纳税人权益不受损害的措施。如澳大利亚税务局1997年制定了《纳税人宪章》，明确规定了11项纳税人权利与服务标准，并设有相对独立的投诉服务部；西班牙税务局内设纳税人权利保护办公室；新加坡税务局设立了"纳税人服务办公室"；韩国每个区税务局设有"纳税人律师服务中心"，处理纳税人的相关事宜。

第二节 影响因素的理论分析之二：非正式约束

非正式约束在税收领域属于规范税收征纳双方行为的道德意识范畴，包含了纳税伦理道德观念、税收价值观念、纳税心理、纳税经验体会、税收文化积淀及意识形态、涉税风俗习惯等内容，不仅是对税收法律正式约束的扩展，对税收法律正式约束的细化，也是对税收法律正式约束的限制。它的产生减少了税收法律的衡量成本与实施成本，并对税收法律的变迁产生一定的影响。税收环境的优化如政府规范行为，税务机关依法治税，纳税人遵纪守法、依法纳税等，可以有效降低税收流失；而税收流失的有效控制，又可以改善税收环境。

一 税务非正式约束的变迁与税制配置变化的不协调

非正式约束的变迁与税制配置变化相匹配、相协调，才能有效地发挥其效应。如果税务非正式约束的变迁与税制配置变化存在一定的时滞性，那么非正式约束的不足、不匹配、不适应、不协调必然使非居民企业纳税人有可乘之机，造成税收流失。这种不匹配主要表现在以下几方面。

(一) 意识比较淡薄

1. 税务机关的税收主权意识比较淡薄

加强非居民企业税收管理对于跨国税源管理、维护国家税收主权有十分深远的意义。然而，管理人员在处理国际事务时，一般是"寸土必争"的国土主权意识十分强烈，而"分文必争"的税收主权意识相对淡薄。因此增强各级国税人员的税收主权意识、使命感和责任心十分重要。

2. 固守传统的管理理念

近年来，尤其是加入WTO以后，我国更多领域向外国投资者开放。流向我国的国际投资规模也呈现逐年增长趋势，非居民企业纳税人的税收来源也逐渐增多。非居民企业税收征管工作是一项涉及面广、政策性强的常规性基础工作，是征纳双方落实非居民企业纳税人所得税法律法规的具体体现，是确保税收收入及时足额入库的有效手段，且关系纳税评估、税务审计以及反避税工作的深入开展。但是，我国的税收征管工作没有跟上国际经济发展与国际税收关系发展及相关税收政策的调整步伐，从事国际税收征管的工作人员传统的税收征管理念根深蒂固，在税收征管工作中依然使用传统的税收征管手段，不能根据非居民企业税收征管特点实施非居民企业纳税人的信息化管理。与居民企业的税收相比，非居民企业纳税人税源的特点是零星分散，流动性较强，收入不仅具有不稳定、不可预测的特点，而且比例较低、规模小。2017年，全国的非居民税收收入达1825亿元，占同期全国税收收入144360亿元的比重仅为1.26%。在税务机关依然以税收收入作为各级税务机关最重要的业绩考核指标的管理体制下，非居民企业税收收入无论是绝对额还是占全国税收收入的比重都相对较低，因此某些税务机关对非居民企业税收征收和税收管理不够重视，意识也相对淡薄。

3. 缺乏思想道德修养

个别从事国际税收征管的人员缺乏思想道德修养，不惜以牺牲国家利益为代价进行税务寻租活动，纵容某些为其提供经济实惠的非居民企业纳税人的纳税不遵从行为；也有某些单位为了部门利益、为了完成税收收入计划而对一些税收贡献较大的非居民企业纳税人偷税、逃税、避税、税收筹划的行为置若罔闻。上述原因都会引致偷逃税行为的查处率降低。

（二）非居民企业纳税人纳税遵从意识缺失

税务文化是非正式约束的重要组成部分。税务文化的主体不仅包括税务机关，而且包括纳税人、纳税人的纳税诚信度，而事实上提倡诚信纳税是现代税务文化建设的重要组成部分。非居民企业纳税人的合作外方纳税意识薄弱，对应纳税额如何计算比较模糊。在发生境外贸易往来时，对相关的涉税事项没有清楚的认识，会出现不纳税或少纳税的现象。如有些跨国公司由外方出面邀请一些知名的歌星或运动员到企业进行文艺演出，根据税收协定与企业所得税的相关规定，应由该跨国公司扣缴歌星或运动员的个人所得税和企业所得税，而某些非居民企业纳税人对税法有关规定不了解，认为他们只需要扣缴个人所得税，而对扣缴企业所得税的政策却一无所知。又如，跨国公司的合作外方在没有申请税收协定资格审批的情况下自行使用协定优惠税率。中国境内的一家合资企业是一家国内企业与美国某知名企业合资开办的，2017年2月合资企业同美国的合作外方签订了20万美元的贷款协议，按照双方签订的贷款合同，合资企业要向美国的合作外方按季支付贷款利息，该行为应按照支付的贷款利息分配股息扣缴美国合作单位的非居民企业纳税人所得税。按照协定规定符合条件的按照5%的税率，前提是先进行享受协定优惠待遇资格审批；非居民企业纳税人要享受税收协定股息条款、利息条款、特许权使用费条款、财产事宜条款的需申请和审批，申请后获得审批的，可以享受协定优惠待遇；不进行资格审批或不符合协定规定条件的不得享受协定优惠税率，应按照10%的税率征税。而该合作外方没有进行资格审批直接按照5%的税率交纳税款。

（三）权利义务的不对等

2017年，从北京、上海、深圳等非居民企业纳税人比较集中的城市的部分抽样调查结果看，在2600户非居民企业纳税人中，有税收流失的比例达到30.2%，这些企业中80%的企业认为，即使依法履行纳税义务、足额缴税，相应的权利得不到保护，相应的税收利益不能获取。这导致了依法纳税的非居民企业纳税人失去了纳税积极性，实施偷税、漏税、逃税、骗税等纳税不遵从行为，以实现经济利益最大化的目标。

在长期的非居民企业税收征管中，通常只注重非居民企业纳税人要依照税收法律法规纳税的纳税义务，而对非居民企业纳税人法定权利的保护和相关税收利益的实现有所忽略，这使非居民企业纳税人在权利和义务之间产生了不平衡感，这主要表现在：第一，目前我国的相关制度、办法中依然存在可能损害非居民企业纳税人权利的条款；第二，缺乏非居民企业纳税人权益维护的专业组织机构；第三，国际税收实践中缺乏对非居民企业纳税人诉求的征集、分析与响应机制；第四，虽然规定了非居民企业纳税人有陈述申辩权、涉税知情权、享受税收协定优惠权、退税权等，但缺乏非居民企业纳税人的权益保护工作机制与监督保障机制，这也是造成税收流失十分重要的一个原因。只有在非居民企业税收管理中处理好非居民企业纳税人权利和义务的辩证关系，才能实现更有效的税收管理：一方面，保护非居民企业纳税人法定权利，使非居民企业纳税人真正享受法定的税收利益是促使非居民企业纳税人履行法定义务的前提和基础；另一方面，只有非居民企业纳税人及时、准确、足额向中国政府缴纳税款时，才能享受法定的权利，非居民企业纳税人的利益也能得到更好的保护。

（四）社会化协作机制、社会化管理网络不够完善

税务机关对非居民企业纳税人非居民企业税收实施监控工作，涉及多个相关职能部门的配合：非居民企业税收的相关业务涉及教育部门及外国专家管理局；境外非居民企业纳税人在我国进行的股权投资、财产转让等活动涉及对外经济贸易管理部门。但相关法律法规对上述部门提供信息的法定义务并不十分明确。我国还没有全国性的行政程序法，也没有关于行政协助原则的法规。虽然《税收征收管理法》及其实施细则和之后相继出台的配套性税收政策中规定了一些有关部门协助的内容，然而哪些政府部门需要向税务机关提供信息，各部门具体提供哪些信息，建立什么样的配合机制，通过怎样的程序、采用什么样的方式对税务机关进行协助护税，如果协助方没有按照相关规定提供相关行政协助和相关信息应承担什么样的法律责任、应受到什么样的处理等事项，《税收征管法》都尚未提及。税法中模糊的规定对各政府部门很难形成有效的法律约束，自上而下未建立各部门间的配合机制与信息交换机制，部门之间存在信息壁垒与信息阻隔，税务机关只能动用私人关系办公事、找亲戚朋友开展工作以获取有限信息，导致信息的获得在人情关系中进行非正常的运作，部门之间不易相互获取信息并实现信息共享，沟通

不畅给实施非居民企业纳税人税源监控带来困难，进而导致税务部门工作的被动性。如外国企业与国内企业的合作信息，外籍专家和外籍专业技术人员来华信息、离华信息、在华停留时间，合资企业的对外付汇信息，外国企业工程项目审批信息等，税务机关难以在第一时间掌握，由于非居民企业纳税人具有流动性大的特点，事后税务机关很难对其税款进行追缴。另外，对企业交易真实性，税务机关主要依靠企业申报或提供的信息来判断，缺乏其他有效的信息来源渠道。

（五）纳税服务相对欠缺

目前的中介服务公司工作人员没有接受过国际税收方面的系统教育和正规培训，对涉及知识面较广、专业性较强、业务较复杂、业务参与方较多的国际税收业务、国际税收知识和国际税收政策的理解有一定的局限性，很难为非居民企业纳税人提供高质量的服务并引导非居民企业纳税人纳税遵从。

上述分析表明，我国目前非居民企业税收领域的非正式约束与非居民企业税收领域的税制配置尚有不匹配的地方，仍须进一步优化。

二　发达国家税收环境借鉴

（一）注重培养非居民企业纳税人的纳税意识

在美国，美国国内收入局在全国范围内建立的健全、发达的税收宣传咨询系统和纳税服务系统在非居民企业税收管理中发挥了十分重要的作用。该系统通过全国税收中心和各地方税务局根据非居民纳税人和扣缴义务人的不同需求为其提供个性化纳税服务。非居民纳税人不仅可以在纳税处进行咨询，而且可以通过电话咨询系统进行政策咨询，全国设有纳税咨询热线随时免费为纳税人答疑解惑；税务当局还通过电视、广播、报纸、网络、辅导材料、税收宣传册、培训班等多种方式对纳税人进行深入有效的政策宣传，在发放的税收宣传资料中对非居民企业和个人概念进行了明确界定，并对与非居民企业税收相关的问题给出了指导性意见；IRS在辅导和纳税宣传中，在办税服务场所最显著的位置公布税收法规最新的发展动态，并书面解答政策理解中的常见问题，使纳税人明确税收相关法规和办税流程，避免出现错误和问题。IRS还设立了纳税人维权办公室，以保证纳税人的相关税收问题在第一时间内通过正当、有效的途径加以解决。对纳税人进行深入有效的宣传，从而使纳税人明确纳税是每个公民应履行的义务；而政府提供的良好服务也提高了非居民纳税人的纳税遵从度，从而提高税收的征收管理水平，降低了税收征管成本。

（二）建立了相对完善的非居民企业纳税服务体制

大多发达国家都建立了相对完善的非居民企业纳税服务体制。重组后的美国联邦税务局针对不同类型和规模的非居民企业纳税人，设立了工资与投资收益局、小企业与自雇业主局、大中型企业局、免税单位与政府单位局4个业务局和上诉办公室及非居民企业纳税人服务局。并且业务局派出机构也都是以方便非居民企业纳税人为标准设立的，体现出全面服务、超前服务、重在预防、重在沟通的纳税服务理念。上诉办公室及非居民企业纳税人服务局以对各种遗漏问题予以补救和解决为基本职能，进一步提高纳税人对税法遵从的自觉性和纳税服务效率。上述机构设置通过帮助非居民企业纳税人了解和履行纳税义务，将税法完整无缺公正地适用于所有纳税人，从而为非居民企业纳税人提供最优质的服务，体现了以服务纳税人为中心的原则。新加坡税务局也于1992年以服务非居民企业纳税人为中心，以满足非居民企业的各种合理合法要求为目的，进行了重大的机构调整。

（三）注重纳税服务

在美国，美国国内收入局在全国范围内建立的健全、发达的税收宣传咨询系统和纳税服务系统在非居民企业税收管理中发挥了十分重要的作用。该系统通过全国税收中心和各地方税务局根据非居民企业纳税人和扣缴义务人的不同需求为其提供个性化纳税服务。非居民企业纳税人不仅可以在纳税处进行咨询，而且可以通过电话咨询系统进行政策咨询，全国设有纳税咨询热线随时免费为纳税人答疑解惑；税务当局还通过电视、广播、报纸、网络、辅导材料、税收宣传册、培训班等多种方式对纳税人进行深入有效的政策宣传，在发放的税收宣传资料中对非居民企业纳税人和个人概念进行了明确界定，并对和非居民企业税收相关的问题，以及非居民企业纳税人关注的焦点做了明确提示，使非居民企业纳税人进行纳税申报时有章可循；在一年一度的纳税辅导和纳税宣传中，IRS在办税服务场所最显著的位置公布税收法规最新的发展动态,并书面解答政策理解中的常见问题,使纳税人明确税收相关法规和办税流程,避免出现错误和问题。IRS 还设立了纳税人维权办公室,以保证纳税人的相关税收问题在第一时间内通过正当、有效的途径加以解决。对纳税人进行深入有效的宣传,从而使纳税人明确纳税是每个公民应履行的义务;而政府提供的良好服务也提高了非居民企业纳税人的纳税遵从度,从而提高税收的征收管理水平,降低了税收征管成本。

简化纳税人纳税手续,提高办事效率。IRS 将税款支付方式由单一的现金支付方式改为现金支付、现金支票支付与信用卡支付等多种税款支付方式;将非居民企业纳税人各税种独立纳税申报的方式改为各个税种统一合并申报,各个不同税种之间的应纳税额可以相互冲抵;采用邮寄申报、电子申报、网络申报、简易申报等多种申报方式,加强银行、邮局、会计师事务所、税务师事务所等社会中介服务机构在纳税申报与税款征收中的服务功能,缓解税务申报服务厅直接受理非居民企业纳税人和扣缴义务人纳税申报的工作压力,降低征税成本,提高办税效率;缩短了非居民企业纳税人、扣缴义务人的交流时间、人手工填写申报纳税资料的时间和排队时间,降低了纳税成本,提高了非居民企业纳税人的纳税遵从度。

在加拿大,加拿大收入局(Canada Customs and Revenue Agency)的国际税务管理处(International Tax Directorate)负责加拿大境内非居民企业税收的征收和管理,该处不仅受理在加拿大境内取得的权益性投资所得的非居民企业的纳税申报、对非居民企业所得进行税务审计,而且处理比较复杂的非居民企业税收事项和其他纳税相关事宜,如判断某非居民企业是否在加拿大构成了常设机构、判定股权转让中复杂的持股关系、确定财产转让的公允价格等,并提供全方位的政策咨询服务设计和策划各种培训项目,使非居民纳税人能够深刻理解相关税收政策并遵从,以提高非居民纳税人税收遵从度。

德国通过成立非政府组织(Non-Government Organization)——非居民企业纳税人税务协会,为非居民企业纳税人提供纳税服务和纳税咨询。非居民企业纳税人税务协会组织具有税收、经济、财务管理、法律等专业知识的专业人员建立了专业信息数据库,24 小时全天候开放为会员提供相关信息数据。该税务协会还定期对最近涉及的非居民企业税收管理的税收政策和极具争议的典型案例进行整理和编印,发放给协会会员供他们无偿使用,当协会会员遇到比较棘手的税收方面的仲裁或诉讼时，协会还会出面为会员请当地知名律师，并协助仲裁机构搜集、整理相关的信息。

（四）发展税务中介代理业

世界各国都非常重视社会中介组织在税收工作中的作用。

美国发达的社会中介服务业为居民纳税人和非居民企业纳税人提供专业化服务，其专业性主要表现在以下几个方面：第一，设立专业化的纳税服务组织机构，这些组织机构主要包括律师事务所、独立执业会计师、会计师事务所等社会中介机构，这些社会中介机构不仅数量众多、业务范围广，而且严格遵守职业道德；第二，专业化的纳税服务组织机构中配备资深的注册会计师、律师、税务代理人帮助居民纳税人和非居民企业纳税人处理纳税相关事宜；第三，美国专业化的税务代理不仅使非居民企业纳税人和居民纳税人及时、高效、迅速地办理纳税相关事宜，提高了纳税人的纳税遵从度；而且提高了税务机关的税收征管质量和税收征管效率，很多纳税相关事宜前置到税务代理环节，使税务机关有更多的时间和精力落实相关税收政策，有效地减少了税收流失。

日本目前已有税理士会14所、税理士支部500多个，从业人员达7万多人，比国税系统人员总数还多2万人。美国有庞大的税务顾问队伍，为纳税人提供所需的税收遵从、审计支持、税收筹划、税务分析和提供投资建议等服务，将纳税人由于不熟悉税法或计算失误而少缴或多缴税款的风险降到最低。

澳大利亚有众多的会计师事务所、律师事务所，还有一些银行被税务机关授权从事税务代理业务。

（五）建立广泛的协税网络

发达国家都建立了以信息化为依托的、比较广泛的协税、护税网络。如美国、德国、新西兰、日本、韩国等国都实现了纳税人识别号（Taxpayer Identification Number）制度，并根据纳税人识别号的唯一性实现了政府、企业、银行及其他金融机构等多部门的信息共享，运用先进的现代化征管手段对非居民企业纳税人的涉税信息进行搜索、采集、整理，涉税信息很好地服务了税收征管。又如澳大利亚联邦税务局（Australia Tax

Organization）建立了全国联网的税务信息数据库，并有专业技术人员提供技术支持，税务机关可以方便、高效、快捷地获取非居民企业纳税人税源管理信息。

（六）积极维护非居民企业纳税人的合法权利和利益

无论从税收理论还是税收实践看，西方发达国家都十分注重对非居民企业纳税人权益的尊重和保护。美国国内收入局（Internal Revenue Service）以法律形式明确详细地规定了纳税人应享有的权利。新西兰为了更好地保护非居民纳税人的权利，在 2001 年把各项合法权益写入《纳税人宪章》（*Charter of Taxpayers*），加拿大在 2005 年把各项合法权益写入《纳税人宪章》（*Charter of Taxpayers*）以更好地保护非居民纳税人的权利；2003 年 OECD 财政事务委员会（Fiscal Administration Committee of Organization of Economic Cooperation and Development）在《纳税人宪章范本》（*Convention of Charter of Taxpayers*）中清楚地列明了非居民纳税人有受法律保护的权利：①知情权；②上诉权；③听证权；④隐私权；⑤秘密权；⑥监督权；⑦确定性权利；⑧只缴纳合理合法税额的权利。

第三节 影响因素的理论分析之三：实施机制

实施机制是保障国家的正式制度和非正式制度有效实施的手段的总称，违约成本是衡量实施机制是否有效的重要标准，有效的实施机制通常都有较高的违约成本，也就是说，当违约成本低于违约收益，违约者就会趋之若鹜；如果违约成本比较高，当违约成本大于违约收益，作为追求利益最大化的经济人自然就不会违约了。我国目前防范和治理非居民企业税收流失比较重要的原因之一是跨国企业的违约成本相对较低，制度结构中的实施机制不够健全，具体表现在以下几个方面。

一 实施机制因素与制度变迁要求不适应的表现

（一）征管手段相对落后

非居民企业税收征管手段是影响税收外流的重要因素之一。一般来说，信息与科技手段在税收征管中运用得越多越广泛,税收征管的科技含量越高,办税效率越高,非居民企业纳税人进行偷逃漏税的违法行为被查处的概率越高,非居民企业纳税人偷逃漏税的成功率越低,税收流失发生的概率越低。

目前,非居民企业税收领域的实施机制与国际和国内经济发展形势有不匹配的地方,主要表现在近年来随着互联网的普及和电子商务的迅速发展,越来越多的非居民企业纳税人的业务如设计劳务、软件产品测试和检验、委托管理等通过网络实现,非居民企业税收外方的远程教育通过网络实现,传统的税收征管技术和手段明显不能适应这种新的贸易方式,主要原因有以下三方面。第一,在目前的非居民企业纳税人的税收管理中,税收征管软件的开发和使用对电子商务、网上劳务提供的监督水平有限,国际税收管理人员(特别是西部欠发达地区)对非居民企业纳税人的非居民企业税收依然使用传统的管理和监控手段,对非居民企业纳税人申报来源国的收入(或所得)、应纳税所得额等相关数据资料的真实性难以准确判定;第二,就非居民企业纳税人纳税申报来说,部分操作环节缺乏政策法律的规范,目前的信息化尚未达到普及非居民企业纳税人电子网络申报的水平,非居民企业纳税人和扣缴义务人到主管税务机关的办税服务厅上门申报依然是最重要申报方式,具体的操作程序十分烦琐,增加了税务征收机关的征税成本;非居民税收管理的信息化水平还有提升空间,跨境税源信息获取渠道不畅,征纳双方信息不对称,成为制约国际税收管理的瓶颈之一。要想全面提升非居民税收管理水平,必须要通过信息化手段,实现"互联网+国际税务",充分、及时、高效地获取信息、利用信息,实现对非居民税收管理源头和流程的信息融合及信息聚合。第三,数据的综合利用效率比较低,目前不少非居民企业纳税人的征管数据、基础数据形成了电子资料,但对电子资料的应用仅限于数据的过滤和查询,而没有对其进行更加深入的分析与综合利用。日益复杂艰巨的国际形势对非居民税收管理提出了更高要求,非居民税收基础工作还须进一步夯实,比如非居民税收基础数据质量不高,对跨境纳税人的基本情况还有待彻底摸清,合同备案流程有待进一步规范,协定执行的统计分析和后续管理还没有完全跟上,税源分析控管能力有待提升,反避税调查结案力度须进一步加强,等等。为此,强调对跨国纳税人的监管,夯实跨境税源监管基础,打牢非居民税收的根本和基石。

（二）违约成本比较低

这主要表现在以下两个方面。

一是对偷逃税款的纳税人和未实施代扣代缴行为的扣缴义务人的处罚力度较小，这也是导致税收流失的一个重要原因。我国现行税法规定，对偷税的非居民企业纳税人，除补缴税款、滞纳金外，处以偷税税款 50% 以上 5 倍以下的罚款，未实施代扣代缴行为的扣缴义务人处以应扣未扣税款 50% 以上 3 倍以下的罚款。可见对非居民企业纳税人偷逃税的罚款倍率仅为 0.5～5 倍，对扣缴义务人的罚款倍率仅为 0.5～3 倍；而且对偷逃税款的税收违法行为的最高罚款率和最低罚款率之间相差较大。对于非居民企业纳税人偷逃税款的税收违法行为实施的税收行政处罚，最高罚款率和最低罚款率之间相差 9 倍。对于扣缴义务人未按税收相关法律法规代扣代缴税款的税收违法行为来说，最高罚款率是最低罚款率的 6 倍，税务机关自由裁量权比较大。这也减小了对纳税人和扣缴义务人的税收违法行为的实际处罚力度。

二是对非居民企业纳税人稽查率相对较低。因为工作人员的国际税收专业水平有限，非居民企业税收征管稽查方面相关知识的综合运用能力比较欠缺，很难识别非居民企业纳税人的规避税收、自行降低税收负担的手段，如税收稽查中发现利用合同的不同签订方式规避税收的现象：①境外非居民企业与中国境内单位签订的劳务合同明确规定，境外非居民企业在境内提供的劳务时间不超过 183 天，根据我国和很多协定国签订的税收协定关于构成常设机构标准的相关规定，境外非居民企业在境内提供的劳务时间不超过 183 天就不构成常设机构，不构成常设机构可以享受免税待遇而逃避在所得来源地的税收义务；②境外非居民企业与中国境内单位签订的劳务合同模糊境内劳务与境外劳务的界限，从而达到逃避所得来源地的税收义务；③企业通过网络提供跨国劳务，逃避纳税义务；④合同规定部分或全部的工程愿景设计、专业咨询、财务审计等劳务在境外提供，这样可以减少或免缴所得来源地的税收；⑤转让中国境内财产的交易双方都为外国企业，其交易款项全部在中国境外进行，逃避纳税义务；⑥只在国税或地税一家开具税务凭证就向外支付外汇，以达到逃避部分税款纳税义务的目的；⑦居民纳税人向非居民企业支付股息、利息、特许权使用费时，直接将款项支付给非居民企业设在我国境内的其他机构，从而无须付汇，绕过了税务机关的税收监控以达到避税目的。

（三）非居民企业税收管理权力相对集中

非居民企业税收管理权力集中，所有程序均集中在几个非居民企业税收管理人员身上，劳动量很大。这使非居民企业税收管理的质量难以保证，更重要的是人为操作空间大。许多非居民企业税收管理问题依个人的认识和理解来解决，不利于依法治税和税收的法制建设，不利于税款的应收尽收；对非居民企业税收管理人而言，由于缺少相对制约，时间长了，出现职业犯罪的风险较大。

（四）对国际税收征管对象的管理尚不完善

我国在对国际税收征管对象的管理方面尚不完善，具体表现在以下几个方面。一是重视有些企业的税收征管而忽视另一些企业的税收征管：重视居民企业的税收征管，忽视非居民企业的税收征管；重视有审批、备案项目的非居民企业的税收征管，忽视没有审批、备案项目的纳税户的管理；重视对省、市级重点税源企业的管理，轻视对税额相对较少、税收贡献相对较小的非居民企业纳税人的管理；重视知名度高影响力较大的非居民企业的管理，忽视非居民企业税收合作外方的管理；重视正常申报户的管理，忽视异常申报户（零申报或未申报户）的管理；重视在税务机关开具售付汇税收凭证的企业（或其他单位）的管理，忽视未在税务机关开具售付汇税收凭证的企业（或境内其他单位）的管理；重视税款征收和售付汇证明的开具环节，忽视备案登记环节和事后的跟踪与监控环节。这都造成大量的税款外流。二是税源监控不利：对非居民企业税源实施有效监控是提升非居民税源监控质量的重要因素。如向境内企业（或境内其他单位）提供劳务的非居民企业在办理税务登记手续之前，及文化、教育、技术监督、外汇管理等相关部门审批之前，税务部门无法获取非居民企业的涉税信息，也不能责令其到税务部门办理税务登记手续；境内的居民企业（或境内其他单位）通常是在对外付汇遇到障碍或遇到麻烦时，才想起来到税务部门办理相关涉税手续，而此时非居民企业的涉税行为已发生，涉税劳务已经提供，错过了非居民企业税收监管的最佳时期，非居民企业税收监管也失去了时效性。

根据国家税务总局令第 19 号文件《非居民企业纳税人承包工程作业和提供劳务税收管理暂行办法》的规定，税务机关应通过建立台账的方式对非居民企业纳税人和境内支付单位签订的合同（协议）的履行情况进行跟踪管理，在非居民企业税收业务的判定中，通常只能通过对合同、发票、支付通知等相关资料进行案头审核，而无法实现对合同（协议）的执行情况、劳务的提供情况、款项的支付进度实际情况的实时监控与过程监控。

（五）非居民企业税收审计工作有待进一步提高

在非居民企业税收审计中，缺乏对重点行业和重点税源的深度审计，不能很好地运用风险理论、跨国公司错综复杂的管理网络结构图（股权转让的非居民企业税收审计案件通常涉及十分复杂的控股关系和管理关系）等指导非居民企业税收审计；审计中更多的是应用传统的人工审计方法，只注重审计纸质的凭证账本等，而对非居民企业纳税人使用的全英文环境的 ERP 等企业资源管理软件和财务管理系统束手无策，这与非居民企业税收管理人员比较薄弱的税收和英语、计算机、法律、财会等相关专业知识有直接关系，以致不能及时、准确发现较复杂的、经过专业人士精心策划的非居民企业纳税人偷、骗、避税与税收筹划行为。

（六）税务机关执法功能不够强大

由于税务机关执法功能不够强大，税收执法得不到有效保证。很多情况下，在日常巡查巡管中或税务稽查中发现非居民企业纳税人偷逃税款，但没有强有力的执行机构作保障，使非居民企业纳税人有机会转移或者隐匿其可执行财产，从而不能确保税务管理中发现的偷逃税款及时入库，导致税收流失。

（七）税务行政资源的配置不够合理

非居民企业税收征管中涉及的征管机构设置、人力资源管理都属于税务行政资源的配置范畴，税务资源配置状况对非居民企业税收流失也会产生一定影响。首先，我国的非居民企业管理机构不健全。目前总局、省局、市局均设立了管理机构，但根据全省统一的机构改革方案，在县（市、区）层面的机构设置中，没有专业机构和人员从事非居民企业税收管理工作，有的地区甚至未设置国际税源管理岗位,上级的很多管理要求在基层难以落实。其次,非居民税收管理体制还不够健全,未形成国际税源管理一体化的格局;不理顺管理体制会导致税收政策与税源管理上的不协调,产生管理盲区,这就会造成部分非居民企业通过税收筹划进行避税,导致税收流失。最后,人力资源管理配置缺乏合理性。非居民税收管理人员除应熟悉税收协定,与香港、澳门签订的税收安排,单向涉税协定和非居民税收政策外,在全面实施信息化征管的新形势下,还要具备较高的外语水平,同时还要具备现代信息技术应用、国际税收、财务管理、会计、审计、企业管理、法律等综合知识的应用能力,而我国目前从事国际税收管理的工作人员业务素质和业务水平与非居民企业税收管理工作的要求依然存在一定差距,对跨国企业逃税、避税、骗税、税收筹划束手无措。造成非居民企业税收征管与管理人员知识结构单一的矛盾日益突出,难以实现跨国税源管理的科学化、专业化和精细化,难以满足对跨国企业实施有效税收征管的人力资源的需求,制约了非居民企业税收管理效率和质量的提高。

(八) 部门之间还未形成信息共享机制

商务部门与工商部门都是非居民企业的主管部门,非居民企业需要申请、报备、审批,少部分确有需要的会在税务部门进行税务登记,而很多企业不登记,自然也不申报,导致税务部门对这些企业的情况知之甚少,特别是对企业在境外的投资、经营、盈亏、纳税、抵免、享受协定待遇等信息知道得更少,加之部门之间信息沟通共享机制还未形成,严重制约了税务部门的工作开展。

国际税收信息共享机制也不够健全,获取国际税收管理信息的意识和手段都很薄弱,信息化管理和风险管理水平与企业跨境交易的复杂性不相适应,与国际先进水平差距明显。

(九) 税务部门对非居民企业提供服务的手段有限

税务部门对非居民企业能够提供的服务,目前还主要体现在税收政策法规的咨询服务和落实税收优惠政策方面。税务部门也许对本国税收政策法规了解多些,可对国外税制了解得并不多、不全、不新、不权威,而非居民企业不仅要了解中国税收政策法规,同时需要了解国外税制。

（十）非居民企业面临较多的或潜在的涉税风险

非居民企业面临的涉税风险主要有：在境外是否向外国税务当局及时足额申报纳税，是否有偷、漏、抗、骗、避税问题以及加重征税、重复征税、该享受的税收优惠待遇未享受，境外所得是否向我国税务部门及时足额申报纳税，抵免是否正确，有无偷、漏、抗、骗、避税问题以及该享受的税收优惠待遇未享受等，税务部门能否在管辖区域内企业和海量数据中及时发现、消除这些风险，确实存在很多困难，有大量的工作需要税务部门去做。

（十一）非居民企业税收管理工作信息化水平低

非居民企业税收管理工作信息化水平较低，主要表现在：①数据信息化利用意识不够强，如国际税收部门作为业务部门，还有相当一部分管理人员不熟悉金税三期管理决策平台，不会熟练运用信息技术做国际税收业务分析；②数据信息化利用程度不高，原来基于 CTAIS 2.0 系统开发的分析监控系统国际税收模块，功能比较简单，不能满足工作需要；③数据信息化综合利用程度低，主要表现为数据信息孤立、分散，不能形成大数据的"蛛网"效应，造成大量涉税数据不能有效服务于税收工作；④未能采用信息化方式为企业提供优质高效服务，不少可以通过网络办理的国际税收业务及时提供的资料数据，仍要求企业到现场办理；⑤可以通过信息技术采集、报送的数字和报表，仍采取人工填报、层层汇总的方法，没有充分运用信息技术为基层减负。

二 国外实施机制的主要特点

（一）运用先进的科技手段进行非居民企业纳税人的税源管理

美国把先进的 NCR 数据仓库技术用于非居民企业纳税人税源管理，大大提高了管理效率。20 世纪 50 年代中后期，美国建立了由国家计算机中心和分布在全国的 10 个数据处理中心组成的税务管理系统。该税务管理系统贯穿于税收征管的整个过程，通过四个层次对非居民企业纳税人的有关信息分税种、分类别、分项目进行搜索、采集、对比分析和跟踪管理：第一个层次是从其他部门获取相关资料,搜索有偷税、逃税、避税、骗税、税收筹划嫌疑的非居民企业纳税人作为重点管理对象;第二个层次是利用发现的问题和获取的相关资料确定非居民企业纳税人所在区域;第三个层次是运用"类神经网络模型"确认非居民企业纳税人违法类型并进行案件处理;第四个层次是运用"扣缴税款预测模型",确定非居民企业纳税人的应纳税款并通过催报催缴程序扣缴税款。

日本国税局在 20 世纪 70 年代初期将计算机技术、网络技术等高端技术应用在非居民企业税收管理中,非居民企业纳税人的各个税收征管环节、多项税收业务如纳税登记、税款征收、利润率核定、纳税申报、纳税评估、税务管理、税收统计等都通过计算机网络处理,非居民企业纳税人的纳税遵从度明显提高。

新西兰国内收入局于 20 世纪 90 年代初期在非居民企业税收管理中实施业务重组并强化信息管税,增加了税收收入,提高了税收征管效率。①

加拿大海关和收入总署负责国际税收业务的是国际税务管理处。该处十分注重先进的计算机技术和互联网技术在非居民企业税收管理中的应用,不仅受理现场的纳税申报、纳税咨询和案件投诉,而且还设立了专门的网站(设有专职人员提供技术支持,定期对网站进行维护、升级等管理)宣传加拿大与其他国家签订的税收协定和非居民企业税收管理政策,受理非居民企业纳税人的远程申报,并指定专人采用人工服务与语音服务相结合的办法实现全天候不间断在线服务,及时、准确地答复非居民企业纳税人关于税收方面的咨询和疑问,回应非居民企业纳税人关于税收方面的诉求。加拿大非居民企业税收的网上申报率在全球排名领先,2011~2016 年加拿大的非居民企业税收网上申报率在全球排名第三。加拿大国际税务管理处的这种做法大大方便了非居民企业纳税人,增强了非居民企业纳税人的纳税意识,同时提高了非居民企业纳税人的税收遵从度。

(二)建立与管理非居民企业纳税人的纳税识别号

建立与管理非居民企业纳税人的纳税识别号码是美国非居民税收征管工作的基础与税务登记的重点。依据美国法律,非居民企业应遵守关于纳税识别号码的法律规定,不然会受到相应的处罚。美国在非居民企业税收征管中

---

① 史玲、陶学荣:《关于非居民企业税收管理实践与思考》,《财会研究》1997 年第 6 期,第 12~19 页。

使用纳税号码的做法大大提高了非居民企业税收收入申报的数额，这充分论证了强化纳税识别号码对非居民税收征管的作用。

（三）在非居民企业纳税人国际税源管理中实行代理人制度、纳税保证金制度和纳税信用等级征管制度

1. 代理人制度

通过非居民企业纳税代理人管理非居民企业税收。美国、法国、瑞典等国家要求未设立常设机构的非居民企业纳税人必须在收入来源国指定具有居民身份的个人或法人作为其境内代理人处理纳税相关事宜。境内代理人的介入，一方面可以减少国际税收征管部门人员的事务性工作，降低税务部门的税收征管成本；另一方面可以协助境外非居民企业纳税人依据税收相关规定完成境内的纳税义务，降低了非居民企业纳税人的纳税成本。

2. 纳税保证金制度

依据相关税收法律规定，非居民企业纳税人从收入来源国取得的所得应在所得来源国缴纳税款，由于税款由非居民企业纳税人承担，而由指定代理人办理纳税相关事宜，税务机关可根据境外非居民企业纳税人的税款负担能力与可靠性决定其是否根据一定的标准缴纳一定数额的纳税保证金。

3. 先进的纳税信用等级征管制度

日本、韩国为了提高非居民企业税收管理水平，对非居民企业纳税人分等级进行税收征管。日本国税局对全国的非居民企业纳税人按照他们的纳税申报、税款入库、纳税遵从度、财务核算水平等情况进行纳税评级并按评级结果使用绿色和白色不同颜色的申报表，级别较高的非居民企业纳税人在纳税申报时填写绿色申报表，并且在纳税申报和办理其他纳税事宜时可以享受免检、同等条件下优先办理等税收优待，而级别较低的非居民企业纳税人在纳税申报填写白色申报表，在纳税申报和办理其他纳税事宜时，会受一些条件限制。纳税信用等级征管制度在很大程度上提高了非居民企业纳税人的纳税遵从度，同时提高了非居民企业税收征管效率。

（四）高效的税务行政资源配置及科学的管理模式

日本国税厅按照经济发展水平与状况、税源分布特点对纳税人实行分类管理，对各类外国法人的税收事项实施科学、精细、高效的专业化税收征

管。针对外国法人于 2008 年增设了国际税收专业管理机构，充实了国际税收专业管理的人员配备，在所有国税分局增设专门管理职位（如国际计划官、计划专门官、税务稽查官等）。

外国法人管理机构设立的职数不多、人员精干，工作针对性强，税收管理目标明确，工作效率很高。工作任务都与外国法人税收事务密切相关，很少安排大量的人力、物力用于上下级内部管理或承担过多的社会活动，人力资源主要用于税源管理和纳税服务。从事外国法人税收管理的人员必须具有法律和税收以及会计专业的学士学位，由这些专业管理人员专门负责非居民企业的税收管理与相关政策处理，管理机构和管理人员必须严格按照一系列业务程序和方法实施税务管理。这种机构设置与管理模式有利于提高外国法人的税收征收管理水平和效率。

加拿大海关和收入总署负责国际税收业务的是国际税务管理处和纳税遵从服务处，国际税务管理处主要负责非居民企业税收管理，特别纳税调整等国际税收事项，纳税遵从服务处主要负责非居民企业税收咨询、服务。两个处的工作人员都是非居民企业税收管理经验丰富、业务能力极强的业务精英，不仅要有财务管理、计算机、国际税收或法律的本科学历，而且要通过加拿大海关和收入总署设置的考试，按照考试成绩确定他们的岗位职责和等级类型，为了提高业务素质水平，每年至少接受一次在外语、税收协定、财务管理、计算机等方面的专业培训。他们的岗位相对固定，与从事其他工作岗位的人员相比，工资福利待遇相对较高，升职的机会较多，升职空间也较大。

（五）深入细致的非居民企业纳税人税务审计工作

加拿大的国际税务管理处下设审计办公室，由审计办公室专门负责非居民企业税收审计工作，审计办公室下设 5 个审计组，审计组人员都是经过加拿大海关和收入总署通过考试层层选拔的非居民企业税收业务骨干，在外语、审计、财务管理、计算机等方面受过专业培训。审计人员根据已经获取和掌握的非居民企业纳税人纳税申报和内部财务管理信息，运用现代化的计算机审计技术和审计方法对可能存在偷税、逃税、骗税、避税、税收筹划的非居民企业纳税人实施税收审计，并用计算机进行数据的记录、筛选、计算和统计分析，计算机审计与传统的人工审计相比更容易发现问题、发现问题的准确率高、发现问题后处理快,大大提高了审计效率。在 2001~2017 财政年度中,非居民企业税务审计入库税款为 28.7 亿元。

在非居民企业纳税人税务审计实施方面,美国国内收入总局(Internal Revenue Service)不同于加拿大海关和收入总署(Canada Customs and Revenue Agency)。美国国内收入总局在进行非居民企业税收审计时,运用现代化的信息技术由计算机随机选案,选案过程中根据数据库中的信息资源,针对税务审计选案特点与实际工作要求,科学设置参数、指标、公式和选案条件,并根据管理人员平时掌握的管理信息和管理工作的实际要求进行人工选案,综合考虑计算机随机选案结果和人工选案结果确定重点审计行业和非居民企业纳税人;确定非居民企业纳税人税务审计对象以后,首先从非居民企业纳税人税务管理局、审计局、稽查局、大企业管理局、中小企业管理局抽调业务精英组成审计专家组,然后由上述部门组成的人员分工协作对选定的审计对象进行跨区域、多税种、全方位的非居民企业纳税人税务审计;在实施非居民企业纳税人税务审计过程中,可以随时调取运用先进计算机技术建立起来、实现全国联网和数据共享的企业基本信息库、行业信息库、审计数据库,通过利用已有的税务征管信息和数据,与涉税疑点信息进行分析比对,从中获取所需要的非居民企业纳税人涉税疑点信息;在实施非居民企业纳税人税务审计过程中,如果非居民企业纳税人在提供有关信息资料过程中不够支持和配合,审计人员可以根据相关税收法律规定,要求非居民企业纳税人提供,还可以向法院提出强制执行的请求。

中国香港地区税务局(Inland Revenue Department)在进行非居民企业税收审计时,借助知名的会计师事务所、税务师事务所、税务中介公司等中介机构的人力资源,及时、全面、真实地掌握非居民企业纳税人信息,及时、准确地发现非居民企业纳税人存在的纳税人纳税申报和财务内部控制中存在的问题,及时纠正管理中存在的问题,对降低和避免非居民企业纳税人的税收风险起到了十分积极的作用;对税务机关来说,一方面可以解决税务局内部非居民企业税收审计力量相对薄弱、人力资源相对缺乏的问题,另一方面可以借助外部中介力量提高非居民企业税收审计质量和效率,同时避免税务局内部机构臃肿的问题。

(六)较发达的纳税服务信息化建设

非居民企业纳税人纳税遵从成本是一种社会损失,许多国家都非常注意遵循便利和节省原则，在税务管理中应用发达的电话网络和互联网技术提高办税效率，减少纳税人的办税费用和时间。新加坡1994年采用电话申报纳税，1998年采用互联网申报纳税，电子报税的无纸化操作取代了大量的纸质申报，消除了许多与纸质有关的问题并节省了纳税人时间和交通成本，加快了办税进程，降低了纳税人遵从成本；英国税务局坚持量化全国统一的服务标准，为纳税人提供迅速高效的服务，要求所有打给税务局的电话20秒内接通率达90%，80%的邮件在15个工作日内回复，对没有预约来咨询中心的95%在15分钟内得到接待，错扣缴的税收收入在20个工作日内予以退还，对95%的自我核定的纳税人和90%的其他纳税人一次性准确计算税款；韩国国家税务厅设立了国家税务呼叫服务中心，免费为纳税人提供网上顾问、信函传真顾问、电话顾问、纳税申报介绍、重要案例调整、热点新闻窗口等服务，纳税人可以在任何区级税务局纳税，不管其管辖地在哪里，都能够获得纳税证明。

（七）转移纳税服务供给至社会组织

随着经济社会的不断发展、税收法律体系的不断完善、公民和社会结构的逐渐清晰，纳税人对纳税服务的需求呈现多样化发展趋势是必然的。很多国家均发现了这一问题，并不约而同地认为，随着纳税服务的不断完善与发展，及其需求多样化的发生和演变，仅仅依靠政府来提供纳税服务的局面是难以为继的，解决这一瓶颈的唯一手段是根据纳税服务面对人群的不同将其划分为不同类型，并将适合社会化运营的部分纳税服务交由社会中介组织来提供，并在政府推动和帮助下促进纳税服务社会中介组织的发展，最终形成政府部门和社会中介组织各司其职的纳税服务供给格局。

（八）培育发达规范的税务代理业

美国税务代理业在联邦税务局改进纳税服务和加强税收征管中起着至关重要的作用。美国有70多万名具有执业资格的税务专家，依照专业指南从事税务代理服务。美国法律对税务代理从业机构及人员的职业行为做出了严格规定，如果发现在代理业务中有意进行不实申报，代理机构和人员将承担由此产生的法律责任。美国税务代理业的高度发展，是经济高度市场化和社会化的必然产物，在为纳税人提供广泛社会化税务服务的同时，成为税收管理的重要辅助手段,使对报税环节的监管从税务机关转移到税务中介机构,大大降低了税收征收成本,提高了税务机关征管效率。据统计,美国有50%以上的工商企业和95%以上的个人所得税都是委托税务代理机构或代理人申报纳税;在日本,有85%以上的企业通过税理士办理相关纳税事宜;澳大利亚有众多的会计师事务所、律师事务所以及一些银行被税务机关授权从事税务代理业务。

(九) 建立严密系统的社会化监控体系和诚信体系

美国推行完善的社会保障号码制度,所有个人的基础资料、工薪收入、信誉状况都记录在个人社会保障账号内,因此该号码成为联邦税务局管控个人收入的有效途径。同时,美国拥有发达的个人信誉评级制度,纳税申报记录往往被作为衡量个人信誉水平的重要标准,并直接与个人商业信誉挂钩,凡是有不良纳税记录的个人或单位在申请商业贷款时都会受到种种限制。此外,美国广泛采用信用卡制度,大多数美国公司和个人都通过银行进行结算,因此,凡是涉及公司或个人的各项收支税务局都可通过银行进行监控。正是社会化监控体系使税收管理与服务延伸到社会经济的每一个角落,税收管理与服务不是税务部门的责任,而是全社会共同的义务。

第七章 防范非居民企业税收流失的实证分析

第一节 案源发现

随着国际交流的日益加强，内陆省市与国际经济交往、文化交流与合作也日益增多，伴随出现的非居民企业税收涉税管理正在成为目前加强国际税收管理工作中一项不可忽视的内容。

某省某院校国际部的张主任和方会计于2017年12月20日到中国银行购汇，中国银行的主管人员告诉方会计在银行办理支付外汇业务之前必须出具外汇管理局的证明和税务机关的证明，张主任拨打了12366的税务咨询热线，问清情况后两人于12月22日到B市税务局开具不予征税支付税务证明，该院校在B市乃至本省的社会影响也比较大，而且向境外教育机构的支付金额比较大，职业的敏感提醒该处主管国际税收业务的人员没有立即开具不予征税支付税务证明，主管国际税收业务的人员心想：一般情况下，非居民企业税收涉及的劳务费缴纳的是增值税和个人所得税，是否应该缴纳企业所得税呢？这位经验丰富的税务人员立即把了解到的情况和心中的疑惑逐级上报，该院校国际部的对外付汇业务引起了该市税务局的注意。

当税务机关要求该院校国际部提供合作办学合同及相关资料并在税务机关办理登记备案手续，以便据此确定该合作办学项目征收企业所得税的计税依据及适用税率，但该院校国际部的人员并未完整、准确地提供外教在华停留时间的资料，在提供的相关资料中声称每名美国大学指导老师的在华停留时间不超过三个月，不构成中美税收协定关于常设机构的标准，无须在境内缴纳企业所得税。

但国际税务管理部门认为合作办学项目的持续时间一般在4~6年，而很多合作办学的优势之一就在于外教直接给学生授课，外教在华的停留时间一般都会超过中美税收协定规定的时间（6个月）。在这种情况下，应对派遣外教的境外教育机构征收企业所得税。然而，某省以前对非居民企业税收项目从未征收过企业所得税，对非居民企业税收项目的对外支付项目都开具暂免税收支付证明，也就是说对非居民企业税收项目征收企业所得税无先例可循。况且在中方办学机构不配合情况下，掌握关于外教在华停留时间的资料难度较大，税务部门对该合作办学项目的对外支付款项能否征到企业所得税成为摆在面前的一个新问题。针对上述存在的问题，新上任的国际税务管理处长派人实地查看、调查走访、了解情况、采集信息，对该省的非居民企业税收情况和此院校国际部的对外付汇情况进行了深入、细致的调查。调查过程及调查结果如下。

第二节 案例描述

近年来，出国留学热度与日俱增，并且呈现"低龄化"趋势。相对应的，国内大学国际班如雨后春笋般涌现，某省也不例外。在某省，大学"国际部"也逐步升温。特别是省会城市 B 市，是全省的政治、经济、文化中心，非居民企业不论是税收规模、分布还是知名度，都有很多优势条件，有些在全国也是知名的。该省生源大、考生多，高考升学压力大，竞争十分激烈，而国内知名高校每年给予该省的录取指标远远低于需求，不少学习成绩处于中游但家庭条件较好的家长会考虑送孩子出国留学，对学生来说无疑拓宽了升学之路，市场需求催生了非居民企业税收热潮，使近年来大学的"国际部"招生越来越受青睐。1999年起，该省的两所重点大学在全省率先引进非居民企业税收项目——"国际办学项目"。该省多所知名大学相继推出非居民企业税收项目，拥有了自己的国际班。2010年上半年，该省教育厅新批准该省高校开展非居民企业税收项目，还有一批大学正在酝酿开办"国际部"。据了解，目前各高校的国际部收费在每生每年3万元左右，一些国际班收3.5万元甚至更高。除此之外，学生在三年成绩合格的基础上，申请国外大学办理出国手续时，家庭也要有几十万的存款储备及证明。

"案源发现"中的院校是一所经某省教育厅批准成立的，一所涵盖理学、工学、医学、文学、历史学、哲学、法学、经济学、管理学、教育学、农学等二十三大学科门类的综合性大学,是培养人才的摇篮和基地,具有较强的基础研究、应用研究和科技开发能力,基础设施完善,办学条件优越。学校图书馆建筑面积达 30.6 万平方米,馆藏图书 1326.79 万册。拥有 2 个出版社,公开出版发行学术期刊 23 种。

该院校国际部开办了非居民企业税收项目较多的国际部,包括中美国际班、中加国际班、中日国际班、中澳国际班、中新国际班等。这些班的学生几乎全将目标锁定到出国这条路上。该院校国际部开办了中美国际班项目,可谓"美国留学直通车"。

根据《国家教育事业"十一五"规划纲要》第三部分第八条、《中华人民共和国非居民企业税收条例》第一章第三条的规定,结合教育部近几年来发展建设和工作任务之要求,为提高人才国际化、标准化、职业化教育水平,经教育部核准,该省教育厅批准该校引进国际先进的人才教育体系,与美国某州立大学合作开展经济、管理、教育等多个专业的人才培养合作办学项目。该项目实施大学本科学历教育,合作方式为由美国某州立大学出资,为每门课程聘请一名指导老师,并由美国某州立大学提供课程设计和教学资料,中方某大学提供教学场所、教学设施,办理项目成立时及其项目存续期间的各项手续,学生毕业时由该院校颁发毕业证和学士学位证,美国某州立大学颁发学士学位证。这种模式的合作办学引进国外课程,且学生符合相关要求、通过课程考试的可以在 3 年后出国;外方不论是什么课程,都是全英语授课,这对学生的英语水平要求极高;教学方式不同,外教更多以鼓励学生为主,这对学生建立自信心很重要。国际部都有这样的特色课程:在圣诞节、感恩节等西方传统节日,由外教组织晚会,带领学生体验西方的节日特色及氛围。在学校开设的课程中,除外方课程外,该校还开办了培养学生文化底蕴和国际实业的特色课程如《大学生领导力开发》《西点军校案例研究与班级管理》《社交礼仪》《欧美文化》等。

该院校国际部合作项目收费标准经该省发展与改革委员会物价管理部门批准,学费全部上缴某省财政专户。按照双方合同的约定,该院校国际部每年向美国某州立大学支付以下各项费用:留学生申请费、学费、留学生杂费、媒介费、网络考试费、课程成本费等。该院校国际部支付的费用还包括美籍教师工资;另外,美籍教师人员在某省某院校国际部任教期间的食宿费用及其他一些相关费用由该院校国际部负担;双方合同约定,所有税费都由中方负担。

B 市税务局查阅了近五年来该院校国际部向美国某州立大学支付的教育劳务费，其中：2014 年支付教育劳务费 68772 元，2015 年支付教育劳务费 74025 元，2016 年支付教育劳务费 111276 元，2017 年支付教育劳务费 90276 元，2018 年 1~9 月 79358 元。该院校国际部向美国某州立大学支付教育劳务费时，声称每名美国大学指导老师的在华停留时间不超过三个月，不构成中美税收协定关于常设机构的标准，均开具暂不征税税务证明，未代扣代缴过企业所得税。

第三节　案例分析

一　征纳双方存在的分歧

对于该院校国际部合作办学的非居民企业税收事项，征纳双方存在以下几点分歧。

（一）关于资料备案

外方观点：合作办学外方与扣缴义务人认为合作办学的合作外方因在境内停留时间较短，无须办理备案手续。

税务机关观点：应当自项目合同或协议签订之日起 30 日内，向项目所在地主管税务机关办理税务登记手续。

法律依据：根据国家税务总局令第 19 号《非居民企业纳税人承包工程作业和提供劳务税收管理暂行办法》的规定，非居民企业纳税人在中国境内承包工程作业或提供劳务的，应当自项目合同或协议签订之日起 30 日内，向项目所在地主管税务机关报告，并附送相关资料，办理备案手续。

（二）关于办理税务登记手续

外方观点：非居民企业税收外方属于非居民企业纳税人，无须办理税务登记手续。

税务机关观点：应在签订合同或协议之日起 30 日内向项目所在地主管税务机关办理税务登记手续。

法律依据：根据国家税务总局令第 19 号《非居民企业纳税人承包工程作业和提供劳务税收管理暂行办法》的规定，非居民企业纳税人在中国境内承包工程作业或提供劳务的，应当自项目合同或协议签订之日起 30 日内，向项目所在地主管税务机关办理税务登记手续。

（三）关于未按相关规定办理税务登记手续的法律责任

外方观点：只需及时补办税务登记手续。

税务机关观点：除了向项目所在地主管税务机关办理税务登记手续，还要受到税务处罚。

法律依据：根据国家税务总局令第 19 号《非居民企业纳税人承包工程作业和提供劳务税收管理暂行办法》的规定，对于未按相关规定办理税务登记可以处二千元以下的罚款，情节严重的，可以处二千元以上一万元以下罚款。

（四）关于税务变更手续

双方的合作协议将合作期限由 9 年变更为 12 年。

外方观点：外方合作办学的合作外方认为合同变更只是合同双方当事人的事情，与税务机关无关，无须在税务机关办理税务变更手续。

税务机关观点：应当自项目合同或协议变更之日起 10 日内，向项目所在地主管税务机关办理税务登记手续。

法律依据：根据国家税务总局令第 19 号《非居民企业纳税人承包工程作业和提供劳务税收管理暂行办法》的规定，境内机构和个人向非居民企业纳税人发包工程作业或劳务项目合同发生变更的，发包方或劳务受让方应自变更之日起 10 日内向所在地主管税务机关报送《非居民企业纳税人项目合同变更情况报告表》。

（五）关于未按相关规定办理税务变更登记手续的法律责任

外方观点：只需补办税务变更手续。

税务机关观点：除了向项目所在地主管税务机关办理税务变更登记手续，还要受到税务处罚。

法律依据：根据国家税务总局令第 19 号《非居民企业纳税人承包工程

作业和提供劳务税收管理暂行办法》的规定，对于未按相关规定办理税务登记手续的可以处二千元以下的罚款，情节严重的，可以处二千元以上一万元以下的罚款。

（六）关于未按相关规定办理税务变更登记手续的法律责任

外方观点：只需补办税务变更手续。

税务机关观点：除了向项目所在地主管税务机关办理税务变更登记手续，还要受到税务处罚。

法律依据：根据国家税务总局令第 19 号《非居民企业纳税人承包工程作业和提供劳务税收管理暂行办法》的规定，对于未按相关规定办理税务登记手续的可以处二千元以下的罚款，情节严重的，可以处二千元以上一万元以下的罚款。

（七）关于未按相关规定向税务机关提供相关资料的法律责任

外方观点：只需向税务机关补充并提供相关资料即可。

税务机关观点：除了向项目所在地主管税务机关提供相关资料，还要受到税务处罚。

法律依据：根据国家税务总局令第 19 号《非居民企业纳税人承包工程作业和提供劳务税收管理暂行办法》的规定，如未按规定期限向主管税务机关报送相关资料，可以处二千元以下的罚款，情节严重的，可以处二千元以上一万元以下罚款。

（八）关于办理扣缴税款登记手续税收征管机关

外方观点：合作办学的合作外方认为无须办理扣缴税款登记手续。

税务机关观点：依照法律、行政法规规定负有税款扣缴义务的境内机构和个人，应当自扣缴义务发生之日起 30 日内，向所在地主管税务机关办理扣缴税款登记手续。

法律依据：根据《国家税务总局关于非居民企业所得税源泉扣缴有关问题的公告》（国家税务总局公告 2017 年第 37 号）的相关规定，依照法律、行政法规规定负有税款扣缴义务的境内机构和个人，应当自扣缴义务发生之日起 30 日内，向所在地主管税务机关办理扣缴税款登记手续。

(九) 关于代缴税种

外方观点: 合作办学的合作外方认为对于支付给外籍教师的费用只需扣缴个人所得税,而无须扣缴企业所得税。

税务机关观点: 对于支付给外籍教师的费用应缴纳增值税、个人所得税,还要扣缴企业所得税、城市维护建设税和教育费附加。

法律依据: 根据《中华人民共和国政府和美利坚合众国政府关于对所得避免双重征税和防止偷漏税的协定》的规定,缔约国一方企业的利润应仅在该缔约国征税,但该企业通过设在缔约国另一方的常设机构在该缔约国另一方进行营业的除外。如果该企业通过设在该缔约国另一方的常设机构在该缔约国另一方进行营业,其利润可以在该缔约国另一方征税,但应仅以属于该常设机构的利润为限。

根据2010年10月18日国务院发布的《国务院关于统一内外资企业和个人城市维护建设税和教育费附加制度的通知》,从2010年12月1日起,对外国企业和外籍个人征收城市维护建设税和教育费附加,城市维护建设税是按照增值税、消费税实际缴纳的税额合计作为计税依据,根据纳税人所在地为市区、县城(镇)和其他地区,分别按照7%、5%、1%三档税率征收,教育费附加统一按照3%的比例征收。

(十) 关于常设机构

外方观点: 合作外方声称每名美国大学的指导老师的在华停留时间不超过三个月,没有达到中美税收协定中规定的183天构成常设机构的标准,不构成常设机构。

税务机关观点: 2010年12月16日,B市税务局大企业与国际税务管理处搜索新闻媒体与互联网的信息,通过调查省教育厅和省外专局,获知美国某州立大学2003年至2009年出资聘请的外教共16名;其中4人在郑州已居留1年以上,其中Orlan Thomas在该院校国际部已连续工作4年,Julia Dieterman已连续工作3年,居留期限均已超过中美税收协定的6个月,美国某州立大学外教来华从事教学活动在事实上形成连续性,符合税收协定与国内法关于常设机构的标准,属于中国境内取得提供劳务收入,构成常设机构。

法律依据：根据《中华人民共和国政府和美利坚合众国政府关于对所得避免双重征税和防止偷漏税的协定》的规定，"常设机构"指企业进行全部或部分营业的固定营业场所，其中固定营业场所不仅指一方企业在另一方从事经营活动经登记注册设立的办事处、分支机构等固定场所，也包括由于为另一方企业提供长期服务而使用的办公室或其他类似的办公设施等。企业通过雇员或雇佣的其他人员在缔约国一方提供的劳务活动，包括咨询劳务活动，但仅以该性质的活动（为同一项目或相关联的项目）在任何十二个月中连续或累计超过 6 个月以上为限。

(十一) 关于食宿费用的纳税问题

外方观点：合作办学的合作外方认为由该院校国际部负担的美籍教师人员在校任教期间的食宿费用及其他一些相关费用不应计入应纳税所得额。

税务机关观点：由该院校国际部负担的美籍教师人员在该院校国际部任教期间的食宿费用及其他一些相关费用应计入应纳税所得额缴纳外国企业所得税。

法律依据：《中华人民共和国企业所得税法》规定，非居民企业纳税人在中国境内设立机构、场所的，应当就其所设机构、场所来源于中国境内的所得，以及发生在中国境外但与其所设机构、场所有实际联系的所得，缴纳企业所得税。

(十二) 关于已经计入成本费用的应付而未付的劳务费

外方观点：合作办学的合作外方认为按照权责发生制已经计入成本费用的应付而未付的劳务费，应在实际向外支付时，支付方扣缴企业所得税。

税务机关观点：对于到期应付而未支付，但是按照权责发生制已经计入成本费用的非居民企业纳税人所得，支付方应在计入成本费用或到期应支付时履行扣缴义务。

法律依据：《国家税务总局关于非居民企业纳税人所得税管理若干问题的公告》（国家税务总局公告 2011 年第 24 号文件）。

(十三) 关于税率适用问题

外方观点：合作办学的合作外方认为该院校国际部向美国某州立大学支

付劳务费的税率适用为10%。

税务机关观点：该院校国际部向美国某州立大学支付劳务费的税率适用25%。

法律依据：《中华人民共和国企业所得税法》的第七条规定，企业所得税税率为25%。

（十四）关于计算应纳税所得额的汇率适用问题

外方观点：按照该院校国际部向美国某州立大学签订的合同中规定的汇率。

税务机关观点：按照月度或者季度最后一日的人民币汇率中间价，折合成人民币计算应纳税所得额。

法律依据：《中华人民共和国外商投资企业和外国企业所得税法实施细则》的第一百三十条的规定，企业所得以人民币以外的货币计算的，预缴企业所得税时，应当按照月度或者季度最后一日的人民币汇率中间价，折合成人民币计算应纳税所得额。

（十五）关于境内外的劳务收入划分问题

外方观点：合作办学的合作外方认为在中国境内发生的劳务收入只占收入总额的45%。

税务机关观点：境内外劳务收入的划分与调查掌握的实际情况出现明显不符的情况，税务机关在综合考虑境内外劳务的工作量、工作时间、成本费用等因素后，认为在中国境内发生的劳务收入占收入总额的72%。

法律依据：《非居民企业纳税人所得税核定征收管理办法》（税务发〔2010〕19号）的规定，凡其提供的服务同时发生在中国境内外的，应以劳务发生地为原则划分其境内外收入，并就其在中国境内取得的劳务收入申报缴纳企业所得税，税务机关对其境内外收入划分的合理性和真实性有疑义的，可以要求非居民企业纳税人提供真实有效的证明，并根据工作量、工作时间、成本费用等因素合理划分其境内外收入。如非居民企业纳税人不能提供真实有效的证明，税务机关可视同其提供的服务全部发生在中国境内，确定其劳务收入并据以征收企业所得税。

（十六）关于纳税地点

外方观点：合作办学的合作外方认为外方是美国居民，在中国境内取得的收入应回到美国后缴纳税款。

税务机关观点：对于跨国纳税人取得的跨国收入，收入来源国与居民国对该笔收入均有权征税，但是收入来源国有优先征税权，因此该笔收入的税款应由收入来源国（本案例是中国）的税务机关征收税款，应在中国境内缴纳税款；回到居民国后，该笔税款可以进行税收抵免和税收饶让。

法律依据：根据《中华人民共和国政府和美利坚合众国政府关于对所得避免双重征税和防止偷漏税的协定》的规定，收入来源国有优先征税权，在收入来源国缴纳的税款在居民国可以进行税收抵免和税收饶让。

（十七）关于征收方法

外方观点：合作办学的合作外方认为应采用据征收的征收方法。

税务机关：认为应采用核定征收的征收方法。

法律依据：根据《中华人民共和税收征收管理法》的规定，征收方法的确定要看相关单据费用的真实性，如果合作办学的合作外方能够提供完整、准确费用单据的，则据实征税；如果合作办学的合作外方不能够提供完整、准确费用单据的，则应核定征税。

使得收支平衡甚至亏损，税务机关就征不到税款。税务机关很大的精力花费在核实提供大量境外的费用单据，发现外方为了达到利益最大化，少缴税款，把属于其他项目的费用单据也提供过来，还有些是虚假单据，如果按照外方提供的数据计算，征不到税款。也就是说当外方不能完整、准确地提供费用单据的情况下，税务机关可以采用核定征收的征收方法。

（十八）关于源泉扣缴

外方观点：支付方为没有扣缴义务。

税务机关观点：目前，我国非居民企业所得税所得依照《中华人民共和国企业所得税法》第三条第三款之规定，通常实行源泉扣缴，以支付人为扣缴义务人。税款由扣缴义务人在每次支付或者到期应支付时，从支付或者到期应支付的款项中扣缴。扣缴义务人每次代扣代缴税款时，应当向其主管税务机关报送《中华人民共和国扣缴企业所得税报告表》及相关资料，并自代扣之日起7日内缴入国库。对非居民企业在中国境内取得工程作业和劳务所得应缴纳的所得税，税务机关可以指定工程价款或者劳务费的支付人为扣缴义务人。

(十九) 关于扣缴企业所得税的报表填写和报送

外方观点：无须填报。

税务机关观点：扣缴义务人在申报和解缴应扣税款时，应填报《中华人民共和国扣缴企业所得税报告表》。

法律依据：根据《国家税务总局关于非居民企业所得税源泉扣缴有关问题的公告》（国家税务总局公告2017年第37号）的相关规定，扣缴义务人可以在申报和解缴应扣税款前报送有关申报资料；已经报送的，在申报时不再重复报送。扣缴义务人在申报和解缴应扣税款时，应填报《中华人民共和国扣缴企业所得税报告表》；扣缴义务人可以在申报和解缴应扣税款前报送有关申报资料；已经报送的，在申报时不再重复报送。

(二十) 关于扣缴税款地址

外方观点：业务发生地。

税务机关观点：向所得发生地主管税务机关申报缴纳未扣缴税款。

法律依据：按照企业所得税法第三十九条规定，向所得发生地主管税务机关申报缴纳未扣缴税款，并填报《中华人民共和国扣缴企业所得税报告表》。

(二十一) 关于纳税人的确定

外方观点：合作办学的合作合同中约定所有税费由中方负担，因此，合作办学的中方是纳税人。

税务机关观点：合作办学的外方是税款负担者、真正的纳税人，合作办学的中方是扣缴义务人。

法律依据：根据《中华人民共和国企业所得税法》的规定，对非居民企业纳税人取得的来源于中国境内的所得应当缴纳的企业所得税，实行源泉扣缴，以依照有关法律规定或者合同约定对非居民企业纳税人直接负有支付相关款项义务的单位或者个人为扣缴义务人。就该案例来说，合作办学的合作外方是税款的负担人，合作办学的合作中方是税款的扣缴义务人。

(二十二) 关于应纳税所得额的计算

外方观点：合作办学的外方认为应纳税所得额的计算应扣除在支付金额

中扣除中方代付给外籍教师的薪酬等费用后计税；合作办学的外方认为应纳税所得额的计算应该按照不含税所得计算应纳税所得。

税务机关观点：应纳税所得额的计算不应扣除中方代付给外籍教师的薪酬等，而应按照支付金额全额征税；本案中的合同约定，发生的各种税费均由中方承担，即支付给外方的是不含税所得，应将外方取得的不含税所得换算为含税所得计算缴纳应扣税款；增值税是价外税，企业所得税的应纳税所得额的计算不应该按照扣除所缴纳的增值税，本案中的合同约定，发生的各种税费均由中方承担，即支付给外方的是不含税所得，应将外方取得的不含税所得换算为含税所得计算缴纳应扣税款。

法律依据：根据《中华人民共和国所得税法》的规定，对非居民企业纳税人取得来源于中国境内的所得应按照全额征税，而不应扣除任何代付费用；凡合同中约定由扣缴义务人实际承担应纳税款的，应将非居民企业取得的不含税所得换算为含税所得计算并解缴应扣税款；根据《中华人民共和国所得税法》的规定：凡合同中约定由扣缴义务人实际承担应纳税款的，应将非居民企业取得的不含税所得换算为含税所得计算并解缴应扣税款。

合作办学的外方认为应纳税所得额的计算应该按照扣除所缴纳的增值税。

（二十三）关于应纳税额的计算

外方观点：合作办学的合作外方认为应按如下公式计算应纳税额：对外付汇金额×核定利润率×所得税率。

税务机关观点：由于合同含有包税条款，即中方承担税款，也就是说，对外付汇金额为不含税的金额，因此在计算税款时应把不含税的金额换算为含税金额，应按如下公式计算应纳税额：对外付汇金额/1－核定利润率×所得税率－核定利润率×税率。

法律依据：国家税务总局《关于印发〈非居民企业纳税人所得税核定征收管理办法〉的通知》（税务发〔2010〕19号）的规定，计算税款时应把不含税的金额换算为含税的金额。

（二十四）关于扣缴方式

外方观点：法定代扣代缴方式。

税务机关的观点：指定代扣代缴方式。

法律依据：《非居民企业纳税人承包工程作业和提供劳务税收管理暂行办法》（国家税务总局令2009年第19号）规定，我国对非居民企业纳税人的税收征管方式有非居民企业纳税人自行主动申报和扣缴义务人扣缴申报两种，具体采取何种方式取决于其是否在中国境内设立机构、场所和取得的所得是否与该机构、场所有关。即在中国境内未设立机构、场所或虽设有机构、场所，但所得与该机构、场所无关的，取得的所得需要扣缴申报；设立机构场所且取得所得与该机构、场所有关的，有自行主动申报和县级以上税务机关"指定"代扣代缴两种方式。

（二十五）关于未扣缴税款的法律责任

合作中方观点：合作办学的合作中方认为既然外方缴纳企业所得税，与中方支付单位无关。

税务机关观点：中方支付单位对支付给美国某州立大学的劳务费负有代扣代缴税款的义务。

法律依据：根据《中华人民共和国企业所得税法》第三十七条的规定，对非居民企业纳税人取得本法第三条第三款规定的所得应缴纳的所得税，实行源泉扣缴，以支付人为扣缴义务人。税款由扣缴义务人在每次支付或者到期应支付时，从支付或者到期应支付的款项中扣缴。根据《中华人民共和国企业所得税法》第三十七条，国家税务总局令2009年第19号令，对于无关应扣未扣税款的，处应扣未扣税款百分之五十以上三倍以下的罚款等。

（二十六）关于滞纳金的问题

外方观点：只需补缴所欠缴得应纳税款，无须缴纳滞纳金

税务机关观点：合作办学的合作外方除了补缴所欠缴得应纳税款，还须缴纳滞纳金。

法律依据：根据《中华人民共和国企业税收征收管理法》第六十五条的规定，纳税人欠缴应纳税款，由税务机关追缴欠缴的税款、滞纳金，并处欠缴税款百分之五十以上五倍以下的罚款；构成犯罪的，依法追究刑事责任。

（二十七）关于罚款的问题

外方观点：只需补缴所欠缴得应纳税款，无须缴纳罚款。

税务机关观点：合作办学的合作外方除了补缴所欠缴得应纳税款，还须缴纳罚款。

法律依据：根据《中华人民共和国企业税收征收管理法》第六十五条的规定，纳税人欠缴应纳税款，由税务机关追缴欠缴的税款、滞纳金，并处欠缴税款百分之五十以上五倍以下的罚款。

二　分歧的解决与处理过程

1. 统一安排、周密部署

B市局大企业和国际税收管理处人员与主管税务机关管理分局人员及时将情况向市局领导做了汇报，市局领导非常重视，及时与市地税局进行了沟通，并立即成立了由市税务局局长任组长，市地税局副局长任副组长，国地税有关业务科室负责人为成员的市级联合工作组，统一对该案件的调查进行部署、协调、督导，确保了该案件调查的顺利开展。考虑对非居民企业税收的外方征收非居民企业纳税人所得税在B市尚属首例，为了慎重起见，市局及时向省局进行了请示，并把相关情况和拟处理方案向省局国际税务管理处进行了请示和汇报。省局根据案例决定：非居民企业税收属于税务征管范围。

2. 组织学习，提高认识

B市局召开了由各（县）市、城区局主管业务的副局长和政策法规科长、重点税源科科长参加的专项会议。市局副局长传达了省局的精神，要求大家进一步提高认识，从维护国家权益和税法尊严的高度来看待该案件，堵塞税收漏洞，提高国际税收管理水平。市局大企业和国际税务管理处处长对这次检查的范围、内容、方法和步骤进行了具体部署，提出具体的检查工作要求。根据省局提供的表样，B市局印制了某省某院校企业案件调查表，向金水管理分局分发。切实做好调查表的发放、回收与登记工作，保证统计数据的准确性。

3. 宣传政策，取得支持

依据税收协定和税务收法律法规进行判定和税收管理。市局领导曾多次组织大企业和国际税收管理处和管理分局的主管人员深入某省某院校进行调研，详细了解国际部和美国某州立大学的协议签订情况与协议的具体细节、双方在合同执行过程中的权利和义务、双方交易额、款项支付方式等，要求某省某院校国际部在向美国某州立大学的款项支付环节认真履行好代扣代缴义务，确保税款及时足额入库。在调研过程中，积极向相关人员宣传税收协定和相关税收政策，及时解答咨询的问题，在此过程中省局国际税收管理处多次给予重要的指导和政策支持。主管税务人员对合作办学的财务人员耐心细致地宣传和解释《中华人民共和国政府和美利坚合众国政府关于对所得避免双重征税和防止偷漏税的协定》与国内法的相关规定、管理要求、扣缴登记、代扣代缴义务、代扣代缴环节、汇率确定、税款计算、入库期限等具体涉税业务知识，并强调对美方在中国境内取得的劳务费收入征收税款的重要意义在于体现中国的税收主权，要求某省某院校暂不向美方支付劳务费用，在支付款项时履行税款代扣代缴义务，确保税收及时足额入库。税务人员的耐心讲解取得了他们的支持配合，财务人员表示愿意配合税务机关的工作，提供了合作办学合同及其他有关资料并同意税务人员到大学了解更加详细的情况。

4. 组建专业工作团队

为了促进工作精准发力，聚合全市专业人才，2016 年 B 市税务局一方面整合全市资源，建立了市局直接统筹管理的团队工作机制。抽调 37 名国际税收业务骨干及后备人才组建了专业工作团队。制定了团队工作制度，采取分级负责制、"集中＋分散"制、工作备忘制、信息报告制等四项工作制度，同时对工作团队的定位、职责、权限进行明晰：工作团队主要负责突破该案件重难点及重要风险分析、风险应对等工作，其他工作根据省、市、县（区）局分工各司其职，从而依托专业团队扩充市局处室力量，做实做强市局国际税收管理部门，按照"市局主办、团队支撑、县区配合"的新管理模式，有效提升了该案件复杂事项管理和应对层级，打开了国际税收管理新局面。

另一方面全省选拔人才，进一步充实国际税收人才库。按照《B 市国家税务局国际税收管理专业人才库 2016 年入库人员选拔方案》，经过县区初选、市局复选和多次研究讨论，综合考虑候选人员毕业院校、专业、学历、特长以及工作经历、工作实绩、参与市局税收团队工作表现等有关因素，把各项指标进行分值量化，并打分排序，同时根据国际税收业务量的大小，兼顾地市间平衡，从全市范围选拔 55 名人员进入市局国际税收人才库。其中，管理类 36 名、外语类 12 名、计算机类 7 名。目前，这些专业人才在该案件中起到人才支撑的作用，在该案件的调查、分析和处理中发挥举足轻重的作用。

5. 对内加强培训

B市国家税务局对税收管理员及相关业务人员进行了税收协定、非居民企业税收有关知识的培训，辅导相关的税收政策和办税程序及手续，培训内容包括《中华人民共和国政府和美利坚合众国政府关于对所得避免双重征税和防止偷漏税的协定》、《中华人民共和国企业所得税》和《中华人民共和国企业所得税实施条例》，参加培训的税务人员对某省某院校报送的相关资料进行了认真的审查并进行了热烈的讨论，以保证扣缴过程中税收协定、相关税收政策的贯彻执行准确无误和本案例涉及税款的顺利入库。在业务培训中反复强调，税收协定和防范非居民企业税收流失体现的是一种国家主权意识，相关各部门要认真落实非居民企业涉税管理的相关政策。培训会后将税收协定和相关政策进行收集并归类整理，通过B市国家税务局内联网国际税收政策专栏进行发布宣传，使基层局有了方便学习国际税收业务政策的平台。

6. 主动采集信息，解决税企分歧，确定能否征税

根据《中华人民共和国政府和美利坚合众国政府关于对所得避免双重征税和防止偷漏税的协定》的相关规定，该境外教育机构在我国是否构成常设机构是我国对其是否能够实施税收征税权的关键所在。为了调查该境外教育机构是否构成常设机构的事实，专案组人员开展了一系列内查外调工作，首先，专案组的工作人员和某省某院校国际部的人员进行了面谈，某省某院校国际部的人员详细介绍了该院合作办学的情况，接着专案组人员依据国际部工作人员的介绍，结合该单位的工作流程，核对电脑上相关年度的财务报表与企业申报资料，寻找问题疑点；然后依法调取、查阅相关年度的账簿、记账凭证与合作办学相关合同；在仔细研读了某省某院校国际部与合作外方美国某州立大学的《合作交流协议书》和其他相关资料的基础上，展开了进一步的、深入的内查外调。通过一系列的调查取证，获取以下资料与信息：①通过新闻媒体信息及互联网信息，了解B市合作办学的总体状况；②通过与境外教育机构的外方代表进行约谈获取该境外教育机构在境内提供教育劳务的相关信息；③多次到某省某院校国际部实地查看并调查走访，了解外籍教师的构成、外籍教师的课时安排情况、外籍教师授课情况及某省某院校国际部对外籍教师的劳务费支付情况，与境外教育机构提供的与合作办学项目有关的外交人员名单及雇佣合同复印件、外交的护照复印件等进行核对，了解某省某院校国际部与美国某州立大学的业务划分及往来关系，了解该州立大学的财务核算方法与情况；了解项目管理人员与教学人员的构成及薪水支付情况；④通过国家税务总局的协调，参考、查阅其他省市关于对合作办学机构和项目征税的相关资料；⑤到外汇管理局调取该中外办学项目近几年向境外汇款的资料；相关资料显示：2008 年支付 68.772 元，2009 年支付 74.025 元，2010 年支付教育劳务费 81.276 元；2008 年至 2009 年享受免税优惠，并按照程序在 B 市税务局办理了"境外劳务费用不予征税确认证明"。⑥到省教育厅获取该中外办学项目的审批时间，该中外办学项目于 2008 年 3 月经国家教育主管部门批准成立，在某省教育厅登记注册，实施大学本科学历教育；⑦省外国专家管理局调取所有与该中外办学项目有关的来华人员姓名与来华时间；⑧到 B 市出入境管理处调取该中外办学项目的来华专家的国籍、出入境时间，从省外国专家管理局和 B 市出入境管理处获知美国某州立大学，2008 年至 2009 年出资聘请的外教共 16 名，4 人在郑州已居留一年以上，其中 Orlan Thomas 在某省某院校国际部已连续工作四年，Julia Dieterman 在某省某院校国际部已连续工作三年，居留期限均已超过中美税收协定 6 个月；⑨内部召开省局、市局、分局三个层级的案审分析会，对存在的 27 项分歧、疑点和难点问题进行充分讨论并达成一致共识。

经过多方调查取证，并对合同的签订情况、合同的履行情况和有关资料进行深入细致的调查、仔细研究，终于掌握了美国某州立大学在我国构成常设机构的有力证据，税务机关初步判断美国某州立大学外教来华从事教学活动在事实上形成连续性，符合税收协定和国内法关于常设机构的标准，构成了中国境内设立的常设机构，由某省某院校国际部向美国某州立大学支付的 2010 年的境外劳务费属于非居民企业纳税人来华承包工程和提供劳务收入，是非居民企业纳税人在中国境内取得的提供劳务收入，美国某州立大学从某省某院校国际部取得的劳务费应依照《中华人民共和国企业所得税法》的有关规定缴纳非居民企业纳税人所得税。专案组的人员与某省某院校的外方负责人进行了约谈，约谈中双方反复地沟通交流各自的意见，最终某省某院校合作办学项目的驻华代表认可了其构成常设机构的事实。

7. 横向联系，加强沟通

做好非居民企业涉税管理工作，离不开相关部门的支持和配合，为顺利扣缴非居民企业纳税人所得税，B市局从前期协议签订、教育部门对协议的审批，到后期涉及外国专家局、出入境管理等部门的衔接，再到最后外汇管理部门、银行的付汇，B市局对此项业务进行了全程跟踪，与相关部门积极沟通协调，采取多种措施，服务企业，宣传非居民企业税收知识，向相关部门赠送《非居民企业纳税人所得税知识手册》，随时解答企业提出的政策疑问。同时，积极与教育局、外国专家局、商务局、外汇管理局、外汇等相关部门协作，为非居民企业涉税管理开辟"绿色通道"。

8. 合理划分境内外劳务收入

在确定了中国拥有征税权之后，B市税务局针对该美国州立大学只认可在中国境内的劳务收入占总收入的45%、境内外的劳务收入的划分明显与内查外调掌握的实际情况不符的情况，责成该美国州立大学向税务部门提供足够、可信的证据，否则将通过转向情报交换核实相关情况，并按照《非居民企业纳税人所得税核定征收管理办法》（税务发〔2010〕19号）的相关规定对劳务收入实行全额征税。根据内查外调的资料，综合考虑了境内外劳务的工作量、工作时间、成本费用等因素后，最终双方达成一致意见，该美国州立大学同意把72%的比例划为境内劳务收入，为确保政策执行准确无误，该局又将此案例及时向上级部门做了专题汇报，上级部门批示同意B市局的征税方案。

9. 准确锁定目标，明确"向谁征"和"征多少"

面对某大学国际部的有关人员和美国某州立大学的外方代表不能真实、准确提供资料带来的困难，税务机关工作人员想方设法从多个渠道进行调查走访，争取到地税部门的支持和帮助。凭着从地税部门掌握的合作办学协议信息，税务机关工作人员对某大学国际部的有关人员和美国某州立大学的外方代表再次进行政策讲解，最终某大学国际部的有关人员和美国某州立大学的外方代表同意提供合同等相关资料。从合同来看，某大学国际部的有关人员向合作外方美国某州立大学2014年支付教育劳务费68772元，2015年支付教育劳务费74025元，2016年支付教育劳务费111276元，2017年支付教育劳务费90276元，2018年1~9月79358元。而且美国某州立大学在合同条款上玩起了"猫腻"：合同中某大学国际部支付给美国某州立大学的劳务费均为"税后费用"，全部税费由某大学国际部负担，从而把应缴纳企业所得税的"包袱"丢给了某大学国际部。按照企业所得税的规定，某大学国际部向美国某州立大学支付劳务费时，依照企业所得税法规定的税率扣缴非居民企业纳税人所得税，由此计算的应纳企业所得税税款应向国家税务局申报缴纳。因此，专案组的工作人员把目标锁定为某大学国际部作为费用支付者负有代扣代缴外国所得税的义务。但当税务机关工作人员们来到某大学国际部督促缴纳税款时，该单位相关负责人都避而不见。2018年1月23日，税务人员找到该单位一位负责人手机号，在拨通手机后，该单位负责人声称身在外地，不知道还需要扣缴税务税款，国际部的账上没钱。专案组的工作人员并没有因此放弃税款的征缴工作，利用电话和传真开展宣传，摆明利害关系、讲透税收政策，表明了专案组的工作人员应收尽收的决心。

10. 严格规范程序，解决"怎么征"的问题

为保证税款足额入库，税务人员严格按法律程序开展工作。政策法规科、征收管理科、稽查局及税务分局的业务人员进行专题研究，考虑每一个环节和每一个细节，如"第一步该怎么做，第二步该怎么做；每一步需要哪些部门来配合；出具的文书格式和所引用法律条款是否规范"。在准备工作完成后，某区税务局的税务人员依法向某省某院校国际部下发了《责令限期改正通知书》，责令其履行代扣代缴税款义务。该单位以某省从未征收过此类涉外演出团体的外资所得税为由拒绝签收。B市局领导主动将此情况向地方政府部门汇报，争取地方政府部门的支持，从而在当地办事处人员的见证下，C区税务局的税务人员对文书采取了留置送达。2018年1月28日，C区税务局的工作人员又依法定程序对该单位下达了催缴税款通知书，该单位仍以同样的理由拒绝签收，在当地办事处人员的见证下，又采取了留置送达。2018年1月31日，在B市局的协调下，借助新闻媒体的力量，在省内影响力较大的《大河报》刊登了有关此事的详细报道，曝光了某大学国际部的欠税行为，不仅使其感受到舆论压力，而且B市检察院、B市公安局经侦支队对此事件高度关注并表示将协助税务机关追征税款。检察部门与公安部门的介入也使某大学国际部认识到了欠税的严重性，最终大学国际部派出代表与税务局进行了正式磋商，在磋商过程中，专案组人员向某省某院校国际部的有关人员清晰地讲解了税收政策，并对税企双方存在的23项分歧进行了沟通与交流，逐一达成一致意见。最终某省某院校国际部同意在支付劳务费之前，扣缴非居民企业纳税人企业所得税，并缴纳滞纳金和罚款。这使某省非居民企业税收的非居民企业税收管理取得突破性进展，提高了全社会的涉外税收意识，并为涉外征管营造了良好的社会氛围。

11. 处理结果及取得的成效

通过近一个月艰辛、细致的工作，市局与主管税务分局某区税务局经过与某大学国际部多次沟通，耐心讲解税收政策，要求其履行扣缴义务，经过多次研讨，某省某院校国际部负责人和财务人员终于表示愿意执行代扣代缴义务，并写下了"履行代扣代缴税款义务"的保证书。由于某省某院校事业单位，无税务登记证件，为使此笔税款顺利征缴入库，某区税务局迅速于2月2日为其办理了临时纳税人登记手续，以便其能够及时履行代扣代缴税款义务，某区税务局根据税法的相关规定，向某省某院校下达了《税务处理决定书》及《税务行政处罚事项告知书》，某省某院校按规定履行了代扣代缴义务，于2月6日将代扣代缴的外国企业所得税税款、滞纳金和罚款缴纳入库。由于信息获得及时，政策宣传到位，工作高效严密，执行政策准确，2018年2月6日将欠税、滞纳金和罚款顺利开票征缴入库。使非居民企业税收管理取得了突破性进展。对B市来说，这是截至目前征收的第一笔非居民企业税收企业所得税，也是B市税务系统突出国际税收特色管理、深化非居民企业税收管理、捍卫税务收管辖权的重要成果。

三 本案的延伸工作

（一）启动对非居民企业税收项目与非居民企业税收机构税收服务机制

1. 摸清非居民企业税收税源底子

为了避免纳税人因不了解相关税收政策而受处罚，市局根据申报数据锁定服务对象，设计并发放《非居民企业纳税人收入情况汇总表》。汇总表项目包括B市非居民企业税收项目与非居民企业税收机构的外籍教师名称、身份证号、国籍、教授课程、境内取得的收入额、境内居留天数等，这样非居民企业税收项目与非居民企业税收机构来华任教的外籍教师的情况一目了然。这种做法使税务机关能够摸清底数、及时提醒，同时使纳税人获得系统的办税辅导与服务，在税收风险来临之前防患于未然，减少办税失误。

同时加强外部沟通，摸清B市非居民企业税收项目与非居民企业税收机构底子，市局国际税务管理处通过与教育局、商务局、出入境管理部门的积极联系，及时掌握了 B 市非居民企业税收项目与非居民企业税收机构的户数、名单、外方合作单位等情况，拿到非居民企业税收项目、非居民企业税收机构名单后，及时部署任务，将名单下发给各基层局，要求开展调研，深入了解非居民企业税收项目，非居民企业税收机构的经营和税收基本情况，了解非居民企业税收机构在税收政策理解和税收协定执行待遇方面遇到的问题等，摸清了 B 市非居民企业税收项目与非居民企业税收机构的底数。

2. 召开座谈会，答疑解难

与省局联合举办了由辖区主管税务人员参加的"非居民企业税收涉外税收座谈会和税收政策宣讲会"，了解非居民企业税收项目与非居民企业税收机构在税收方面的困难与诉求，辖区主管税务人员还向与会人员发放了《非居民企业税收涉外税收政策手册》，并就有关政策进行了详细讲解，并以某省近期发生的两起非居民企业税收涉外税收缴纳非居民企业纳税人所得税为案例，就如何计算缴纳非居民企业纳税人所得税做了演示。座谈会还现场解答了非居民企业税收项目与非居民企业税收机构在税收方面的咨询，面对面宣传了协定知识，拉近了税企距离。不少非居民企业税收项目与非居民企业税收机构的中方合作单位纷纷表示座谈会的收效很好，结合具体案例能够很快领会税收政策，以便做好非居民企业纳税人所得税的扣缴工作，防止国家税收流失。要多和税务机关沟通，了解自己应该扣缴纳的税款和纳税人应该享受的合法优惠待遇。

3. 宣传防范非居民企业税收流失政策

印发常用的防范非居民企业税收流失税收政策宣传小册子，广泛宣传常用涉外税收政策，科学指导扣缴义务人和纳税人办税，为扣缴义务人和纳税人减负。在税法宣传月，针对现行防范非居民企业税收流失税收政策及疑难问题做了系统全面的整理，印制了 2000 份《B 市税务局非居民企业税收涉税管理服务指南》，发给各个基层局，让他们向纳税人广泛散发，及时向社会宣传非居民企业税收的相关税收政策，培育构建 B 市良好的非居民企业税收项目与非居民企业税收机构税收社会氛围。

4. 设置专业纳税咨询岗

设置非居民企业税收项目与非居民企业税收机构专业咨询岗并指定专人负责非居民企业税收项目与非居民企业税收机构税收咨询，建立非居民企业税收项目与非居民企业税收机构税收宣传和咨询窗口，设置咨询电话并对外公布，为非居民企业税收项目与非居民企业税收机构提供税收宣传与辅导。纳税人和扣缴义务人可以选择到市局国际税收管理处、辖区内的县（市、区）局法规科、管理处所、申报大厅任一部门进行咨询，同时国际税收管理处设立非居民企业税收政策咨询热线，专门受理非居民企业税收项目与非居民企业税收机构的涉税事项业务咨询，做到第一时间让纳税人和扣缴义务人得到答复。对于非居民企业税收项目与非居民企业税收机构税收程序的微机系统录入工作，申报大厅设有绿色通道，保证随到随办，切实给办理非居民企业税收项目与非居民企业税收机构税收事项的非居民企业纳税人提供优质、便捷的服务。实现对非居民企业税收项目与非居民企业税收机构服务经常化。

5. 利用信息平台创新服务手段

由于非居民企业税收项目与非居民企业税收机构涉及的税收政策对纳税人和扣缴义务人（境内支付单位）来说比较陌生，纳税人和扣缴义务人对其较为陌生又迫切想了解其相关规定。为此，B市局与辖区内的县（市、区）局共同精选业务骨干，力争做好税收宣传工作，在外网公布国际税收政策知识、B市非居民企业税收项目与非居民企业税收机构政策服务电话及服务内容，适时发布网上税法，利用12366接受网络和电话咨询，保证了宣传的准确性和全面性，最大限度地方便B市非居民企业税收项目与非居民企业税收机构了解相关政策和国外税制等情况。B市局与辖区内的县（市、区）局通过税收政策宣传栏、电子大屏幕、网络、报纸等多种形式宣传解答有关非居民企业税收项目与非居民企业税收机构的税收政策，发布通知公告，告知非居民企业纳税人和扣缴义务人相关要求及申报时限，做好对企业的宣传工作，使纳税人和扣缴义务人能够及时了解相关税收政策。由于区局非居民企业税收项目与非居民企业税收机构比较多，有一个非居民企业税收机构在华任教的美籍教师达上百名，而且任教时间均在一年以上，构成了中美税收协定中的常设机构，自然会牵涉非居民企业纳税人所得税的征收管理。针对这一现状，B市局与C县税务局积极与该机构联系，进行到户走访，面对面答疑解惑，对外籍教师相对集中的高校进行重点涉外税收政策宣讲。

6. 利用国际税收专项情报交换促管理

充分利用国际税收专项情报交换依法管理，促进非居民企业税收项目与非居民企业税收机构健康发展。向美国、日本、澳大利亚、新西兰、加拿大等国家发出专项情报请求，充分利用国际税收专项情报交换这个有效手段，做好对非居民企业税收项目与非居民企业税收机构的税收征管工作，促使非居民企业税收项目与非居民企业税收机构依法履行其作为我国居民纳税人所应承担的纳税义务，维护税务法的尊严和税收利益。此项工作在中广网、大河网、新华网某省频道分别做了大量的宣传报道工作，引起较大反响和关注。

7. 协助非居民企业税收项目与非居民企业税收机构降低税务风险

B市局稽查部门在对非居民企业税收项目与非居民企业税收机构进行检查时，下达《纳税自查提醒通知书》后，在自查期限内与纳税人、利益相关人进行约谈时，了解其纳税申报和税收缴纳情况，帮助和引导纳税人、利益相关人正确进行自查补报税款或备案，从而使纳税人、利益相关人避免了不了解政策造成的税收风险。

（二）建立长效机制并狠抓落实

该案例的工作取得突破、非居民企业税收的企业所得税入库以后，B市局注意寻找、发现工作的规律，及时地加以总结。该案例结束以后，B市局大企业和国际税收管理处及时总结经验，立刻依据国际税收协定和国内法的相关规定，根据工作实际取得的成功经验，结合兄弟地市的一些先进做法拟订了《B市防范非居民企业税收流失办法》（以下简称《管理办法》），并进行认真讨论修改，而且在案例结束后，制定《某省某院校合作办学案件》动态跟踪表，对案件的后续管理进行跟踪，并每月汇总通报一次，通过不断的信息反馈，及时修订、完善《B市非居民企业税收的涉税管理办法》，然后下发执行。《管理办法》的制定促进了此项工作的制度化和规范化，达到了以点带面的效果。对今后非居民企业税收的国际税收工作起到长效作用，建立了长效的非居民企业税收的国际税源发现机制、监控机制。为发现非居民企业税收管理工作规律、制定制度来提高工作规范化水平打下了良好的基础。

制定的防范非居民企业税收流失办法并未束之高阁，而是由市局教育处牵头组织业务培训，达到以学促管的效果，使从事国际税收管理的业务干部均能熟悉《管理办法》的相关要求，严格按照《管理办法》的规定办理防范非居民企业税收流失事项。与此同时，进一步加强了售付汇税务证明开具的审核工作，在进行售付汇完税审核过程中，市局对相关非居民企业税收项目和非居民企业税收机构的外籍教师来华任教的情况进行了资料收集及信息甄别，判断其来华时间及是否有构成常设机构的可能性，这些都为非居民企业税收外国企业所得税的监控工作的开展奠定了基础。

由于《管理办法》面向非居民企业税收项目与非居民企业税收机构，涉及非居民企业纳税人，并且对于非居民企业纳税人来说相对较难以理解；因此，政策宣传与税收辅导工作就显得尤为重要。B 市局辖区内非居民企业税收项目与非居民企业税收机构的纳税人（外方教育机构）是通过利益相关方主要包括境内支付机构（扣缴义务人）、会计师事务所和税务师事务所代为办理纳税相关事宜；因此，以利益相关方为管理着力点，会带动整个辖区内的非居民企业税收项目与非居民企业税收机构国际税收管理。

为增强利益相关方对非居民企业纳税人享受税收协定待遇政策的认识和理解，B 市局与所辖的县（市、区）局在 2017 年的税法宣传月和年终决算会时举办了会计师事务所及非居民企业税收专场，以专题辅导形式向纳税人宣传《管理办法》涉及的相关涉外税收政策。在辅导中，针对目前企业对涉外企业所得税相关政策认识不足的现状，结合国内法与税收协定涉及的相关规定对纳税人进行了详细的解读，并同时辅导代理人办理纳税相关事宜的相关流程、要求及申报时限等。

专题辅导会过后，B 市局与辖区内的县（市、区）局继续以境内支付机构和会计师事务所为管理抓手，促进防范非居民企业税收流失。比如 B 市局与辖区内的县（市、区）局共同对非居民企业税收项目与非居民企业税收机构涉及的相关税收政策进行了系统梳理，以电子邮件的形式传送给辖区内主要的境内支付机构和会计师事务所，以便其将文件内容传达给所代理单位；平时在工作中，对非居民企业税收常遇到的相关问题也与事务所及时沟通，以便其及时将相关政策及需注意的事项进一步反馈给所代理的企业。该做法取得了良好的效果，一方面境内支付机构和会计师事务所的人员业务素质较高，辅导效果突出；另一方面问题集中反馈也提高了工作效率，深受社会的好评。

狠抓《管理办法》的落实，促进此项工作规范化开展。根据《管理办法》，先后对 8 家非居民企业税收项目与非居民企业税收机构成功征收外国企业所得税，数量占全省的 100%；C 县税务局建立了自下而上的信息通报机制，上下联动、信息畅通，成功实现了对"某教育学院合作办学项目"非居民企业纳税人所得税税款扣缴 93.042 元;辖区内的 D 县税务局在 B 市税务局指导下,采取得力措施,及时对"某财经学院合作办学项目"征收非居民企业税收外国企业所得税,该笔税款是 D 县税务局扣缴的首笔涉外演出团体所得税;9 月 D 县税务局克服阻力,多次宣传政策,对"某工学院合作办学机构"成功扣缴 12.015 万元非居民企业所得税,为 B 市防范非居民企业税收流失进一步积累了经验,防范非居民企业税收流失管理在 B 市更大的范围内开花结果。6 月 19 日,C 县税务局对"某综合大学合作办学机构"成功扣缴了 19 万元外国企业所得税,此综合大学合作办学机构的合作外方是国际知名大学,与国内分布在不同城市的多所知名大学合作办学,这是目前某外国知名教育机构在全国缴纳的唯一征缴入库的税务税款,标志着 B 市防范非居民企业税收流失工作走在了全国前列,有力地维护了国家税法的尊严和税收主权的完整与安全。

按照国际税收工作职责,统一思想,提高认识,从思想上牢固树立加强非居民企业税收管理的理念,以加强防范非居民企业税收流失为突破口,填补了非居民企业税收的税收管理空白,并且扩大战果,把此项工作在全市迅速推广开来;抓住时机建立长效机制,制定 B 市防范非居民企业税收流失办法,将防范非居民企业税收流失逐渐纳入正轨。

(三) 扎实推进反避税工作取得初步成效

B 市局国际处部署了对 5 户嫌疑对象的反避税初步调查,按照相关标准,锁定了两户未按独立交易原则、向关联外方支付高额股息的非居民企业税收机构。按总局新明确的立案文书格式要求,填写了《财务分析表》《风险分析表》《风险认定表》《立案审批表》并制作了《立案报告》,已经省局上报至总局,总局已批准对上述两个非居民企业税收机构进行反避税正式立案调查。经过近半年紧张的调查取证谈判,其中一户已进入结案状态,调整税款 109 万元,实现了年初确定的突破一个百万元以上项目的目标,同时还实现了反避税第一次在总局立案,第一次按关联规程实施正规审计,为全省反避税正规战积累了经验。此项工作成效明显,2017 年被 B 市局授予"反避税管理项目奖"。

(四) 加强部门之间的协作

准确地掌握与非居民企业纳税人相关的信息,对于加强管理,实现以管促收具有重要的意义,可以说,准确地把握信息已成为抓好非居民企业税收管理工作的重要前提。一是建立纵向信息网络。二是建立横向的信息网络。三是建立流动信息搜集网络。建立纵向信息网络是在系统内部,建立自下而上的信息通报机制,减少横向部门之间的多层协调,缩短税务机关的反应时间,以增强管理工作的主动性,C县税务局对"某教育学院合作办学项目"涉税案例就是通过上下信息畅通而得以成功实现了税款扣缴;建立横向的信息网络是指加强与市场监督管理、商务、外管、文化等部门之间的协调配合,及时掌握有关信息。对非居民企业纳税人管理做到"三早":早发现涉税线索,早跟踪实施管理,早实现税款入库。建立流动信息搜集网络是指非居民企业税收项目和非居民企业税收机构事前在各类媒体进行宣传和广告,税务机关密切关注电视、电台、网络和广告等媒体信息,利用这些信息为及时跟踪管理提供保障。

(五) 优化服务提高社会满意度

坚持管理与服务并重,积极为纳税人及社会各界提供优质服务。2011年先后开展了非居民企业税收项目与非居民企业税收机构涉税管理情况的调查,为非居民企业税收项目与非居民企业税收机构开具售付汇证明23份,经判断征收外国企业所得税60万元,对外支付金额1523万元。在非居民企业税收项目与非居民企业税收机构所得税征收过程中,主动送税法上门;在售付汇证明开具中不遗余力地向纳税人和利益相关方宣传税收政策,提高了社会对国际税收的认知度,在B市形成了较好的国际税收氛围。同年11月政协委员一行16人来市局视察工作,对B市局国际处的涉外企业服务质量、服务效率给予了高度评价。

(六) 利用税收情报交换,服务国际税收征管

整理上报关于非居民企业税收项目与非居民企业税收机构的自动情报29份,已上报总局,履行缔约国情报交换义务。同时按照省局改善情报交换权利义务不对等的状况,积极尝试利用情报请求的手段为税收征管服务,根据反避税和非居民企业税收项目与非居民企业税收机构国际税收管理的需要,向美国、日本、澳大利亚等国发出专项税收情报请求,制作了英文函和书面报告,已通过省局上报国家税务总局,收到的信息将用于促进反避税进展以

及核实非居民企业税收项目与非居民企业税收机构的中方合作单位申报所得的真实性，进一步发挥情报交换的威力以促进国际税收征管。

以上工作深得纳税人和扣缴义务人的理解和支持，进一步在加强征管的同时促进了征纳和谐。

四　案例引发的思考

（一）防范非居民企业税收流失存在的问题

随着我国经济发展的多元化和对外开放水平的不断提高，内陆省市与国际的经济交流日益增多，文化交流也日益频繁，随之出现的防范非居民企业税收流失正在成为加强国际税收管理一项不可忽视的内容。做好防范非居民企业税收流失不仅是维护国家税收权益的重要体现，也是各级税务机关的不可忽视职责，对加强依法治税、充分发挥国际税收的职能作用有重要意义。自该案例税款的追缴以来，B市局按照省局国际税收工作思路，从提高国际税收意识、突出国际税收特色入手，采取有力措施，大力加强防范非居民企业税收流失，取得一些成效。此次税款的成功追缴，说明我们在防范非居民企业税收流失方面取得的成绩是不小的，但是存在的问题也不少，这些问题主要表现在以下几方面。

1. 防范非居民企业税收流失机制不完善，管理意识还不够强

防范非居民企业税收流失长期以来是我国国际税收征管的薄弱环节，这主要是由它的特点和难点造成的。由于涉外税收所占比重相对较小，加之非居民企业纳税人具有的分散面广、不确定性、流动性、分散性和不固定性、不易监控，随时随地都会发生，没有规律可遵循，而且比较隐蔽、稍纵即逝等特点，长期以来没有引起足够重视，在投入力量上明显不足，管理上明显滞后，一直是非居民税收管理的相对薄弱的环节。

2. 管理手段单一、职能部门不能有效配合

这是开展防范非居民企业税收流失工作的最大障碍。目前B市的非居民企业税收比较普遍，但对上述行为涉税管理却困难重重。2010年在对某市设立的某国际部的合作办学机构国际税收管理等涉外演出进行涉税管理过程中，由于其他职能部门的干涉，尽管税务机关作了多方面的努力，但其对税务机关开展的涉税宣传不屑一顾，拒不提供合作办学的协议（合同），致使税款白白流失。

3. 管理基础薄弱，管理人员素质较低

这对防范非居民企业税收流失提出新的挑战。目前，B市对国际税收事项的源泉控管还处在比较浅的层次上，管理人员素质与国际税收意识亟待提高，涉税基础管理仍然比较薄弱，除了机构和人员素质限制外，如何充分调动一线税务管理人员的积极性仍需大量工作要做。

4. 国际税收管理人员对非居民企业税收的涉税业务还不够熟悉，管理水平不高

防范非居民企业税收流失要依照国际税收协定和我国国内法律、部门规章等为准绳，管理内容繁杂，涉及的法律规定众多，缺乏综合性较强、专业性较强的分类别的法律汇编和业务流程指导大家学习和工作。目前在实际管理工作中，在非居民企业税收设计的承包工程、提供劳务等方面征免税的判断上还存在诸多管理漏洞。

5. 非居民企业税收政策宣传力度有待提高

近几年随着经济的发展，非居民企业税收涉税管理重要性日益凸显。由于非居民企业税收纳税人是一个特殊的纳税群体，对境内支付单位来讲，在纳税主体上会产生一定的模糊认识，特别是在履行代扣代缴义务上个别单位认识不足，这就需要在抓好跟踪管理的同时，及时进行政策宣传和纳税辅导，减少非居民企业税收纳税人的税收阻力。针对其特殊的管理对象和国际法的政策依据，在社会上甚至税务机关内部专业管理人才都比较缺乏。因此税收宣传显得尤为重要。一是抓好日常宣传。利用税法宣传月活动、税收政策发布会等时机，将非居民企业税收管理的各项政策向广大纳税人进行宣传，使企业了解相关政策和代扣代缴义务；在内连门户网站、因特网站、12366网站等平台，以及广播、报纸、杂志等媒体上开辟专栏，大力宣传我国与缔约国（地区）签署的税收协定与安排和国内法的相关规定，让纳税人及利益相关方（会计师事务所、税务师事务所、税务咨询有限公司、境内代扣代缴义务人等）知晓与我国签订税收协定的国家（地区）及主要内容，培育国际税收管理氛围。二是实施现场辅导。在发生非居民企业税收涉税事宜时，税政和法规部门及时给予政策保障，将相关涉外税收政策及时宣传给纳税人或扣缴义务人，使企业明确自己的纳税义务和责任，使税收政策得到贯彻执行。三是突出宣传重点。在税收实践过程中，我们把可能发生非居民企业税收涉税业务的知名高校作为进行政策宣传辅导的重点对象，以提高非居民企业税收涉税管理工作的针对性。

6. 反避税经验缺乏，成效不明显

反避税工作是防范非居民企业税收流失工作的生命线，但由于反避税工作历时长、难度大、经验缺乏，效果不明显，迫切需要组织最新理论知识培训；同时组织反避税调查人员去经验丰富的地区学习调查分析和谈判的经验。

7. 诚信纳税环境较差降低纳税遵从度

（1）纳税遵从成本偏高，不遵从成本偏低。在我国，纳税人申报纳税需提供的材料甚多，所需要提供的各项数据资料和填制的多种表格耗费大量人力物力；纳税单位还要面临多项税务检查，其提供资料和接待都要付出不低的成本，大大挫伤纳税人的积极性。然而当前我国纳税稽查力度较小，社会信用体系不完善，失信惩戒制度有待加强，对于偷逃税行为的处罚过轻，这使纳税人税收违规成本预期较低，使纳税人产生侥幸心理并竞相效仿，滋生不良的偷逃税风气，形成纳税不遵从的社会心理。

（2）税收知识未普及，纳税意识尚未形成。当前我国市场经济正在逐步完善，在转轨的特殊时期，受各种因素的影响，公民道德正受到各种冲击，法制意识却尚未形成，人们的逐利性逐步增强，在追求自身利益最大化的过程中，其行为极易偏离正确的方向，产生诸如纳税不遵从等违法行为。加之当前税法尚未普及，税收宣传教育力度较低，公民对税收缺乏基本的理解，对税收的作用极其模糊，难以用税收的理论指导其行为，也难免产生抵触情绪，从而产生纳税不遵从行为。

8. 信息数据应用程度不高导致信息管税深度不够

当今许多国家设置了计算机控制中心，并在全国各地形成联网，与其他各部门进行信息交换，形成比较广泛和严密的税收监控网络。如美国从60年代起开始在税务系统采用计算机技术，目前形成了由东海岸国家计算中心和按地区设立的10个服务中心组成的电子计算机系统，负责完成纳税申报表处理、年终所得税的汇算清缴、纳税资料的收集储存、税收审查稽核、票据判读鉴定、税收咨询服务等工作。这不仅可以提高税收征管效率，而且可以强化监督管理机制，减少税务人员违法行为，有效防范和打击偷逃税行为。反观近年来我们增值税管理中信息管税虽有所加强，但内部信息数据应用程度不高、外部信息采集应用还处于初级阶段，突出表现在以下五方面。

一是税务内部各个应用系统现有存量数据尚未得到充分利用。现有的发票管理新系统、"金三"征管系统、网络发票、电子发票等应用系统均存储着海量信息，本质上只是一个数据仓库，而没有进行资源整合，进而打造增值税管理平台，实现信息的多向流通，满足各方需求。另外，传统的数据在各个系统间、各个单位部门间是专有的、独立的，即使是同一个单位，各系统间的共享度也不高。二是涉税数据质量有待提升。各地税务机关通过设立数据审计规则、推送错误数据、校验初始数据和发布数据质量通报等措施，使征管系统数据质量有了较为明显的改善。但由于采集方式多以手工录入为主，数据在质量上，特别是在完整性、准确性、规范性和逻辑性等方面，还难以满足税收管理的需要。另外，纳税人的名称、财务负责人和经营范围等不断变化，税务机关征管系统的数据更新不及时，也给税收管理带来困难。三是第三方数据采集应用不够。第三方信息交换机制尚未健全，信息共享机制未真正形成，第三方数据采集也缺乏先进的技术手段，大多以人工搜索和拷贝网上信息为主，运用科技手段实现采集自动化的程度还不高，使信息采集工作耗时较长，数据采集的精度有偏差。四是数据分析技术还须提高。数据分析还大多停留在简单的查询和比对层面，缺乏行之有效的数据分析工具，大量沉积在业务操作层的数据未能转化为管理决策层所需信息。税务机关对数据所反映的税收风险、经济内涵分析监控不够，没有完善的税收与相关经济数据之间的关联模型，难以对现有数据进行数理统计和趋势预测分析。五是相关专业人才比较缺乏。部分税务机关对团队化管理、协作化履责和专业化分工模式认识不够到位；专业人才的引进和培养还不够，对分析预警、风险应对和税务稽查等岗位技能还不熟练，能力、素质现状难以达到税收风险管理的要求。

9. 征纳信息不对称影响非居民税收征管效率

（1）税务机关与纳税人、扣缴义务人之间的信息不对称税务机关与纳税人之间的信息不对称是双向的。一方面，也是主要的方面，税收机关对纳税人纳税信息的掌握，是通过纳税人的申报表和税收机关事后的检查以及其他一些信息渠道获得。但由于相关制度的不完善及某些私人信息存在的必然性，税收机关不可能完全掌握纳税人的所有真实纳税信息。在纳税人的纳税情况上，纳税人远比税收机关了解自己的经济活动，也知道自己应交纳的税收，信息上的优势加之趋利性因素，造成纳税人可能选择对信息的隐匿来逃避纳税义务。另一方面，纳税人对税收政策的及时获取、正确理解、准确执行也存在信息不对称，加大了纳税人的纳税风险。

（2）税务机关与其他部门之间的信息不对称。在经济交易活动过程中，纳税人经营行为会产生大量的涉税信息，但这些信息散落于财政、工商、国土等各个政府职能部门以及银行等金融机构和供水、供电等单位。虽然《税收征管法》规定了"各有关部门和单位应当支持、协助税务机关依法执行职务"，一些地方也出台了税收征管保障办法，对财政、审计、工商、公安、银行等部门协作内容进行了明确，但实际执行效果并不理想。

（3）税务机关内部的信息不对称。在税收机关内部，信息不对称主要表现为各级税收机关之间的信息不对称和税收机关与税务人员之间的信息不对称两个方面。一是各级税收机关之间的信息不对称。尽管各级税务部门大力实施信息管税工程，加快实现省级信息集中，信息化管理水平显著提高。但各地税务部门软件系统林立，各自为政，信息不能有效交换，"信息孤岛"现象普遍。同时，下级机关对其自身的征管信息远比上级机关掌握得充分，下级机关有可能出于考核评比等方面的因素，使真实信息不能有效传递。二是税收机关与税务人员之间的信息不对称。税务人员是实际执行税收征管各项具体操作的人，掌握着最基础的涉税信息，但是，或业务能力欠缺不能收集、加工、利用相关信息；或职业道德方面的原因，在涉税事项处理上不作为、乱作为，导致机关不能及时、准确地掌握涉税信息。

10. 征管力量及管理方式滞后于经济发展水平

随着社会经济的高速发展，对外开放的纵深推进，非居民纳税人群体越来越庞大。另外，纳税人经营方式日趋复杂。新情况、新事物层出不穷，纳税人的组织形式、经营方式、经营业务不断创新，产业分工日益专业化、精细化，技术型、知识型、信息型产业对经济的支撑作用日益明显，在为税收提供巨大税源的同时，也给税收征管工作带来了一系列的难题和挑战，传统管理方式已不能完全适应征管工作发展的新要求，而且现有的征管力量和水平也远远不能满足这种复杂税收征管的需要。

11. 互联网经济新业态迅猛发展对传统征管模式的挑战

随着全球信息技术革命加速推进，以电子商务、互联网+为代表的新兴业态、新型支付手段、新型商业模式迅猛发展，逐渐成为引领经济增长的重要力量，给非居民税收征管提出挑战。如网络销售平台、互联网金融等新兴经济业态以其虚拟、无址、跨域、高效、隐蔽等特点,使经营地点、税源归属、征管权限、税收分配等发生重大变化,极大地挑战了传统的税收征管模式。在此环境下,如何加强新业态税收征管工作成为摆在我们面前的重要课题。

(二) 关于防范非居民企业税收流失的思考

1. 加强制度建设、完善管理机制,力争长效性

(1) 制度建设方面。制度是一种行为规范,具有指导性、长期性、稳定性的特点。完善国际税收管理和监控机制,加强防范非居民企业税收流失。防范非居民企业税收流失工作质量要明显提高,对重点项目狠抓制度建设,促进非居民企业纳税人管理工作科学化、规范化水平的提高。按照税收协定、国内法的相关法律规定,结合工作实际,研究制定《B市售付汇开具税务凭证管理办法》,进一步规范售付汇开具凭证工作,研究制定承包工程、提供劳务等管理办法,提高对非贸易重难点项目征免税的判断及管理水平;继续修订《B市涉外演出管理办法》,狠抓《涉外演出管理办法》的落实,促进此项工作规范化的进一步开展。在《管理办法》修订好后,首先要求相关业务部门自学。随后,市局教育处应组织业务干部及办税服务厅的窗口人员从政策背景、资料要求、工作流程等几方面进行分层次分岗位业务培训,组织学习相关业务,以提高岗位技能。在培训之后根据各自不同的岗位需求组织相关业务考试,并通过每日一题的方式巩固培训效果。另外,税务管理部门应与高等院校和其他教育机构加强沟通交流,建立长期合作关系。

(2) 完善机制方面。不断加大信息化应用水平将成为国际税收管理的有效手段。在继续完善落实各项管理机制的基础上,根据B市工作实际,拟把各项涉税证明的开具程序调整为两级审核。同时根据实际情况制定作业标准,加强考核监督,真正实现对国际税收事项的源泉控管。同时,不断提高信息化应用水平,一方面适当引进其他地区的已开发成功的信息系统,例如争取总局反避税软件在B市试点运行,同时设计开发售付汇税务凭证信息管理等系统软件,不断积累国际税收事项的基础数据,加大对涉税企业的监控力度,以促进非居民企业税收管理水平的不断提高。

2. 涉税意识有待进一步加强

非居民企业税收的纳税人及利益相关方(会计师事务所、税务师事务所、境内代扣代缴义务人等）的涉税意识有待进一步加强。随着我国对外开放程度进一步提高，对外文化、体育等方面的交往、交流、合作项目越来越多，程度越来越深。在这种形势下，防范非居民企业税收流失工作越来越重要。然而，目前非居民企业税收的中方与外方教育机构对于相关非居民企业税收政策了解得很少，这使它们在纳税登记、纳税申报、税款缴纳与汇算清缴中遇到不少困难；外方教育机构的涉税事项管理对于基层来说是一个比较陌生的业务，加上国际税收管理人员变动频繁，关于非居民企业税收税收政策的了解十分有限，有些相关政策出台较早，且一些规定不易理解和操作，基层税务机关在执行中存在较大困难。境外教育机构在境内从事教育方面交流、合作工作，对他们征税不单单是税款的问题，从国家角度来讲，税务机关代表国家行使征税权，反映的是中国政府与境内扣缴义务人的关系，但是对境外机构征税反映的是国家和国家的关系。众所周知，体现国家的主权主要有两个方面：一个是驻军，另一个是征税。从这个意义上来讲，对境外演出团体征缴税款既属于经济范畴也属于政治范畴，政治利益大于经济利益，同时对他们征收税款也涉及国家的经济安全，因此非居民企业税收征纳问题不仅仅是税务机关履行职责征收税款的问题，更重要的是体现国家的主权。因此加强基层国际税收管理岗位的管理意识，进一步提高工作的积极性、主动性，增强责任感和使命感。使他们意识到做好非居民企业税收的外方教育机构的涉税管理工作，是一项涉及面广、政策性强的常规性基础工作，是落实非居民企业纳税人所得税的具体体现，是确保税收收入及时足额入库的有效手段，且关系到纳税评估、税务审计以及反避税工作的深入开展。

3. 非居民企业税收国际税源非常不易控管

因为它的特点是分散、不确定、随时随地都会发生，没有一定规律可遵循，而且还非常隐蔽、稍纵即逝，而且防范非居民企业税收流失在非居民企业税收的政策适用上相对较为复杂，存在一定的风险性。但税务机关不能因为管理难度大而放弃管理或疏于管理，而是要在吃透、理解和把握好税收政策的前提下，克服思想上的压力和阻力，从方法、手段等上进行精细管理，实现依法治税。尤其是基层国际税收管理要在工作和生活中留心、操心，进一步增强对这些信息的敏锐性，从各种媒介（网络、报纸、电视、电台、手机短信、墙体广告等）中及时发现信息、捕捉信息、提高认识和增强信息敏锐性。如果没有这种敏锐性，即使看到了也意识不到，因此该案例的成功突破与及时发现信息有非常大的关系，突出地表现了信息敏锐性的重要性。非居民企业税收外方教育机构的涉税管理中要进一步增强对这些信息的敏锐性。

4. 抓好国际税收业务培训，提高岗位人员工作能力

根据当前新的国际税收形势，国际税收问题越来越复杂，加大国际税收业务的培训力度，提高管理人员素质是各级税务机关的当务之急。举办国际税收业务知识培训班，对国际税收岗位相关人员开展有重点、分层次的培训，注重提高国际税收管理人员的业务素质，培养出一批整体素质较高的国际税收业务骨干，为加强非居民企业税收管理提供有力的人力资源保证。为检验培训效果，还要求参训人员参加考试。通过业务培训，有效提高国际税收岗位人员的业务能力，为国际税收工作的顺利开展打下坚实的基础。

5. 讲究策略，注重实效性

实现纳税人依法交税的目标，必须有一个好的方法，如果方法不恰当，很可能会事与愿违。对非居民企业税收管理工作来讲，要根据其特点从多方面对工作困难进行充分估计、精心准备，根据不同的组织方式制定切合实际的预案，做到心中有数。税务管理人员要在工作开展过程中根据不同纳税人的特点采取不同的策略。对纳税意识比较强、遵从度比较高的，在税法宣传中讲明利害，就会及时完税。但对一些拖延的纳税人或扣缴义务人如上述外方教育机构，就要费点工夫。促成外方教育机构完税，除了管理分局、国际税务管理处前期所做的比较扎实的基础工作之外，该案的成功与《大河报》对本案进展情况的跟踪报道也是分不开的。这个报道登出来之后，其他媒体纷纷要求采访，同时有关执法机关也密切关注，社会效应非常大。实际上媒体报道是一项"柔中带刚"的策略，报道之后中方教育机构的态度发生了转变，由原来的拖延变得主动配合。目前非居民企业税收工作中还没有发现拒不履行纳税义务的，但不是以后没有可能。对拒不履行纳税义务的，要及时地采取征管法规定的强制措施，该保全的保全，该扣款的扣款，必要的时候提请公安部门采取阻止境外机构负责人出境的办法；对一些恶意抗税的，移交公安机关处理。

6. 加强部门之间的横向与纵向协作，准确掌握相关信息

非居民企业税收源具有较大的流动性、较高的复杂性和较强的隐蔽性等特点。税务机关一直将其作为税收管理的重点和难点，着力从源头控管入手，切实加强非居民企业纳税人的税源监管。加强部门之间的横向与纵向协作，提高非居民企业涉税管理信息的真实性、准确性。准确地掌握与非居民企业涉税信息，对于加强管理，实现以管促收具有重要的意义，可以说，准确地把握信息已成为做好非居民企业涉税管理的重要前提。

（1）在税务系统内部。首先，建立自下而上的信息通报机制，减少横向部门之间的多层协调，缩短税务机关的反应时间，以增强管理工作的主动性。其次，建立先进的数据库管理软件。通过在总局的征管软件 Ctais2.0 或新建的非居民企业纳税人所得税汇算清缴软件，在数据库软件中建立非居民企业纳税人从登记到注销的整套管理信息，将非居民企业纳税人税务登记、身份认定、申报征收、审核评析、异常比对、可比分析、汇算清缴、跟踪管理和注销都纳入计算机管理，初步实现微机化、科学化管理的目标；

（2）继续加强同各职能部门的联系，广泛开展税法宣传，着力营造国际税收特色氛围；同时争取上级部门的支持，针对拒不配合的单位要硬起手腕，争取非居民企业税收管理方面的新突破；不同层次的税务机关还要注重获取社会信息，和市场监督、教育、工商、外经贸、外汇管理、出入境、外国专家局、劳动等有关部门采取切实有效措施并建立定期联系制度，和信息共享机制，多种渠道获取相关的涉税合同、涉税数据，从源头强化非居民企业税收涉税管理。信息共享机制的建立会使防范非居民企业税收流失工作的信息获取会变得容易一些。通过政府部门信息共享营造全社会关注、协助税收工作的局面，为税务机构从不同部门获取涉税信息提供很好的环境和条件。税务机关应依托市政府牵头设立的经济税源平台进行计算机互联网，加强与地税局、教育局、工商局、对外经济贸易局、外汇管理局、出入境管理局、外国专家局等部门的密切联系与相互之间的沟通合作，建立数据共享渠道，达到网络化管理，全方位获得各方面的涉税信息。利用获得的信息，实现非居民企业涉税管理的"三早"：早发现涉税线索，早跟踪实施涉税管理，早实现税款入库。

7. 加强非居民企业税收外方机构的日常涉税管理

非居民企业税收外方机构的日常涉税管理是实施非居民企业税收管理行之有效的方法。规范日常管理，加强纳税服务，指导一线国际税收管理人员和辅导纳税人切实做好对非居民企业税收的纳税人与利益相关方的宣传辅导工作,明确国际税收管理岗位的工作职责。除明确国际税收管理岗位的工作职责和严格落实工作职责外,B市税务局将把培训的重点放在税收协定的执行、预提所得税管理、收付汇证明的开具与管理等实际操作上,争取达到每个税源管理科至少一名精通国际税收事项的业务骨干,并将国际税收事项的管理纳入全年考核目标,以不断夯实涉税管理基础;在国际税收管理中建立台账和备办文书工作,摸清非居民企业税收外方机构的基本情况,做好日常的非居民企业纳税人纳税申报和汇算清缴工作,进一步提高税款预缴率,防范欠税,不断提高纳税申报和汇算清缴工作质量。

8. 融合渗透,做好与非居民企业税收外方机构的涉税管理密切相关的管理工作

促进非居民企业税收外方机构的涉税管理工作的新发展。非居民企业税收的涉税管理是非居民企业税收管理的重要组成部分,非居民企业税收管理作为国际税收工作的重要组成部分,与对外付汇的管理,特别是纳税调整、反避税工作税收情报交换和税收协定的执行等国际税收事项管理紧密相连。对外支付款项的真实性、合理性关系所得税税基是否受到侵蚀,是否符合独立交易原则,对特别纳税调整管理起着重要的作用;境内、外费用发生的真实性,境内、外费用的合理划分与情报交换工作紧密关联,非居民企业税收管理信息为专项情报交换工作提供线索;非居民企业税收的外方教育机构税收征管与减免税的管理涉及税收协定的条款。在实际工作中,应该把握好非居民企业税收的外方教育机构的涉税管理与国际税收工作各环节的相互关系,抓好国际税收工作各环节的相互融合渗透,形成整体合力,不要总停留在表面,更深入细致的工作,监控防范非居民企业税收流失的全过程,促进防范非居民企业税收流失的新发展。

9. 完善非居民企业管理与体制

建立以为纳税人服务为中心的税收工作模式,制定相应的法律法规,提高规范性文件的级别,并在其中对服务体系、办税服务厅、税务公开范围、开展纳税服务的指导思想等内容和税收服务的基本原则、组织机构、服务范围,特别是服务方式、服务标准、服务时限等做出明确规定。将现有的重征管、轻服务的征管模式,转变为重服务、重稽查的模式。既要考虑堵塞漏洞、强化管理,又要考虑简化程序、方便纳税人;既要监督纳税人依法履行纳税义务,又要充分尊重和保护纳税人的合法权益;既要坚持按规程办事,更要在减少环节、提高办税效率上取得实质性进展。这就要求我们建立现代的纳税管理体制。一是在非居民企业税收管理中，完善非居民企业税收管理规程，进行比较彻底的权力分离，科学设置岗位，优化工作流程，实行不同管理岗位之间的相互监督与权力制约，有效解决管理权力过分集中的问题。这样不仅有助于目前非居民企业税收管理岗的工作人员从繁杂的事物中解脱出来，对非居民企业税收管理的重点工作能够管好、管细，也利于非居民企业税收的精细化和专业化管理，使管理工作更有效地开展，程序畅通，提高工作效率，还有利于保护非居民企业税收管理人员。二是实现角色转变，加快由单纯执法者向执法服务者角色的转换。三是着眼于整体社会效益，用长远眼光去评估税收征管的成本与效率，同时使纳税人用最低的纳税成本获得最优的纳税服务。四是建立健全纳税服务评价体系，建立量化考核标准及有效的服务监督和责任追究机制，使纳税服务由形式上的服务转变为实质性的服务。简言之，在纳税人办理涉税事宜时必须把"始于纳税人需求，终于纳税人满意"作为纳税服务工作的奋斗目标。

10. 强化非居民企业纳税人管理的信息化支撑

强化国际税收管理信息支撑。包括建立跨国境、跨部门的信息收集、共享机制，优化内部信息化管理手段，密切税务地税合作与交流三方面的内容。目的是通过拓宽信息来源渠道，促进部门间涉税信息共享，完善工作机制，提高信息利用水平。建设、完善管理和服务平台，全面提升国际税收工作信息化水平。①建立信息服务系统。主要是加大税法宣传和税务咨询的力度，提供电话自动查询业务、手机短信查询业务，利用因特网等进行有针对性的税收辅导，帮助纳税人及时、完整、准确地掌握税法信息，了解如何履行纳税义务。②建立程序服务系统。为纳税人提供多种简便、快捷的纳税申报方式和便利的纳税场所，如电子申报、银行网点申报、自助报税和库税银自动比对，等等。③建立纳税人权益保护系统。利用现代信息技术，将税务机关的执法依据、执法程序、执法文件、执法责任、处罚结果通过网络或媒体向纳税人和社会公开，接受社会监督，保护纳税人的权益，使纳税人切实感受到自己的权利和地位，从而增强纳税意识，自觉依法纳税。④建立纳税评估系统。通过该系统对纳税人的纳税情况进行科学评估，从而针对不同类型的纳税人实施不同方式的管理和服务。⑤建立纳税服务反馈体系，使纳税服务的效果及存在的问题及时反馈，为今后的工作提供经验。⑥优化内部信息化管理手段，丰富业务需求，优化系统功能。添加和完善金税三期管理决策平台及分析监控系统相关模块，把非居民企业的税务审计、纳税服务、税收收入分析等各环节纳入 Ctais 的税收征管中。运用全国国际税收工作管理平台，规范日常管理，提高工作效率。依托省局门户网站，建设包括政策法规、热点交流、媒体报道、服务"走出去"等内容的国际税收服务专栏。⑦整合内外部信息，建立跨境税源信息、数据库，规范股权结构图建立，集中分析相关信息、数据和资料，建立和完善跨境税源发现及监控机制。改进非居民纳税人税收管理，加强与居民企业协作互动，鼓励居民企业主动协助税务机关发现税源和征收税款，及时发现、有效堵塞税源漏洞。加强跨境税源发现与监控、强化跨境税源风险管理、提高反避税工作质效三方面的内容。目的是通过加强信息收集，创新管理手段，加大调查力度，强化跨境税源基础管理、风险分析和风险应对，提高跨境税源监管效能，有效维护国家税收权益。⑧构建功能强大的数据平台。针对非居民企业的税收征管特点，结合金税工程三期的工作，构建一个功能强大的数据平台。该数据平台不仅能够进行税收部门内部及税务部门和相关职能部门之间的涉税数据和涉税信息的交换与共享，而且能够促进国内的非居民税收管理部门和国外的税务当局之间进行涉税数据和涉税信息的交换与共享，特别是关于非居民纳税人的利润信息的交换与共享，对于相关的电子数据采集、接收、管理、分析与利用。利用数据挖掘技术从大量数据中提取或发现（挖掘）有用信息，从数据集中识别对税收征管有用的信息，服务于非居民税收管理，减少非居民税收流失，而且这样可以更好地保护中国（一个目前的世界投资热点和外国直接投资不断增长的国家）的国家权益和税收管辖权。非居民税收管理部门还可以利用该数据平台获取非居民企业利润信息，在对非居民税收征收管理和稽查中有的放矢，采取有效行动防范非居民企业的在不同国家和地区之间的转移，防范我国非居民税收的流失。⑨信用信息共享。全面建立纳税人信用记录，纳入统一的信用信息共享交换平台，依法向社会公开，充分发挥纳税信用信息在社会信用体系中的基础性作用。共享的信用信息包括纳税信用等级信息、税务行政许可和行政处罚信息、税收违法"黑名单"信息。

10. 实施纳税信用等级管理

在实施非居民企业税收管理中，借鉴日本和韩国的先进非居民企业纳税人纳税信用等级征管制度。考虑我国非居民企业税收征收管理的实际状况，对不同的非居民企业纳税人按照纳税信用等级实施征收管理，在实施非居民企业税收管理过程中，首先，要由国家税务总局根据我国非居民企业税收征收管理的实际状况，制定非居民企业纳税人纳税信用等级评定标准、评定机制和操作性较强的工作流程，设立科学的评定指标和参数；其次，基层国际税务管理部门根据国家税务总局制定的标准和实施程序对非居民企业纳税人进行纳税信用等级评定，并报送上一级国际税务管理部门备案；再次，税务机关要根据非居民纳税人的具体税收征管情况对非居民企业纳税人进行分类、分级的税收专业化管理。最后，密切关注非居民企业纳税人各种指标和参数的变化，及时调整和重新确定非居民企业纳税人纳税信用等级，并注意及时修改和报送备案资料。

11. 实施专业化管理

非居民企业税收征管的复杂性、隐蔽性为国际税收管理提出了极高要求，不仅要保证税款的应征尽征，又要保证税收征管的严密，尽量减少和避免国际税收争端的发生。因此，根据非居民企业的实际税收征管情况，因地制宜地对不同的非居民企业纳税人实施专业化税收征管，配备责任心强、业务能力强、工作经验丰富的高素质管理人员，实施科学的管理与服务，具体负责非居民企业的调查核实、信息采集、评估分析、纳税辅导、解决非居民的合理等日常税收管理工作和专业化服务，使管理与服务效能和质量同时得到大幅度的提升，并促使非居民税收遵从度明显提高和非居民税收管理成本的明显下降。

12. 提升非居民企业税收管理人员素能

针对非居民企业税收管理的政策性与专业性强的特点，增强和提高管理人员的专业能力是改进非居民企业纳税人的重要环节。提升非居民企业税收管理人员素能，要做到以下几个方面：一是建立专业化管理团队，针对非居民企业税收管理特点和需要，把现代化、专业化、高素质的、具有三师资格证的（注册会计师、注册税务师、经济师）税务高级人才安排在非居民企业税收管理岗位，承担行业监控分析与各项税源管理任务，为非居民企业税收专业化管理提供人力保障。二是采取"走出去，请进来""全面培训与重点培养"等措施对管理人员进行业务知识更新培训，建立高素质、专业化的大企业税收管理队伍，为加强非居民企业纳税人税源监控提供人才保障；三是引入激励机制，激发非居民企业税收管理人员工作热情，通过实施"能者优先"制度提高大企业税收管理人员职级待遇；四是建立非居民企业税收管理人员档案，合理评价工作业绩的同时，保持管理人员队伍的相对稳定性。

13. 提高非居民企业税收审计工作质量

非居民企业纳税人税务审计目的是帮助非居民企业纳税人降低和化解纳税风险，税务审计查出来的税款只需补缴即可。税务审计不同于税务稽查，税务稽查是查处税收违法行为，税务稽查出的税款不仅要补缴入库，非居民企业纳税人还要接受相应的税务处罚，税务处罚的轻重要视税收违法行为的严重程度而定。从税务审计与税务稽查的职能来看，税务审计比税务稽查更容易让非居民企业纳税人接受，更有助于增强非居民企业纳税人的纳税意识，提高非居民企业纳税人的纳税遵从度。因此在非居民企业税收管理中，从某种程度上讲，非居民企业纳税人税务审计比非居民企业纳税人税务稽查的应用更加广泛、实施效果更好。

在非居民企业税收审计中借鉴美国和香港的先进做法，结合目前审计的实际现状，充分发挥非居民企业税收管理人员的积极性，并借用会计师事务所、税务师事务所、税务中介机构等社会中介的力量，联合地税部门根据平时掌握的管理信息筛选可能存在偷、抗、骗、避税、税收筹划的重点非居民企业纳税人，实施跨地区、跨税种的税务联合审计，解决非居民企业税收审计人手紧缺的问题；在实施非居民企业纳税人税务审计中，运用先进的计算机审计技术和互联网技术获取非居民企业纳税人信息、实现审计案件的筛选，并运用计算机技术进行数据的记录、筛选、计算、审核和比对分析，有助于提高审计问题发现的准确率，提高审计问题的处理速度，提高非居民企业税收审计的整体工作质量和工作效率。

14. 实施有效的跨境税源监管

由于非居民税源的特殊性，信息的捕捉在跨境税源的发现和监管中显得尤为关键。信息既包括内部信息如我们各级税务人员从日常管理中发现的涉税信息，又包括外部信息如从其他部门取得的非居民税源信息。如省级税务部门可以从文化部门取得演出信息，通过工商部门取得股权转让信息，把取得的信息分类分析后分类派单，分发相关市级税务部门；又如市级税务部门从外管局拿来信息，分析后下发县区局进行核实，深度挖掘税源。同时，也可以通过加强内部管理来发现税源，如省局专门下发文件制定股权结构图模板、规范股权结构图建立。股权结构图是体现企业关联关系的重要资料,有助于税务机关直观地掌握企业间股权关系。为了充分掌握企业股权结构,及时发现股权转让涉税事项,各级税务机关应综合运用企业报送资料、税务登记信息、关联关系申报、股息支付等现存资料和获取的外部信息,对符合条件的企业建立跨境企业股权结构图。各地应认真按照模板进行报送,全面深入了解企业股权关系,摸清每个股东的股本情况,并将股权关系延伸到自然人股东。对于企业股权关系发生变化的情况,应将企业变化前和变化后的股权关系分别反映清楚。

在跨境税源发现与监控中,还应加强非居民税收与居民税收管理的互动。非居民税收的存在离不开居民税收的管理,只有促进非居民税收管理与居民税收管理间互通信息、相互衔接,才能善于在协同管理中发现和堵塞跨境税源征管漏洞。非居民税源流动性大、隐蔽性强、零星分散,税务部门征管工作困难很大,容易造成税收的流失。但是非居民税源有一个特点,即它存在于我们的居民企业中。以对外支付税务备案为例,根据《国家税务总局 国家外汇管理局关于服务贸易等项目对外支付税务备案有关问题的公告》(国家税务总局公告 2013 年第 40 号)的规定,境内机构和个人向境外单笔支付等值 5 万美元以上(不含等值 5 万美元,)外汇资金,除本公告第三条规定的情形外,均应向所在地主管税务机关进行税务备案,主管税务机关仅为地税机关的,应向所在地同级税务机关备案。这一规定使居民企业在向非居民企业支付相关款项时必须先到税务机关进行税务备案。如果备案人提交的资料齐全、《服务贸易等项目对外支付税务备案表》填写完整,县(市、区)局应及时办理税务备案。但是,对我们县(市、区)局还有一个要求,就是应在收到备案表后 15 个工作日内,对备案人提交的备案表及所附资料进行审查,填写复核信息。并可要求备案人进一步提供相关资料。复核时应重点关注:①备案信息与实际支付项目是否一致;②对外支付项目是否已按规定缴纳各项税款;③申请享受减免税待遇的,是否符合相关税收法律法规和税收协定(安排)的规定。作为市局国际税务管理部门,在对外支付税务备案管理中,应对县(市、区)局的对外支付税务备案管理情况进行监控管理,定期了解县(市、区)局对外支付情况和备案审核情况,及时发现对外支付税务备案管理政策和管理中存在的问题。

在跨境税源发现与监控中,积极借鉴国外税源监控的有效做法和经验,结合我国防范非居民企业税收流失特点，改进税源管理方法，提高监控能力。全面利用关联申报、对外支付税务证明、信息互通等措施，按照非居民企业税收的税源的不同类别、纳税人所处行业、纳税额度、信用等级实行分类管理，并同时根据非居民企业税收结构的特点对非居民企业纳税人的具体情况实施源头监控与过程监控，建立全方位、多角度的系统性国际税源监控机制，实现国际税源的有效监管。对于境内企业或单位向境外非居民企业纳税人支付款项的，则应通过对境内企业或单位税源控管实现对境外非居民企业纳税人的税收监管；对于非居民企业纳税人在境内承包工程和在境内提供劳务的，可由外国企业自行或委托境内支付人自合同签订之日起30日内向项目所在地税务机关办理或代为办理税务登记；对于纳税额度较小、信用等级较低、业务发生频率较低的非居民企业纳税人按一定的标准收取纳税保证金，确保这部分非居民企业税收及时、足额入库；对于有支付数额较大的承包工程项目的境内企业和境内单位，建立重大项目和特定业务的登记备案制度；对于有审批和备案的对外支付款项，则应实施事前税收认定、事中过程监控和事后跟踪管理的税源控管方法；对于股权发生重大调整和重大变更涉及非居民税收收入的信息要重点关注；对于税收收入分析中有重大疑问的非居民企业要重点关注；对于外国企业代表处，通过设置税收预警指标实现税源监控，由于外国企业代表处具有相对比较稳定、活动内容也比较类似的特点，通过预先设定的预警指标对它们的经营状况进行对比分析，在分析中对经营状况变动与税负变动较大的，则应列为监控管理重点。

16. 加大反避税工作力度

提高反避税工作质效应坚持防查并举，分类分级实施反避税。将案头分析与实地调查相结合，提高反避税调查精准度；及时发现通过转让定价、成本分摊协议、资本弱化等手段向境外转移利润等避税问题；采取监控管理、立案调查等方式不断提高反避税工作质效。探索税务、地税联合反避税，推行反避税联查联动，开展行业和集团联查，加大反避税调查力度。加强跨境税源发现与监控、强化跨境税源风险管理、提高反避税工作质效三方面的内容。目的是通过加强信息收集，创新管理手段，加大调查力度，强化跨境税源基础管理、风险分析和风险应对，提高跨境税源监管效能，有效维护国家税收权益。

17. 巩固二十国集团税制改革成果

结合国际税收工作实际，全面、深入地研究 BEPS 各项行动计划的技术细节和相关问题。重视 BEPS 项目建议、措施的实践和应用，借鉴和使用 BEPS 项目成果，为制定国际税收规范和强化国际税收管理打好基础，协助国家税务总局提出完善我国税务收体系的建议。密切关注 BEPS 成果实施情况及其产生的影响，及时收集实施 BEPS 成果过程中税企及其他有关各方的意见，为我国参与 BEPS 议程国际税收规则制定提出建议，使国际税收规则制定与日常国际税收工作紧密结合。

18. 强化税收协定执行力度

制定非居民企业享受税收协定待遇管理工作指南，落实协定优惠，防范协定滥用，加强非居民企业享受税收协定待遇的后续管理。深化协定执行研究，配合总局参与 BEPS 行动计划"防止协定滥用"和"防止人为规避常设机构"项目的研究工作。

19. 完善情报交换工作制度

充分利用税收征管系统以及日常管理、稽查、评估等渠道收集情报信息，拓展情报交换应用领域及核查工作范围。在实际工作中注意向征管、税政、稽查、进出口税收等岗位普及情报交换知识，建立部门间信息沟通机制，加强自动情报、自发情报与专项情报的分析利用，发挥情报交换服务税收征管的作用。按照总局统一部署，执行好《多边税收征管互助公约》和《金融账户涉税信息自动交换标准》。

20. 完善"走出去"企业基础信息

建立全省企业清册，完善纳税人基础信息，对全省税务管理的"走出去"纳税人推行动态管理和一户式档案管理。及时收集、研究某省参与实施"一带一路"倡议所涉及国际税收问题，积极配合总局推动税收协定谈签和修订进程。主动为"走出去"企业提供跨境税收风险分析与风险提示服务，帮助企业防范境外税收风险，及时协调解决跨境涉税争端，维护企业境外合法权益。做好总局分配某省的国别税收信息研究，利用"互联网+"等方式，全面加强境外税收政策咨询服务，加强跨省协作配合，提升服务质量。

21. 形成综合治税合力

以营造良好税收工作环境为重点，统筹税务部门与涉税各方力量，构建税收共治格局，形成全社会协税护税、综合治税的强大合力。一是推进涉税信息共享。这既是税收征管的内在要求，也是构建税收共治格局的重要内容。一是建立统一规范的信息交换平台和信息共享机制，保障税务、地税部门及时获取第三方涉税信息，解决征纳双方信息不对称问题。税务部门可通过财政部门综合治税信息共享系统获取47个部门的涉税信息；通过发展改革部门《公共资源交易平台》获取工程建设项目招标投标、国有土地使用权和矿业权出让、国有产权交易、政府采购等电子交易信息。截至9月底，全省税务部门从32个部门采集第三方涉税信息236.5万条，交换涉税数据24.7万条，通过涉税信息比对增加税款收入5663.70万元，发挥了信息管税的作用。二是依法建立健全税务部门税收信息对外提供机制，保障各有关部门及时获取和使用税收信息，强化社会管理和公共服务。税务机关对外提供信息依据总局《税收信息对外提供管理办法》执行，包括依上级机关要求提供信息，依公安、纪律检查、审计、财政监察等部门要求提供信息，依其他党政部门申请提供信息。三是获取信息和对外提供信息要有法律做保障，依法规范涉税信息的提供，落实相关各方法定义务。

22. 拓展跨部门税收合作

扩大与有关部门合作的范围和领域，实现信息共享、管理互助、信用互认，有利于发挥税收在国家治理体系中的基础性和保障性作用。一是拓展税务、地税联合开展国际税收的工作领域，制定税务地税源泉扣缴、对外支付备案、常设机构判定、服务"走出去"企业、反避税等国际税收合作方案。共同开展反避税调查、"走出去"企业税收服务与管理，协同做好非居民企业构成常设机构资格判定、非居民源泉扣缴管理、对外支付税务管理等工作，不断加强税务地税信息实时沟通与互换，全方位开展国际税收合作与交流。二是加强"一照一码"登记制度改革后的税务登记管理。省级工商部门向省级税务部门推送工商登记信息，纳税人首次办理涉税事宜时，填报《纳税人首次办税补充信息表》。税务机关根据《纳税人首次办税补充信息表》内容确认纳税人信息后实名采集办税人员身份信息，对纳税人进行税种（基金、费）认定，并要求纳税人按照法律法规规定，连续按期纳税申报。对于纳税人清税信息，如税务机关名称及生产经营地、财务负责人、核算方式的变更信息，工商登记后长期（原则上不超过一个纳税年度）未到税务机关进行信息补录的企业名单，非正常户信息，税务部门通过省级信息共享交换平台将推送给工商部门。税务部门应通过省级信息共享交换平台、企业信用信息公示系统等渠道获取工商部门的异常名录信息，并对这部分企业进行重点监控。对于在工商部门正常申报年度报告而在税务部门列入非正常户管理的企业，税务部门应及时督促其履行相关法定义务。三是联合惩戒税收违法行为。主要表现三个方面，对欠缴税款的纳税人或者其法定代表人，依据《税收征管法》第四十四条，税务机关可以通知出境管理机关阻止其出境。关于对重大税收违法案件当事人，依据21部委《对重大税收违法案件当事人实施联合惩戒措施备忘录》实施联合惩戒措施，包括强化税务管理、阻止出境、限制担任相关职务、金融机构融资授信参考、禁止部分高消费行为、通过企业信用信息公示系统向社会公示、限制取得政府供应土地、强化检验检疫监督管理、禁止参加政府采购活动、禁止适用海关认证企业管理、限制证券期货市场部分经营行为、限制保险市场部分经营行为、禁止受让收费公路权益、限制政府性资金支持、限制企业债券发行、限制进口关税配额分配、通过主要新闻网站向社会公布等。对会计违法行为，提请由县级以上人民政府财政部门吊销会计从业资格证书。

第八章 加强非居民企业税收管理的意见和建议

第一节 强化正式约束的效用

在国际税收征管实践中降低交易成本,防范与治理非居民企业税收流失应首先从相关税收制度入手,借鉴国内外先进经验,考虑我国实际的非居民企业税收征管情况,因地制宜地完善相关税收政策。

一 进一步修订、完善非居民税收政策

目前国际税收征管中的非居民税收相关政策法规依然沿用20世纪70年代末期制定的文件,新的税收政策还未出台,国内与国际的社会经济发展环境已经发生了天翻地覆的变化,现行的政策法规与目前国际和国内经济发展形势和税收发展形势有不匹配、不适应、不协调的地方,建议修改和完善与目前国际和国内经济发展形势和税收发展形势不匹配、不适应、不协调的政策法规,使之能够较好地匹配、适应、协调目前的国际和国内经济和税收发展形势。

二 进一步完善国内实体法关于非居民税收管理的政策规定

提高立法级次,统一立法口径与标准,统一不同税法对同一概念的不同或相互交叉重叠的定义或表述,尽量减少或避免随意以规范性文件的形式修订税收法规和规章的行为。

第一,要统筹处理好税收协定与香港、澳门签订的税收安排、国内法中涉及非居民企业的相关税收政策之间的关系。第二,随着我国经济的持续平稳发展(就经济规模而言,中国成为世界第二大经济体),经济结构调整和

改革开放的不断深入,中国很多领域都更加开放,中国也成为近年来知名跨国公司的投资热点,在我国投资的国际知名企业数量也在不断增多。特别是十八届四中全会之后,这个趋势不仅在北京、上海、广州等一线城市十分明显,在二线城市和三线城市也不断凸显,在税制改革及税收协定的修改中要考虑到这个趋势。第三,针对新问题出台新办法。目前,随着我国对外开放的不断深入,特别是加入 WTO,我国对外资开放的领域不断扩大,国外的投资规模也呈不断增长趋势,非居民税源也不断增多,税收征管中会不断遇到新问题、新情况,比如中外双方合作开采资源、设计、咨询、教学通过网络完成,按照目前的税收协定条款规定,属于免税范围,建议修改相关条款,使上述这些非居民企业税收业务纳入非居民企业的征税范围。

三 进一步完善国内程序法关于非居民税收管理的政策规定

以税收法律形式明确外汇管理部门、教育部门、文化部门、金融部门、证券部门、公安部门等各相关职能部门的法定配合义务,在税收信息的提供中应承担的义务以及未按法律规定保质保量地履行法定义务应承担的法律责任。

四 通过数字经济手段加强非居民税收遵从度和管理技术

数字经济在商业和制造业领域不断创新商业模式,非居民税收管理对数字经济也要有相应的创新模式。税务机关可以运用互联网技术完成税收预缴、网上缴税等服务。最新的数字技术区块链技术可以帮助税收部门收集和记录企业交易数据,收集分散的网络大数据。区块链公共分类的账户可以记录税收的大容量信息,并且形成无法更改的证据链,保证税收信息的完整性和真实性,从而堵塞逃避税漏洞。

五 修订旧协定,谈签新协定

适时修订已经谈签的税收协定,并与相关协定国谈签新的税收协定。在修订旧协定、谈签新协定中,要注意以下三点:第一,根据 OECD 范本,借鉴国外先进经验,考虑我国非居民企业税收管理的实际情况,使修订后税收协定的相关条款能够更好地保护我国非居民企业税收管理的税收管辖权和税收利益;第二,在与我国居民企业主要投资国谈签新的税收协定过程中,要坚持贯彻实施"走出去"战略，维护"走出去"企业的相关税收利益；第三，要统筹好国内法与国际法的关系，在国内法中做出与协定的原则、政策取向基本一致的条款解释，并有较强的可操作性。

随着我国经济持续平稳发展，经济结构的调整和改革开放的不断深入，近年来，在我国投资的国际知名企业数量也在不断增多，特别是十八届四中全会之后，这个趋势不仅在北京、上海、广州等一线城市十分明显，这个趋势在二线城市和三线城市也在不断凸显。然而，我国的非居民企业税收制度与目前我国的经济形势和经济发展趋势有不匹配、不适应、不协调的地方，在修订旧协定、谈签新协定及完善国内法中与非居民税收管理相关的税收政策时，修改和完善与目前我国的经济形势和经济发展趋势不匹配、不适应、不协调的地方。

总之，强化正式约束应达到：修订税收协定，谈签新税收协定，完善国内法税收法律法规体系，改变税收制度的内涵与外延，改善整个非居民企业税收体系，使之与目前的非正式约束适应，与实施机制相匹配，保证国家能以较低的成本获取最大的非居民税收收入，提高非居民税收征管质量。

第二节　完善组织管理体制

数字经济的快速发展，为非居民税收管理水平的提升提供条件。加强国际合作，如通过情报交换取得非居民企业征管信息。利用数字信息为非居民税收征管提供服务。数字信息可以为数字经济服务，同时也可以为非居民税收征管提供服务。国家税务总局可以与公安部门、外汇管理部门、大型网络公司交换信息为非居民税收征管服务，以此应对数字经济对现代非居民税收的挑战。解决与非居民客户进行交易时的预提所得税征收难题，借鉴美国实践，应用软件对境外数据化产品销售商以在线销售方式对境内消费者销售数据化产品课征销售税。加强培养适应数字经济发展的现代化税收征管队伍，培养一支适应数字经济发展，具有现代化思维和国际视野的税收征管队伍。

主要包括提升复杂事项应对层级、探索跨区域集中风险管理、合理设置岗位职责、探索新型工作模式、优化专业人员配置五方面的内容。目的是通过合理配置各级国税机关国际税收管理工作职能和专业人员，完善专业团队和跨区域协作工作模式，提高国际税收管理水平和管理能力，形成上下联动、左右结合、内外互通、优势互补的国际税收立体化管理格局，具体来讲包括以下几方面。

（1）提升复杂事项应对层级。进一步上移国际税收管理权限，做实做强省、市两级税务机关。在不改变涉税基础事项属地管理、不改变税款入库级次的前提下，将跨境税源风险分析及应对、特别纳税调整（反避税）等复杂涉税事项提升至省局、省辖市局直接管理。

（2）探索跨区域集中风险管理。省局及企业集团总部所在地税务机关牵头开展集团内全部企业国际税收风险管理工作，集中分析、监控重大跨境税源，统一进行风险应对，统一开展反避税调查。

（3）合理设置岗位职责。进一步明确和理顺省局、省辖市局和县（市、区）局国际税收管理职责。省局除负责指导、统筹全省国际税收管理工作，还要负责全省国际税收风险分析、反避税任务管理及重大反避税案件调查等工作；省辖市局主要负责本市跨境税源风险管理、"一带一路"税收服务与管理、反避税调查、情报交换等工作；县（市、区）局应设置专门的国际税收岗位；基层税源管理部门应及时报告跨境税源与反避税案源线索。

（4）探索新型工作模式。进一步强化国际税收团队工作模式，抽选各地业务骨干组建非居民税收管理与税收协定执行、特别纳税调整（反避税）、"走出去"企业税收服务与管理、征管协作与外语服务等专业团队，采取"集中＋分散"方式开展相关工作。建立国际税收工作团队制度，厘清团队与各级税务机关职责。试行专项工作"项目负责制"，分工协作、有所侧重、以点带面地开展各项工作。

（5）优化专业人员配置。将具有较高业务能力、英语水平、计算机水平的专业人才充实到国际税收岗位。税务部门增加一定数量的国际税收专业人员专门从事反避税、风险分析应对和信息化工作；省辖市局和县（市、区）局根据外向型经济发展和跨境税源分布情况，配备与工作任务相适应的专业人员从事国际税收工作。加强后备骨干力量培养储备，在全国国税系统选拔有潜力的年轻干部充实到省级税务机关现有国际税收人才库中。采取"引进来、走出去"、案例教学、实战锻炼等方式，做好国际税收人才的培养和安排工作。

第三节　发挥非正式约束的作用

在非居民企业税收领域中，纳税意识和税收环境等非正式制度与正式制度要同步，否则就会造成非正式制度与制度供给的不相容和不匹配，增大交易成本。针对我国非居民企业税收环境改善中存在的问题，笔者认为应充分发挥非正式制度的效应、改善非居民企业税收领域非正式约束与非居民企业税收制度供给不匹配、不相容的状况，以降低交易成本，防止非居民企业纳税人税款外流。

一 树立税收全局观和国际税收视野

税务部门的宣传标语概括得很好："统筹国际国内两个大局，兼顾境内境外两块税源，强化内税外税两项征管，坚持科学和谐全面发展"。做税收工作不仅要盯住国内税收，还要抓住境外税收，而且随着我国"走出去"企业的不断发展壮大，境外税源还会越来越大，我们必须学会"两手抓，两手都要硬"。

二 税务机关应提高管理意识，转变管理理念

要加强对税务机关内部的宣传与培训，提高基层国际管理人员的认识，提高管理人员的积极性、主动性、管理能力和服务能力。第一，应从国家税收主权的角度提高认识。非居民企业税收的税收管理属于非居民企业税收管理的范畴，非居民企业税收管理涉及非居民企业税收关系，非居民企业税收关系又涉及我国经济主权和税收主权，关系到我国国家利益，关系到国与国之间的税收利益分配关系，关系到国际关系与国际形象等重大问题。因此，国际税收管理人员在实施非居民企业税收的税收管理时，各级税务人员决不能因为非居民企业税收的入库税款税额较小、征管难度大而掉以轻心，而应树立外事无小事的意识，加强非居民企业税收的税收管理、防范非居民企业税收流失有利于维护国家税收主权的意识，增强国家税收的主权意识、使命感和责任心。第二，应从经济全球化的角度转变观念。税务人员意识到国际投资的潜在增长规模、潜在投资领域与潜在增长趋势，意识到非居民企业税收的潜在增长点，意识到加强国际税收管理必须适应经济全球化的客观要求。第三，应从税收管理的角度转变观念，用开放和发展的眼光看非居民企业税收，意识到任何居民企业都有可能成为非居民企业纳税人税源信息提供者和潜在税款扣缴者；意识到我国的居民企业不仅是居民企业税收的纳税人，也是非居民企业税收的扣缴义务人和非居民企业税收的潜在协管者，因此应在更新非居民企业税收管理理念的基础上强化非居民企业税收的管理措施。

三 进一步提高服务非居民企业意识

只有充分了解非居民企业的愿望与要求,才能够更好地为非居民企业提供纳税服务。作为纳税人,最希望的是到税务机关办税是简单的、方便的、高效的、快捷的。因此,应将纳税服务贯穿于税收征管的各个环节:在内容上,包括税收信息服务、纳税程序性服务、纳税环境服务、纳税救济服务;在形式上,包括通过出版物、电话、媒体、通信、互联网进行服务。通过各种有效的手段了解纳税人的需求,提高纳税服务水平和征管质量和效率。思想是行动的先导,要切实提高纳税服务质量和效率,最首要的是要增强并进一步改进纳税服务意识:一是要认识到提高纳税服务质量和效率是税收征管的需要。税收征管的对象是纳税人,没有良好的服务体系作保障,没有广大纳税人的积极配合,就不可能提高征管质量和效率;二是要认识到提高纳税服务质量和效率是依法治税的需要,只有通过为纳税人提供良好的服务,才能促进纳税人更好地学法、知法、懂法,进而更好地用法、守法,增强依法纳税的意识;三是要认识到提高纳税服务质量和效率是实现税务机关职能的需要,纳税人是纳税主体,更是税务机关的服务客体,只有更接近纳税人,帮助纳税人,想纳税人所想,急纳税人所急,做纳税人所需,才能更好地履行为纳税人服务的宗旨。

四 提高纳税人的纳税意识和扣缴义务人的扣缴意识

通过政策宣传与依法行政相结合的方式,提高合作外方的纳税意识和中方教育机构的扣税意识,具体应做到以下几点。

第一,中方教育机构的财务部没有专设负责非居民企业税收扣缴岗位,也缺乏专门从事该项工作的专业人员,外方教育机构派驻中国的工作人员也缺乏这方面的专业知识,因此在纳税登记、资料备案、纳税申报、汇算清缴中都存在这样或那样的问题或困难。因此针对上述情况,税务机关在加强对中方教育机构与合作外方纳税人日常税法宣传的同时,注重税法宣传的针对性,强化对税收新政策的宣传辅导,并充分利用各种渠道和手段广泛宣传税法和政策,加大宣传覆盖面,通过国地税系统联合建立的办税服务厅、网络平台、12366纳税服务热线、广播、电视、政策宣传册等载体向中方教育机构与合作外方提供纳税指南,公布最新的国际税收法律法规,提供解读、辅导式税法宣传，或定期举行政策发布会，加强相关人员的培训，帮助中方教育机构与合作外方全面深入地掌握国际税收政策，从根源上消除他们"无须进行非居民与扣缴义务人的税务登记、无须进行税种登记、无须进行扣缴申报、无须进行汇算清缴"的想法，使合作外方树立依法纳税的意识并及时准确地履行纳税义务，使中方教育机构树立依法扣缴税款的意识并及时准确地计算税款和履行税款扣缴义务。

第二，由于对非居民企业税收合作外方的税收管理从很大程度上要依赖境内教育机构的合作，因此应把政策宣传与业务辅导的重点放在的境内教育机构上，在境内教育机构签订相关合作办学协议时，主动及时地提供合作外方知识辅导，增强境内教育机构对非居民国际税收的敏感性，帮助境内教育机构在涉税条款的谈判中维护自身权益，明确划分双方的纳税责任，增强境内教育机构运用税法维护自身利益和国家权益的意识和能力。

第三，对于非居民企业业务较多、对外交往较为频繁的重点合作办学机构与合作办学机构项目，税务机关要与其财务人员、办税人员和相关业务人员通过QQ纳税服务群、纳税服务电子邮箱等建立定期联系制度，并对其财务人员、办税人员和相关业务人员在应缴纳的税种、应纳税额的计算方法步骤、业务洽谈与合同签订应注意的涉税事项等方面提供税收咨询，及时帮助纳税人解答热点、难点问题。

第四，对了解相关国际税收政策，知法犯法的企业的税收违法行为进行严厉处罚。

五　提高税务机关的专业服务水平

根据我国国民经济发展状况，借鉴国外非居民企业纳税人纳税服务体系，建立适合我国国情、全国统一、操作性较强的非居民企业纳税人纳税服务机制。各国建立和完善的经验值得我国借鉴：第一，应制定非居民企业纳税人服务制度，以制度形式明确服务人员的服务内容、服务方式、服务时限和服务标准，使服务人员自觉融入为纳税人服务的工作中，消除非居民企业纳税人的担忧和顾虑，以优质的服务赢取纳税人的支持与信任；第二，根据纳税人多方面、多层次的需求建立健全专业化的纳税服务机构，提供一站式、多方位、针对性强纳税服务，提高非居民企业纳税人及其利益相关人的纳税意识和对税法的认知程度；第三，树立"管理服务并重，以服务促管理，以管理提升服务"的服务理念；第四，开展多元化纳税申报服务制度建设，改善非居民企业纳税人的办税环境，切实帮助他们解决纳税申报和办理其他税收相关事宜过程中遇到的实际困难，让非居民企业纳税人及其利益相关人能够高效、便捷地纳税和办理其他税收相关事宜，降低纳税成本，提高纳税遵从度，使他们充分感受到纳税服务带来的便捷和高效。

六 推进信息化建设

一是建立信息服务系统。主要是加大税法宣传和税务咨询的力度，提供电话自动查询服务、手机短信查询业务，利用互联网等进行有针对性的税收辅导，帮助纳税人及时、完整、准确地掌握税法信息，了解如何履行纳税义务。二是建立程序服务系统。为纳税人提供多种简便、快捷的纳税申报方式和便利的纳税场所，如电子申报、银行网点申报、自助报税和库税银自动比对等。三是建立纳税人权益保护系统。利用现代信息技术，将税务机关的执法依据、执法程序、执法文件、执法责任、处罚结果通过网络或媒体向纳税人和社会公开，接受社会监督，保护纳税人的权益，使纳税人切实感受到自己的权利和地位，从而增强纳税意识，自觉依法纳税。四是建立纳税评估系统，对纳税人的纳税情况进行科学评估，从而针对不同类型的纳税人实施不同方式的管理和服务。五是建立纳税服务反馈体系，使纳税服务的效果及存在的问题及时反馈，为今后的工作提供依据。

七 借助中介机构为非居民企业纳税人提供服务

为了提高非居民企业纳税遵从度，除通过税务机关提供专业化的纳税服务外，还要借助于资深的税务师事务所、会计师事务所和民间纳税服务组织等社会化服务平台对境内居民企业和境外的非居民企业提供专业化的咨询、培训、引导和代理等服务，积极发展我国的税务代理业务，在纳税人中对税务代理的性质树立正确的认识，妥善处理税务机关与税务代理机构之间的关系，规范税务代理行为，统一收费标准，提高税务代理的服务质量，加快建立税务代理体系，提高纳税人申请税务代理的积极性，积极推进税务代理业务的发展。帮助企业防范和降低税收风险（在很多情况下，非居民企业、支付单位并不存在偷漏税的意愿，税务风险通常不是来自做假账或简单的账面差错，更多是因为没有建立企业内部控制和风险管理与风险防范体系）。借助中介机构的力量帮助非居民企业建立内部控制、风险管理与风险防范体系，使非居民企业能及时、准确、足额地上缴非居民企业的相关税款。

八　加强对国际税收管理人员培训

首先是加强税务机关内部人员的培训，主要包括居民认定及中国居民身份证明的出具、常设机构认定及管理、限制税率认定、税收管辖权判定及税收管理、境外税收抵免审核认定及管理、协定特殊条款的执行、资本弱化、避税港避税、受控外国公司避税等问题的调查与处理、研究制定税收协定执行的管理办法、对滥用税收协定的专项调查与处理、对本地区外国公司营业机构场所的税收管理、外国公司在中国未设立机构而有来源于中国所得的预提所得税管理、非贸易付汇及部分资本项下售付汇凭证的开具和管理、外国居民个人所得税税收管理、外国企业常驻代表机构征免税判定及其税收管理，以及对外国居民偷税问题的调查与处理等专业知识的培训，增强国际税收管理人员非居民企业纳税人涉税事项的发现能力和处理复杂国际税收事项的能力，建立一支能够满足现代税务代理需要的、高素质的干部队伍。

九　全面实施个性化服务

不同的非居民企业纳税人在纳税遵从度和服务需求上是不同的，不同的非居民企业纳税人在税收法制宣传、税务会计指导和日常管理等方面存在很大差异。税务机关不应同样地看待所有的非居民企业纳税人，而应该对非居民企业纳税人进行细分，通过全面评估非居民企业纳税人的状况，尽可能使每个非居民企业纳税人都能够得到他们需要的服务。同时，缩小需要重点管理的非居民企业纳税人规模，使有限的税务管理资源得到更公平合理的利用，使纳税服务在普遍化的基础上兼顾个性化，为纳税人提供个性化服务，以满足不同非居民企业纳税人的不同纳税服务需求，以便利用有限的资源实现更加有效的管理。

十　更有效地维护非居民企业纳税人的权利

增强纳税人的维权意识、更有效地维护非居民企业纳税人的权利有助于增强对法定税收义务的认同感，减少税收流失。同时，完善和强化纳税人权利也有助于税务机关发现损害非居民企业纳税人权利的行为，有助于改革与完善税务行政行为模式，督促税务机关依法行政、依法征收。有效地维护非居民企业纳税人的权利应该做到以下几点：一是修订目前非居民企业纳税人制度与非居民企业纳税人办法中可能损害非居民企业纳税人权利的条款；二是在省工商联合会设立非居民企业纳税人权益维护中心，各级税务机关相应设立联络室，并在各行业协会、商会建立联络员，选聘联络员为非居民企业纳税人营造健康、良好的税收环境；三是通过工商联、行业协会、商会等权益代表对税务机关的维权工作实施有效监督与评价；四是加强部门之间的沟通合作、有效整合资源、拓宽维权通道，完善保护非居民企业纳税人的工作机制和监督机制，形成完整的纳税人权益代表制度，为非居民企业纳税人提供权益诉求的方便通道；有效推动非居民企业纳税人权益维护从依靠单一税务行政手段转向联动协调、社会管理的新方式，对非居民企业纳税人权益提供长期保障服务；五是加大宣传力度，增强纳税人维权的意识，使非居民企业纳税人自身的合法权益不受侵害。

第四节　促进实施机制的有效运行

在非居民企业税收领域中，税收征管技术和税收征管手段等实施机制的有效性是正式制度与非正式制度有效实施和运行的保障，否则会造成实施机制与制度供给的不相容和不匹配，增大交易成本，因此有必要进一步促进实施机制的有效运行。以下在前文对我国非居民企业税收领域实施机制的现状和发达国家的实施机制有效性的综合考察与分析基础上，提出了健全我国非居民企业税收征管机制、提高税收征管技术和税收征管手段的意见和建议。

一　建立健全新型的非居民税收竞合关系

一是强化征管。在全球税收竞争不断加剧的情况下，加强国际税源征管和反避税力度，实现价值创造地和税收征收地的统一，对维护国家经济主权和税收利益至关重要。一方面，从跨境税收制度改革角度，借鉴有关国家税收属地原则改革思路，对于来源于我国境外所得，可以考虑简化征收方法，放宽间接抵免的限制，以适应我国企业"走出去"和推进"一带一路"建设的需要。另一方面，随着我国对外投资规模逐年增长，对"走出去"企业海外收益的税收管理力度也必须随之加强。2018年9月，我国签署的《金融账户涉税信息自动交换多边主管当局间协议》实施后，我国将基本掌握中国居民企业和个人的全球所得信息，这意味着在全球税收透明时代来临之际，我国税收征管和反避税水平将有一个飞跃提升。

二是深化合作。首先，以推进"一带一路"建设为切入点，与沿线国家探索建立经济互利、税源共享、征管简便、公平合理的新型税收关系和税源分配原则，从而与特朗普"美国利益至上"的利己型税制改革形成强烈反差，增强我国在国际税收制度改革中的话语权。其次，充分运用我国参与的各种国际税收合作平台，进一步伸张代表我国和发展中国家的税收主张，打破西方国家在全球利润与税源分配中的垄断地位，形成有利于我国和发展中国家的国际税收多边机制。同时，与大力支持税收全球合作的国际组织和有关国家加强协作，积极推动国际税收新规则的制定，构建更加公平的全球税收协调机制。

三是加强协调。运用双边税收合作法律机制，维护我国"走出去"企业合法权益。截至2017年底，我国已与116个国家（地区）建立了包括避免双重征税协定、税收情报交换协定在内的双边税收合作法律机制，基本覆盖了我国主要投资来源地和对外投资目的地（其中"一带一路"沿线国家54个）。要进一步发挥我国在全球税收治理体系中的作用，逐步实现从国际税收规则体系的执行者、参与者到制定者乃至引领者的角色转变。履行国际税收征管协作义务，不断提高跨境税收征管水平。

四是防范风险。2017年6月，67个国家（地区）的政府代表在巴黎联合签署《实施税收协定相关措施以防止税基侵蚀和利润转移（BEPS）的多边公约》，一次性完成了1100多个税收协定的修订。这是近年来国际税收合作史上规模最大、范围最广的一次多边合作与协调，表明国际社会对加强合作防范避税达成高度共识。在这一大的国际背景下，要高度关注并着力防范我国企业"走出去"税收风险问题。一方面可以看到，特朗普税制改革有关反避税的举措，比如对利息费用实行税前限额扣除、将受控外国企业的无形收入纳入征税范围，以及开征反税基侵蚀税等，既是针对美国企业避税行为采取的监管措施，又是与BEPS行动计划相一致的。因此，我国"走出去"企业在美国、欧盟成员国等发达国家的投资和经营行为，要紧密跟进BEPS行动计划，进一步提高纳税遵从度，避免成为外国税务机关的反避税调查对象。另一方面，随着BEPS行动计划在"一带一路"沿线发展中国家的落地，由于这些国家往往税制不够健全，征管制度和执法水平参差不齐，前往这些国家投资的"走出去"企业，要自觉遵守东道国的税收法律与征管规定，关注税收行为的合规性。要通过加强我国税务机关对"走出去"企业的宣传咨询等服务措施，帮助纳税人懂得在遇到东道国不当税务调查时，及时向我国税务当局提出申请，启动两国税务主管当局间税务磋商机制，运用税收法律武器维护自身合法权益。

二 健全完善服务非居民企业体制

建立以纳税人服务为中心的税收工作模式，制定相应的法律法规，提高规范性文件的级别，并在其中对服务体系、办税服务厅、税务公开范围、开展纳税服务的指导思想等内容和税收服务的基本原则、组织机构、服务范围，特别是服务方式、服务标准、服务时限等做出明确规定。将现有的重征管、轻服务的征管模式，转变为重服务、重稽查的模式。既要考虑堵塞漏洞、强化管理，又要考虑简化程序、方便纳税人；既要监督纳税人依法履行纳税义务，又要充分尊重和保护纳税人的合法权益；既要坚持按规程办事，更要在减少环节、提高办税效率上取得实质性进展。这就要求我们建立现代的纳税服务体制：一是实现角色转变，加快由单纯执法者向执法服务者角色的转换；二是着眼于整体社会效益，用长远眼光去评估税收征管的成本与效率，同时使纳税人用最低的纳税成本获得最优的纳税服务；三是建立健全纳税服务评价体系，建立量化考核标准及有效的服务监督和责任追究机制，使纳税服务由形式上的服务转变为实质性的服务。简言之，在纳税人办理涉税事宜时都必须把"始于纳税人需求，终于纳税人满意"作为纳税服务工作的奋斗目标。

三 建立跨国境、跨部门的信息收集和共享机制

一是建立跨境税源信息定向收集、分析、推送和反馈制度，充分利用第三方信息提高跨境税源分析监控水平。借力 BVD、WIND 等国内外公开数据库、国内外政府部门官方网站等，查询搜集跨国公司境内外公开信息，拓宽跨境税源信息来源渠道。二是探索加强与省发展改革委、商务、外汇管理、工商、公安、文化等部门的协作配合，建立数据共享平台，实现信息互通、数据共享。三是对境内外涉税信息进行整合、梳理，将有关系统进行对接，形成国际税收管理"大数据"，提高信息综合利用质量。四是不断深化"走出去"企业基础信息管理。持续落实对外投资、所得报告相关制度，规范申

报管理，提升纳税遵从。不断完善"走出去"纳税人清册、管理台账和一户式档案，实施动态监控，加强数据比对，展现"走出去"纳税人全貌，在此基础上加强境外税收分析和管理。

四 将先进的信息化手段用于非居民企业纳税人税源监控中

强化国际税收管理信息支撑，包括建立跨国境、跨部门信息收集、共享机制，优化内部信息化管理手段，密切国地税合作与交流三方面的内容。目的是通过拓宽信息来源渠道，促进部门间涉税信息共享，完善工作机制，提高信息利用水平。建设完善管理和服务平台，全面提升国际税收工作信息化水平。

针对非居民企业的税收征管特点，结合金税三期管理决策平台的工作，优化内部信息化管理手段，丰富业务需求，优化系统功能。添加和完善金税三期管理决策平台及分析监控系统相关模块，把非居民企业的税务审计、纳税服务、税收收入分析等各环节纳入 CTAIS 的税收征管。运用全国国际税收工作管理平台，规范日常管理，提高工作效率。依托省局门户网站，建设包括政策法规、热点交流、媒体报道、服务"走出去"等内容的国际税收服务专栏。

构建一个功能强大的数据平台，使之不仅能够进行税收部门内部及税务部门和相关职能部门之间的涉税数据和信息的交换与共享，而且能够进行国内的非居民税收管理部门和国外的税务当局之间涉税数据和信息的交换与共享，特别是关于非居民企业纳税人利润信息的交换与共享，对于相关的电子数据数据采集、接收、管理、分析与利用。利用数据挖掘技术从大量数据中提取或发现（挖掘）有用信息，从数据集中识别对税收征管有用的信息，服务于非居民税收管理，减少非居民税收流失，而且这样可以更好地保护中国（目前的世界投资热点和外国直接投资不断增长的国家）的国家权益和税收管辖权。该数据平台还可以使非居民企业税收管理部门获取非居民企业的利润信息，在对非居民企业税收征收管理和稽查中能够有的放矢，采取有效行动防范非居民企业在不同国家和地区之间的转移，防范非居民企业税收在我国的流失。

五 提升跨境税源监管效能

提升跨境税源监管效能包括加强跨境税源发现与监控、强化跨境税源风险管理、提高反避税工作质效三方面的内容。通过加强信息收集，创新管理手段，加大调查力度，强化跨境税源基础管理、风险分析和应对，提高跨境税源监管效能，有效维护国家税收权益。积极借鉴国外税源监控的有效做法和经验，结合我国跨境税源特点，全面利用关联申报、对外支付税务证明、信息互通等措施，按照跨境税源的不同类别、纳税人所处行业、纳税额度、信用等级实行分类管理，并同时结合非居民企业税收结构的特点对非居民企业纳税人的具体情况实施源头监控与过程监控，建立全方位、多角度的系统性国际税源监控机制，实现对国际税源的有效监管。对于境内企业或单位向境外非居民企业纳税人支付款项的，则应通过对境内企业或单位源泉控管实现对境外非居民企业纳税人的税收监管；对于非居民企业纳税人在境内承包工程和在境内提供劳务的，可由外国企业自行或委托境内支付人应自合同签订之日起30日内向项目所在地税务机关办理或代为办理税务登记；对于纳税额度较小、信用等级较低、业务频率发生较低的非居民企业纳税人按一定的标准收取纳税保证金，确保这部分非居民企业税收及时、足额入库；对于有支付数额较大的承包工程项目的境内企业和境内单位，建立重大项目和特定业务的登记备案制度；对于对外支付款项，则应实施事前税收认定、事中过程监控和事后跟踪管理的税源控管方法；对于股权发生重大调整和重大变更涉及非居民税收收入的信息要重点关注；对于税收收入分析中有重大疑问的非居民企业要重点关注；对于外国企业代表处则通过设置税收预警指标实现税源监控，由于外国企业代表处具有相对比较稳定、活动内容也比较类似的特点，通过预先设定的预警指标对它们的经营状况进行对比分析，在分析中对于经营状况变动与税负变动较大的，则应列为监控管理重点；在跨境税源发现与监控中，还应加强非居民税收管理与居民税收管理的互动。非居民税源的存在离不开居民税收的管理，只有促进非居民税收管理与居民税收管理间互通信息、相互衔接，才能善于在协同管理中发现和堵塞跨境税源征管漏洞。

六　有效解决管理权力过分集中的问题

在非居民企业税收管理中，完善非居民企业税收管理规程，进行比较彻底的权力分离，科学设置岗位，优化工作流程，实行不同管理岗位之间的相互监督与权力制约，有效解决管理权力过分集中的问题。这样不仅有助于目前非居民企业税收管理岗的工作人员从繁杂的事务中解脱出来，对非居民企业税收管理的重点工作管好、管细，而且利于非居民企业税收的精细化和专业化管理，使管理工作更有效地开展，还有利于保护非居民企业税收管理人员。

七 对非居民企业纳税人实施等级管理

我国在实施非居民企业税收管理中，借鉴日本和韩国先进的非居民企业纳税人纳税信用等级征管制度，考虑我国非居民企业税收征收管理的实际状况，对不同的非居民企业纳税人按照纳税信用等级实施征收管理。在实施非居民企业税收管理过程中，首先要由国家税务总局根据我国非居民企业税收征收管理的实际状况，制定非居民企业纳税人纳税信用等级的评定标准、评定机制和操作性较强的工作流程，设立科学的评定指标和参数；其次，基层国际税务管理部门根据国家税务总局制定的标准和实施程序对非居民企业纳税人进行等级评定，并报送上一级国际税务管理部门备案；再次，税务机关要根据非居民纳税人的具体税收征管情况对非居民企业纳税人进行分类、分级的税收专业化管理；最后，密切关注非居民企业纳税人各种指标和参数的变化，及时调整和重新确定非居民企业纳税人纳税信用等级，并注意及时修改和报送备案资料。

八 充分发挥社会资源的作用，防止税款外流

在当前的纳税服务体系中，社会整体资源没有得到充分的利用，中介服务的作用并未充分发挥。西方国家充分利用社会资源为纳税人服务，彻底改革税收征管模式，把税款实际交纳工作交由银行负责，使税务干部能够集中精力管理信息而不是现金。应该积极借鉴各国经验努力做到以下几方面。一是要建立健全相关法律，从立法层面保证非居民企业涉税信息在各职能部门之间的有效传递，保证外汇管理部门、教育部门、文化部门、金融部门等部门之间的有效信息传递与共享，以税收法律形式明确各相关职能部门的法定配合义务、在税收信息的提供中应承担的义务以及未按法律规定保质保量地履行法定义务应承担的法律责任。二是加大社会宣传力度，改变社会中"纳税服务只是税务部门的义务和工作，与其他人没有多大关系"的错误观念。三是打破传统的部门信息壁垒与信息沟通阻隔，加强各部门之间的协调配合，建立联席会议、联络沟通、每周例会、发布共

享平台统一的信息等制度，建立国地税税收联合征管办公室，构建信息化协税护税网络，对热点行业、重点税种、难点税源进行联合征管，注重信息在各部门之间的流动、交换和有效传递；加强与外汇管理部门的信息交换与对比分析，查找税收征管薄弱环节，防止税款流失；加强与商检、海关、公安出入境、外汇管理等部门的信息交换和沟通与配合，交换非居民企业纳税人承包工程和提供劳务信息，及时掌握进口设备入关、运输、安装、结算等方面的相关信息，从源头上把好人流、物流与资金流三个关口；通过各种不同渠道采集的非居民企业税收相关信息与数据的对比分析，动态掌握基业经营状况，加大对非居民企业纳税人税源的监管力度，防止税款外流。四是税务基层部门有效配合并获取非居民企业涉税信息，并进行非居民企业税收的监控管理。

九 健全非居民企业纳税人管理机构

非居民企业税收征管的复杂性、隐蔽性为国际税收管理提出了极高的要求，不仅要保证税款的应征尽征，而且要保证税收征管的严密，尽量减少和避免国际税收争端的发生。因此，应对非居民企业的实际税收征管情况，因地制宜地对不同的非居民企业纳税人实施专业化税收征管，配备责任心强、业务能力强、工作经验丰富的高素质管理人员，实施科学的管理与服务模式，具体负责非居民企业的调查核实、信息采集、评估分析、纳税辅导、解决非居民企业的日常税收管理工作和专业化服务，使管理与服务效能和质量同时得到大幅度提升，并使非居民企业税收遵从度能够明显提高，非居民税收管理成本明显下降。

十 提升非居民企业税收管理人员素能

针对非居民企业税收管理的政策性与专业性强的特点，增强和提高管理人员的专业能力是改进非居民企业纳税人管理的重要环节。提升非居民企业税收管理人员素能，要做到以下几个方面。一是建立专业化管理团队，针对非居民企业税收管理特点和需要，把现代化、专业化、高素质的，具有"三师资格证"（注册会计师、注册税务师、经济师）的税务专业高级人才安排在非居民企业税收管理岗位，承担行业监控分析与各项税源管理任务，为非居民企业税收专业化管理提供人力保障。二是采取"走出去，请进来""全面培训与重点培养"等措施对管理人员进行业务知识更新培训，建立高素质、专业化的大企业税收管理队伍，为加强非居民企业纳税人税源监控提供人才保障。三是引入激励机制，激发非居民企业税收管理人员工作热情,通过实施"能者优先"制度提高大企业税收管理人员职级待遇。四是建立非居民企业税收管理人员档案,合理评价工作业绩的同时,保持管理人员队伍的相对稳定性。

十一 提高非居民企业税收审计工作质量

非居民企业纳税人税务审计的目的是帮助非居民企业纳税人降低和化解纳税风险,税务审计查出来的税款只需补缴即可,税务稽查不同于税务审计,是查处税收违法行为,查出来的税款不仅要补缴入库,非居民企业纳税人还要接受相应的税务处罚,税务处罚的轻重要视税收违法行为的严重程度而定。从税务审计与税务稽查的职能来看,税务审计比税务稽查更容易让非居民企业纳税人接受,更有助于增强非居民企业纳税人的纳税意识,提高非居民企业纳税人的纳税遵从度。因此,在非居民企业税收管理中,某种程度上讲非居民企业纳税人税务审计比非居民企业纳税人税务稽查的应用更加广泛、实施的效果更好。

在非居民企业税收审计中借鉴美国和香港的先进做法,结合目前审计的实际现状,充分发挥非居民企业税收管理人员的积极性,并借用会计师事务所、税务师事务所、税务中介机构等社会中介的力量,联合地税部门根据平时掌握的管理信息筛选可能存在偷、抗、骗、避税、税收筹划的重点非居民企业纳税人实施跨地区、跨税种的税务联合审计,解决非居民企业税收审计人手紧缺的问题;在实施非居民企业纳税人税务审计中,运用先进的计算机审计技术和互联网技术获取非居民企业纳税人信息、实现审计案件的筛选,并运用计算机技术进行数据的记录、筛选、计算、审核和比对分析,有助于提高审计问题发现的准确率,提高审计问题的处理速度,提高非居民企业税收审计的整体工作质量和工作效率。

综上所述,跨国税源管理是一个全局性的、复杂的、牵涉多方利益系统工程。目前我国的跨国税源管理工作正处于从量变到质变的攻坚阶段,这就需要结合非居民企业税收征管的特殊性及其运行规律,按照可持续发展理论和科学发展观的要求进行综合治理。

第九章 结论

加强跨国税源管理，防范非居民企业税收流失，不仅是我国实施对外开放基本国策的重要内容，而且是我国更好地维护和行使税收管辖权、维护国家主权、实施非居民企业税收专业化管理、参与国际税收分工的重要体现。

从政府层面上，防范非居民企业税收流失，加强国际税源管理理顺了税源管理机制，进一步提高了管理效率，增加政府财政收入，做好政府收入的"加法"；从企业层面上，防范非居民企业税收流失，加强国际税源管理有利于降低企业经营成本，提高企业效能，做好企业成本的"减法"；从社会层面上，防范非居民企业税收流失，加强国际税源管理进一步加强了国际合作与发展，为进一步推进国际经济的发展起到积极的推动作用，做好国际协作，实现和谐共享的"乘法"；从管理层面上，防范非居民企业税收流失，加强国际税源管理，为企业"松绑"，为市场"腾位"，有利于优化营商环境，在提高服务质量上做好"除法"。

本书立足于维护国家税收主权的大政方针、社会整体与社会转型、经济结构调整和深化改革开放的现实，从新制度经济学视角审视防范和治理非居民企业税收流失问题，采取规范的研究方法，运用制度经济学的基本观点和理论分析框架，同时运用法学、管理学等跨学科知识，对跨国税源管理进行影响因素分析和典型案例剖析，从制度经济学的视角看，我国跨国税源管理方面存在三个亟待解决的问题：一是正式约束方面的问题，如税收法律体系不健全；二是非正式约束方面的问题，如非正式约束因素与制度变迁要求不适应；三是实施机制方面的问题，如管理手段较落后，行政资源配置不合理等。

本书具有较强的理论意义和实践意义，主要表现在以下几点：第一，从新制度经济学视角审视我国非居民企业税收流失问题，可以为我国治理国际税收流失的制度建设和财税体系改革与完善提供理论依据和实践指导；第二，研究不仅仅停留在治理我国非居民企业税收流失的层面，而是透过这些问题探讨政府公共权力的有效运行、国家制度能力建设和维护国家税收主权这些重大的政策问题，在主题升华的同时大大拓宽了研究的视野；第三，从制度、理念与环境、实施机制三个层面着手，研究我国跨国税源管理问题，既考虑文化层面的问题，又考虑制度层面的问题；既关注改革价值等原则问题，又关注改革路径等技术问题，从而使理论的探讨不流于空疏，使制度设计不流于轻率。

本研究的不足之处有以下两方面。第一，由于国际税务部门自身的利益保护意识比较强，加之人们在思想意识上缺乏对防范和治理非居民企业税收流失问题研究的重视，因此从客观因素来讲，较难获得工作报告所需的数据、资料。这使本研究对跨国税源管理问题的实证分析依然比较薄弱，在一定程度上也影响了对防范和治理非居民企业税收流失问题及加强跨国税源管理问题的深入分析、探讨和研究。第二，由于防范和治理非居民企业税收流失问题研究在我国长期以来缺乏重视，防范和治理非居民企业税收流失问题的相关数据和资料涉及部门利益，完成工作报告所需的数据资料（尤其是重要数据）的调查、获取与收集存在较大难度。这在一定程度上局限了工作报告的实证研究，致使本工作报告对涉及加强跨国税源管理的机制变革、加强跨国税源管理的环境、跨国税源管理的实施机制的国际比较也缺乏深入探讨，有些方面难免以偏概全。在此基础上得出的一些结论、推论及政策建议仍有待于进一步研究和探讨，政策建议的可操作性也有待在工作一线的国际税收征管人员的实践中进一步验证。

附录一　非居民企业税收业务常见问题解答

一　什么是非居民企业？

非居民企业是指依照外国（地区）法律成立且实际管理机构不在中国境内，但在中国境内设立机构、场所的，或者在中国境内未设立机构、场所，但有来源于中国境内所得的企业。

非居民企业在中国境内设立机构、场所的，应当就其所设机构、场所取得的来源于中国境内的所得，以及发生在中国境外但与其所设机构、场所有实际联系的所得，缴纳企业所得税。

非居民企业在中国境内未设立机构、场所的，或者虽设立机构、场所但取得的所得与其所设机构、场所没有实际联系的，应当就其来源于中国境内的所得缴纳企业所得税。

二　非居民企业所得税税率？

非居民企业在中国境内设立机构、场所的，应当就其所设机构、场所取得的来源于中国境内的所得，以及发生在中国境外但与其所设机构、场所有实际联系的所得，缴纳企业所得税，税率为25%。

非居民企业在中国境内未设立机构、场所的，或者虽设立机构、场所但取得的所得与其所设机构、场所没有实际联系的，应当就其来源于中国境内的所得缴纳企业所得税，税率为20%，减按10%的税率征收企业所得税。

三　什么是源泉扣缴？

对非居民企业取得《中华人民共和国企业所得税法》第三条第三款规定的所得应缴纳的所得税，实行源泉扣缴，以支付人为扣缴义务人。税款由扣缴义务人在每次支付或者到期应支付时，从支付或者到期应支付的款项中扣缴。

扣缴义务人每次代扣代缴税款时，应当向其主管税务机关报送《中华人民共和国扣缴企业所得税报告表》及相关资料，并自代扣之日起 7 日内缴入国库。

四　指定扣缴企业所得税有什么相关规定？

1. 什么是指定扣缴？

对非居民企业在中国境内取得工程作业和劳务所得应缴纳的所得税，税务机关可以指定工程价款或者劳务费的支付人为扣缴义务人。

2. 什么情况适用指定扣缴？

《中华人民共和国企业所得税法》第三十八条规定的可以指定扣缴义务人的情形，包括：预计工程作业或者提供劳务期限不足一个纳税年度，且有证据表明不履行纳税义务的；没有办理税务登记或者临时税务登记，且未委托中国境内的代理人履行纳税义务的；未按照规定期限办理企业所得税纳税申报或者预缴申报的。

3. 谁构成指定扣缴义务人？

工程价款或劳务费的支付人所在地县（区）以上主管税务机关根据《境内机构和个人发包工程作业或劳务项目报告表》及非居民企业申报纳税证明资料或其他信息，确定符合《中华人民共和国企业所得税法实施条例》第一百零六条所列指定扣缴的三种情形之一的，可指定工程价款或劳务费的支付人为扣缴义务人，并将《非居民企业承包工程作业和提供劳务企业所得税扣缴义务通知书》送达被指定方。

扣缴义务人每次代扣的税款，应当自代扣之日起 7 日内缴入国库，并向所在地的税务机关报送扣缴企业所得税报告表。

五　非居民企业在中国境内承包工程作业或提供劳务是否需要税务登记？

非居民企业在中国境内承包工程作业或提供劳务的，应当自项目合同或协议签订之日起 30 日内，向项目所在地主管税务机关办理税务登记手续。

六　扣缴义务人需要怎样登记？

依照法律、行政法规规定负有税款扣缴义务的境内机构和个人，应当自扣缴义务发生之日起 30 日内,向所在地主管税务机关办理扣缴税款登记手续。

七 什么时候需要报送《境内机构和个人发包工程作业或劳务项目报告表》?

境内机构和个人向非居民发包工程作业或劳务项目的,应当自项目合同签订之日起 30 日内,向主管税务机关报送《境内机构和个人发包工程作业或劳务项目报告表》,并附送非居民的税务登记证、合同、税务代理委托书复印件或非居民对有关事项的书面说明等资料。

八 什么时候需要报送《非居民项目合同变更情况报告表》?

境内机构和个人向非居民发包工程作业或劳务项目合同发生变更的,发包方或劳务受让方应自变更之日起 10 日内向所在地主管税务机关报送《非居民项目合同变更情况报告表》。

九 什么时候需要报送《非居民项目合同款项支付情况报告表》?

境内机构和个人向非居民发包工程作业或劳务项目,从境外取得的与项目款项支付有关的发票和其他付款凭证,应在自取得之日起 30 日内向所在地主管税务机关报送《非居民项目合同款项支付情况报告表》及付款凭证复印件。

十 外国公司跨年度向我公司提供短期来华劳务的,是否要自行申报?

跨年度来华提供短期劳务,也应按照企业所得税法和 19 号令等规定自行申报纳税或由税务机关指定扣缴非居民的企业所得税。

十一 股息、红利等权益性投资收益扣缴时限是什么?

中国境内居民企业向未在中国境内设立机构、场所的非居民企业分配股息、红利等权益性投资收益,应在做出利润分配决定的日期代扣代缴企业所得税。如实际支付时间先于利润分配决定日期的,应在实际支付时代扣代缴企业所得税。

十二 合格境外机构投资者（QFII）如何扣缴税款？

合格境外机构投资者取得来源于中国境内的股息、红利和利息收入，应当按照企业所得税法规定缴纳 10% 的企业所得税。如果是股息、红利，则由派发股息、红利的企业代扣代缴。

十三 中国居民上市公司如何扣缴非居民股东的预提所得税？

在中国境内外公开发行、上市股票（A 股、B 股和海外股）的中国居民企业，在向非居民企业股东派发 2008 年度及以后年度股息时，应统一按 10% 的税率代扣代缴企业所得税。

十四 代扣代缴非居民企业增值税的规定有哪些？

1. 扣缴义务人：中华人民共和国境外（以下称境外）的单位或者个人在境内提供应税服务，在境内未设有经营机构的，以其代理人为增值税扣缴义务人；在境内没有代理人的，以接受方为增值税扣缴义务人。

2. 应税服务：在境内销售服务、无形资产或者不动产，是指服务（租赁不动产除外）或者无形资产（自然资源使用权除外）的销售方或者购买方在境内；所销售或者租赁的不动产在境内；所销售自然资源使用权的自然资源在境内；财政部和国家税务总局规定的其他情形。

3. 增值税税率：提供交通运输、邮政、基础电信、建筑、不动产租赁服务，销售不动产，转让土地使用权，税率为 11%；提供有形动产租赁服务，税率为 17%；境内单位和个人发生的跨境应税行为，税率为零；其他情况税率为 6%；具体范围由财政部和国家税务总局另行规定；增值税征收率为 3%，财政部和国家税务总局另有规定的除外。

十五 不需要代扣非居民增值税的情况有哪些？

答：根据《财政部、国家税务总局关于全面推开营业税改征增值税试点的通知》（财税〔2016〕36 号）附件 4《跨境应税行为适用增值税零税率和免税政策的规定》第二条规定，境内的单位和个人向境外单位提供的完全在境外消费的下列服务和无形资产，适用免征增值税政策，但财政部和国家税务总局规定适用增值税零税率的除外：①电信服务；②知识产权服务；③物流辅助服务（仓储服务、收派服务除外）；④鉴证咨询服务；⑤专业技术服务；⑥商务辅助服务；⑦广告投放地在境外的广告服务；⑧无形资产。

十六　代扣非居民增值税的计算的两种情况是什么？

1. 如国外公司承担税费，直接计算增值税、城建及附加即可，增值税：支付费用×汇率/1.06×6%，城建及附加：增值税×（7%+3%+2%），汇出金额：支付费用×汇率－增值税－城建及附加。

2. 如境内企业承担税费，增值税：支付费用×汇率/［1－6%×（7%+3%+2%）］×6%，城建及附加：增值税×（7%+3%+2%），汇出金额：支付费用×汇率。

十七　非居民承包工程作业和提供劳务具体项目是什么？

承包工程作业根据《非居民承包工程作业和提供劳务税收管理暂行办法》第三条规定，是指在中国境内承包建筑、安装、装配、修缮、装饰、勘探及其他工程作业。

提供劳务根据国家税务总局令第19号规定，是指在中国境内从事加工、修理修配、交通运输、仓储租赁、咨询经纪、设计、文化体育、技术服务、教育培训、旅游、娱乐及其他劳务活动。

十八　非居民企业在什么情况下需要核定征收企业所得税？

因会计账簿不健全，资料残缺难以查账，或者其他原因不能准确计算并据实申报其应纳税所得额的，税务机关有权按规定方法核定其应纳税所得额。

十九　非居民企业核定征收企业所得税的三种情况是什么？

1. 按收入总额核定应纳税所得额：适用于能够正确核算收入或通过合理方法推定收入总额，但不能正确核算成本费用的非居民企业。计算公式如下：

$$应纳税所得额 = 收入总额 × 经税务机关核定的利润率$$

2. 按成本费用核定应纳税所得额，适用于能够正确核算成本费用，但不能正确核算收入总额的非居民企业。计算公式如下：

$$应纳税所得额 = 成本费用总额 / (1 - 经税务机关核定的利润率) \\ \times 经税务机关核定的利润率$$

3. 按经费支出换算收入核定应纳税所得额：适用于能够正确核算经费支出总额，但不能正确核算收入总额和成本费用的非居民企业。计算公式如下示：

$$应纳税所得额 = 经费支出总额 / (1 - 经税务机关核定的利润率) \\ \times 经税务机关核定的利润率$$

二十　非居民企业的利润率标准如何确定？

1. 从事承包工程作业、设计和咨询劳务的，利润率为15%~30%；
2. 从事管理服务的，利润率为30%~50%；
3. 从事其他劳务或劳务以外经营活动的，利润率不低于15%。

税务机关有根据认为非居民企业的实际利润率明显高于上述标准的，可以按照比上述标准更高的利润率核定其应纳税所得额。

二十一　什么是"受益所有人"？

"受益所有人"是指对所得或所得据以产生的权利或财产具有所有权和支配权的人。"受益所有人"一般从事实质性的经营活动，可以是个人、公司或其他任何团体。代理人、导管公司等不属于"受益所有人"。

二十二　什么是"导管公司"？

导管公司是指通常以逃避或减少税收、转移或累积利润等为目的而设立的公司。这类公司仅在所在国登记注册，以满足法律所要求的组织形式，而不从事制造、经销、管理等实质性经营活动。

二十三　非居民纳税人享受协定待遇需要备案的情况有哪些？

非居民需要享受以下税收协定条款规定的税收协定待遇的，在发生纳税义务之前或者申报相关纳税义务时，纳税人或扣缴义务人应向主管税务机关备案：①税收协定常设机构以及营业利润条款；②国际运输条款；③税收协定股息条款；④税收协定利息条款；⑤税收协定特许权使用费条款；⑥税收协定财产收益条款。

二十四 对非居民纳税人享受协定待遇事后管理重点在哪？

各级税务机关应加强对非居民纳税人享受税收协定待遇的事后管理，应对非居民纳税人提交的享受协定待遇相关申报信息、报告表和资料进行抽查，审核非居民纳税人是否符合享受协定待遇条件，抽查对象应重点涵盖来自实际税率较低的国家（地区）、信用不良或享受协定优惠金额较大的非居民纳税人，防范协定滥用和税收流失风险。

二十五 对非居民纳税人享受协定待遇事后管理抽查比例是多少？

1. 县（市、区）局应于季度终了3个月内对本辖区该季度非居民纳税人享受税收协定股息、利息、特许权使用费或财产收益条款待遇的情况进行抽查，同一条款的抽查比例不低于该季度享受该条款待遇非居民纳税人户数的30%。

2. 县（市、区）局应于季度终了6个月内对本辖区该季度非居民纳税人享受税收协定其他条款待遇的情况进行抽查，同一条款的抽查比例不低于该季度享受该条款待遇非居民纳税人户数的10%。

二十六 什么是"走出去"企业？

"走出去"企业是指具有以下行为的居民企业：①通过新设、并购及其他方式在境外拥有企业或取得既有企业所有权、控制权、经营管理权及其他权益的居民企业；②在境外承包工程的居民企业；③在境外设立分支机构的居民企业；④在境外开展其他经营活动或取得所得的居民企业。

二十七 "走出去"企业境外投资和所得信息应报送哪些报表？

居民企业依据《国家税务总局关于居民企业报告境外投资和所得信息有关问题的公告》（国家税务总局公告2014年第38号）的要求应当申报的信息。本项信息对应的信息申报表主要有《居民企业参股外国企业信息报告表》、《受控外国企业信息报告表》、外国企业财务报表。

二十八 "走出去"企业境外所得纳税申报和抵免需要报送哪些报表？

居民企业按照我国所得申报和境外税收抵免的有关要求应当在年度所得税汇算清缴时申报的境外所得信息。本项信息涉及的信息申报表主要有企业所得税年度纳税申报表（以 2014 版为例）主表、附表 A108000《境外所得税收抵免明细表》、附表 A108010《境外所得纳税调整后所得明细表》、附表 A108020《境外分支机构弥补亏损明细表》等。

二十九 "走出去"企业税收抵免指南什么？

对于"走出去"企业的境外所得税收抵免，应根据税法和《财政部 国家税务总局关于企业境外所得税收抵免有关问题的通知》（财税〔2009〕125 号）的规定，国家税务总局《关于发布〈企业境外所得税收抵免操作指南〉的公告》（国家税务总局公告 2010 年第 1 号），指导企业进行税收抵免操作。

三十 如何开展"走出去"企业税收管理和服务？

1. 服务与管理有机结合。税务机关要加强和规范境外投资企业管理，帮助企业防范税收风险，促进企业境外投资健康发展。

2. 掌握基础信息。税务机关要通过各种渠道了解本地区企业在境外投资的情况，建立企业境外投资信息档案，并及时更新，为做好税收服务与管理打好基础。

3. 完善征管措施。税务机关要进一步加强对"走出去"企业的纳税登记、境外所得申报、税款缴纳和抵免、关联交易申报、转让定价调整和同期资料准备的税收管理，同时引导企业自觉遵守投资目的地国家或地区的法律法规，防范国内和国外的税法遵从风险。

4. 政策执行到位。税务机关要切实执行促进企业境外投资的有关税收政策，特别是关于境外所得税收抵免和进出口退税等方面的规定，规范具体操作规程，增加确定性，减轻企业税收负担。

附录二 非居民企业税收相关法规汇编

1. 国家税务总局关于印发《中华人民共和国非居民企业所得税申报表》等报表的通知 ················ 173
2. 财政部 国家税务总局关于非居民企业征收企业所得税有关问题的通知 ················ 174
3. 国家税务总局关于中国居民企业向境外 H 股非居民企业股东派发股息代扣代缴企业所得税有关问题的通知 ················ 175
4. 国家税务总局关于外国政府等在我国设立代表机构免税审批程序有关问题的通知 ················ 176
5. 国家税务总局关于非居民企业船舶、航空运输收入计算征收企业所得税有关问题的通知 ················ 177
6. 国家税务总局关于印发《非居民企业所得税源泉扣缴管理暂行办法》的通知 ················ 178
7. 非居民企业所得税源泉扣缴管理暂行办法 ················ 179
8. 国家税务总局令第 19 号 ················ 184
9. 非居民承包工程作业和提供劳务税收管理暂行办法 ················ 185
10. 国家税务总局关于印发《非居民企业所得税汇算清缴管理办法》的通知 ················ 192
11. 非居民企业所得税汇算清缴管理办法 ················ 193
12. 国家税务总局关于印发《非居民企业所得税汇算清缴工作规程》的通知 ················ 196
13. 非居民企业所得税汇算清缴工作规程 ················ 197
14. 国家税务总局关于中国居民企业向 QFII 支付股息、红利、利息代扣代缴企业所得税有关问题的通知 ················ 201
15. 国家税务总局关于非居民企业取得 B 股等股票股息征收企业所得税

问题的批复 ·· 202
16. 国家税务总局关于营业税改征增值税试点中非居民企业缴纳企业所
　　得税有关问题的公告 ·· 203
17. 国家税务总局关于非居民企业派遣人员在中国境内提供劳务征收
　　企业所得税有关问题的公告 ·· 204
18. 国家税务总局　国家外汇管理局关于服务贸易等项目对外支付税务
　　备案有关问题的公告 ·· 206
19. 国家税务总局关于非居民企业股权转让适用特殊性税务处理有关问题
　　的公告 ·· 210
20. 国家税务总局关于加强非居民企业股权转让所得企业所得税管理的
　　通知 ·· 213
21. 国家税务总局关于印发《外国企业常驻代表机构税收管理暂行办法》
　　的通知 ·· 215
22. 外国企业常驻代表机构税收管理暂行办法 ································ 216
23. 国家税务总局关于印发《非居民企业所得税核定征收管理办法》
　　的通知 ·· 219
24. 非居民企业所得税核定征收管理办法 ···································· 220
25. 国家税务总局关于认定税收协定中"受益所有人"的公告国家税务
　　总局公告 ·· 222
26. 国家税务总局关于境内机构向我国银行的境外分行支付利息扣缴
　　企业所得税有关问题的公告 ·· 224
27. 国家税务总局关于印发《非居民纳税人享受税收协定待遇管理规程
　　（试行）》的通知 ·· 225
28. 非居民纳税人享受税收协定待遇管理规程（试行） ······················ 226
29. 国家税务总局关于印发《非居民企业税收协同管理办法（试行）》
　　的通知 ·· 229
30. 非居民企业税收协同管理办法（试行） ································ 230
31. 财政部　国家税务总局关于将铁路运输和邮政业纳入营业税改征增值
　　税试点的通知 ·· 233

国家税务总局关于印发《中华人民共和国非居民企业所得税申报表》等报表的通知

国税函〔2008〕801号

各省、自治区、直辖市和计划单列市国家税务局、地方税务局：

为贯彻落实《中华人民共和国企业所得税法》及其实施条例，规范和加强非居民企业所得税管理，国家税务总局制定了非居民企业所得税申报表、扣缴企业所得税报告表及填报说明，现印发给你们，并就有关问题通知如下：

一、非居民企业所得税申报表按申报时间分为年报和季报两种，按征收方式分为据实征收和核定征收两类。2008年度申报时启用年报，2009年季度申报时启用季报。

二、扣缴企业所得税报告表是对《中华人民共和国企业所得税扣缴报告表》（国税函〔2008〕44号印发）修订后的表样，自2009年1月1日起使用。

三、上述报表使用A4型纸，由各地按照税务总局的要求自行印制。

四、各地应加强对上述报表印发使用的管理，做好报表的宣传、培训工作，确保非居民企业准确填报报表。执行中若存在问题，请及时反馈国家税务总局（国际税务司）。

附件（略）：1. 非居民企业所得税年度纳税申报表（适用于据实申报企业）
2. 非居民企业所得税季度纳税申报表（适用于据实申报企业）
3. 非居民企业所得税年度纳税申报表（适用于核定征收企业）
4. 非居民企业所得税季度纳税申报表（适用于核定征收企业）
5. 扣缴企业所得税报告表

二〇〇八年九月二十二日

财政部 国家税务总局关于非居民企业征收企业所得税有关问题的通知

财税〔2008〕130号

各省、自治区、直辖市、计划单列市财政厅（局）、国家税务局、地方税务局，新疆生产建设兵团财务局：

现将非居民企业征收企业所得税的有关问题明确如下：

根据《中华人民共和国企业所得税法》第十九条及《中华人民共和国企业所得税实施条例》第一百零三条规定，在对非居民企业取得《中华人民共和国企业所得税法》第三条第三款规定的所得计算征收企业所得税时，不得扣除上述条款规定以外的其他税费支出。

本规定自2008年1月1日起执行。

二〇〇八年九月二十五日

国家税务总局关于中国居民企业向境外 H 股非居民企业股东派发股息代扣代缴企业所得税有关问题的通知

国税函〔2008〕897 号

各省、自治区、直辖市和计划单列市国家税务局、地方税务局：

根据《中华人民共和国企业所得税法》及其实施条例的规定，现就中国居民企业向境外 H 股非居民企业股东派发股息代扣代缴企业所得税的有关问题通知如下：

一、中国居民企业向境外 H 股非居民企业股东派发 2008 年及以后年度股息时，统一按 10% 的税率代扣代缴企业所得税。

二、非居民企业股东在获得股息之后，可以自行或通过委托代理人或代扣代缴义务人，向主管税务机关提出享受税收协定（安排）待遇的申请，提供证明自己为符合税收协定（安排）规定的实际受益所有人的资料。主管税务机关审核无误后，应就已征税款和根据税收协定（安排）规定税率计算的应纳税款的差额予以退税。

三、各地应加强对我国境外上市企业派发股息情况的了解，并发挥售付汇凭证的作用，确保代扣代缴税款及时足额入库。

二〇〇八年十一月六日

国家税务总局关于外国政府等在我国设立代表机构免税审批程序有关问题的通知

国税函〔2008〕945号

各省、自治区、直辖市和计划单列市国家税务局、地方税务局：

根据《国务院关于第四批取消和调整行政审批项目的决定》（国发〔2007〕33号），对外国政府、国际组织、非营利机构、各民间团体等在我国设立的代表机构给予免税待遇审批的管理层级已由国家税务总局调整为各省、自治区、直辖市和计划单列市国家税务局。现对有关审批程序问题通知如下：

一、外国政府、国际组织、非营利机构、各民间团体等在我国设立的代表机构（以下简称代表机构），可由代表机构（或其总机构、上级部门）向当地主管国家税务局提出企业所得税的免税申请，并向主管国家税务局提供外国政府、国际组织、非营利机构、各民间团体所在国主管税务当局（包括总机构所在地地方税务当局）、政府机构确认的代表机构性质证明。

二、主管国家税务局对代表机构的企业所得税免税申请进行审核后层报省、自治区、直辖市和计划单列市国家税务局批准。

三、代表机构在我国境内发生营业税应税行为取得的收入，应按照税法规定征收营业税，不发生营业税应税行为时不予征税。因此，代表机构不需要向当地主管地方税务局提出营业税免税申请。

四、各省、自治区、直辖市和计划单列市国家税务局应根据本通知规定制定具体的审批程序。

二〇〇八年十一月二十一日

国家税务总局关于非居民企业船舶、航空运输收入计算征收企业所得税有关问题的通知

国税函〔2008〕952号

各省、自治区、直辖市和计划单列市国家税务局、地方税务局：

根据《中华人民共和国企业所得税法》及其实施条例的有关规定，现对非居民企业在我国从事船舶、航空运输取得国际运输收入计算征收企业所得税的问题明确如下：

一、非居民企业在我国境内从事船舶、航空等国际运输业务的，以其在中国境内起运客货收入总额的5%为应纳税所得额。

二、纳税人的应纳税额，按照每次从中国境内起运旅客、货物出境取得的收入总额，依照1.25%的计征率计算征收企业所得税。调整后的综合计征率为4.25%，其中营业税为3%，企业所得税为1.25%。

三、本通知自2008年1月1日起执行。

二〇〇八年十一月二十四日

国家税务总局关于印发《非居民企业所得税源泉扣缴管理暂行办法》的通知

国税发〔2009〕3号

各省、自治区、直辖市和计划单列市国家税务局、地方税务局：

为贯彻实施《中华人民共和国企业所得税法》及其实施条例，规范非居民企业所得税源泉扣缴管理，税务总局制定了《非居民企业所得税源泉扣缴管理暂行办法》，现印发给你们，请遵照执行。执行中发现的问题请及时反馈税务总局（国际税务司）。

附件（略）：1. 扣缴企业所得税合同备案登记表
2. 非居民企业税务事项联络函
3. 扣缴企业所得税管理台账

二〇〇九年一月九日

非居民企业所得税源泉扣缴管理暂行办法

第一章　总　则

第一条　为规范和加强非居民企业所得税源泉扣缴管理，根据《中华人民共和国企业所得税法》（以下简称企业所得税法）及其实施条例、《中华人民共和国税收征收管理法》（以下简称税收征管法）及其实施细则、《税务登记管理办法》、中国政府对外签署的避免双重征税协定（含与香港、澳门特别行政区签署的税收安排，以下统称税收协定）等相关法律法规，制定本办法。

第二条　本办法所称非居民企业，是指依照外国（地区）法律成立且实际管理机构不在中国境内，但在中国境内未设立机构、场所且有来源于中国境内所得的企业，以及虽设立机构、场所但取得的所得与其所设机构、场所没有实际联系的企业。

第三条　对非居民企业取得来源于中国境内的股息、红利等权益性投资收益和利息、租金、特许权使用费所得、转让财产所得以及其他所得应当缴纳的企业所得税，实行源泉扣缴，以依照有关法律规定或者合同约定对非居民企业直接负有支付相关款项义务的单位或者个人为扣缴义务人。

第二章　税源管理

第四条　扣缴义务人与非居民企业首次签订与本办法第三条规定的所得有关的业务合同或协议（以下简称合同）的，扣缴义务人应当自合同签订之日起30日内，向其主管税务机关申报办理扣缴税款登记。

第五条　扣缴义务人每次与非居民企业签订与本办法第三条规定的所得有关的业务合同时，应当自签订合同（包括修改、补充、延期合同）之日起30日内，向其主管税务机关报送《扣缴企业所得税合同备案登记表》（见附件1）、合同复印件及相关资料。文本为外文的应同时附送中文译本。

股权转让交易双方均为非居民企业且在境外交易的，被转让股权的境内企业在依法变更税务登记时，应将股权转让合同复印件报送主管税务机关。

第六条　扣缴义务人应当设立代扣代缴税款账簿和合同资料档案，准确记录企业所得税的扣缴情况，并接受税务机关的检查。

第三章 征收管理

第七条 扣缴义务人在每次向非居民企业支付或者到期应支付本办法第三条规定的所得时，应从支付或者到期应支付的款项中扣缴企业所得税。

本条所称到期应支付的款项，是指支付人按照权责发生制原则应当计入相关成本、费用的应付款项。

扣缴义务人每次代扣代缴税款时，应当向其主管税务机关报送《中华人民共和国扣缴企业所得税报告表》（以下简称扣缴表）及相关资料，并自代扣之日起7日内缴入国库。

第八条 扣缴企业所得税应纳税额计算。

扣缴企业所得税应纳税额＝应纳税所得额×实际征收率

应纳税所得额是指依照企业所得税法第十九条规定计算的下列应纳税所得额：

（一）股息、红利等权益性投资收益和利息、租金、特许权使用费所得，以收入全额为应纳税所得额，不得扣除税法规定之外的税费支出。

（二）转让财产所得，以收入全额减除财产净值后的余额为应纳税所得额。

（三）其他所得，参照前两项规定的方法计算应纳税所得额。

实际征收率是指企业所得税法及其实施条例等相关法律法规规定的税率，或者税收协定规定的更低的税率。

第九条 扣缴义务人对外支付或者到期应支付的款项为人民币以外货币的，在申报扣缴企业所得税时，应当按照扣缴当日国家公布的人民币汇率中间价，折合成人民币计算应纳税所得额。

第十条 扣缴义务人与非居民企业签订与本办法第三条规定的所得有关的业务合同时，凡合同中约定由扣缴义务人负担应纳税款的，应将非居民企业取得的不含税所得换算为含税所得后计算征税。

第十一条 按照企业所得税法及其实施条例和相关税收法规规定，给予非居民企业减免税优惠的，应按相关税收减免管理办法和行政审批程序的规定办理。对未经审批或者减免税申请未得到批准之前，扣缴义务人发生支付款项的，应按规定代扣代缴企业所得税。

第十二条 非居民企业可以适用的税收协定与本办法有不同规定的，可申请执行税收协定规定；非居民企业未提出执行税收协定规定申请的，按国内税收法律法规的有关规定执行。

第十三条 非居民企业已按国内税收法律法规的有关规定征税后，提出享受减免税或税收协定待遇申请的，主管税务机关经审核确认应享受减免税或税收协定待遇的，对多缴纳的税款应依据税收征管法及其实施细则的有关规定予以退税。

第十四条 因非居民企业拒绝代扣税款的，扣缴义务人应当暂停支付相当于非居民企业应纳税款的款项，并在1日之内向其主管税务机关报告，并报送书面情况说明。

第十五条 扣缴义务人未依法扣缴或者无法履行扣缴义务的，非居民企业应于扣缴义务人支付或者到期应支付之日起7日内，到所得发生地主管税务机关申报缴纳企业所得税。

股权转让交易双方为非居民企业且在境外交易的，由取得所得的非居民企业自行或委托代理人向被转让股权的境内企业所在地主管税务机关申报纳税。被转让股权的境内企业应协助税务机关向非居民企业征缴税款。

扣缴义务人所在地与所得发生地不在一地的，扣缴义务人所在地主管税务机关应自确定扣缴义务人未依法扣缴或者无法履行扣缴义务之日起5个工作日内，向所得发生地主管税务机关发送《非居民企业税务事项联络函》（见附件2），告知非居民企业的申报纳税事项。

第十六条 非居民企业依照本办法第十五条规定申报缴纳企业所得税，但在中国境内存在多处所得发生地，并选定其中之一申报缴纳企业所得税的，应向申报纳税所在地主管税务机关如实报告有关情况。申报纳税所在地主管税务机关在受理申报纳税后，应将非居民企业申报缴纳所得税情况书面通知扣缴义务人所在地和其他所得发生地主管税务机关。

第十七条 非居民企业未依照本办法第十五条的规定申报缴纳企业所得税，由申报纳税所在地主管税务机关责令限期缴纳，逾期仍未缴纳的，申报纳税所在地主管税务机关可以收集、查实该非居民企业在中国境内其他收入项目及其支付人（以下简称其他支付人）的相关信息，并向其他支付人发出《税务事项通知书》，从其他支付人应付的款项中，追缴该非居民企业的应纳税款和滞纳金。

其他支付人所在地与申报纳税所在地不在一地的，其他支付人所在地主管税务机关应给予配合和协助。

第十八条 对多次付款的合同项目，扣缴义务人应当在履行合同最后一次付款前15日内，向主管税务机关报送合同全部付款明细、前期扣缴表和完税凭证等资料，办理扣缴税款清算手续。

第四章 后续管理

第十九条 主管税务机关应当建立《扣缴企业所得税管理台账》（见附件3），加强合同履行情况的跟踪监管，及时了解合同签约内容与实际履行中的动态变化，监控合同款项支付、代扣代缴税款等情况。必要时应查核企业相关账簿，掌握股息、利息、租金、特许权使用费、转让财产收益等支付和列支情况，特别是未实际支付但已计入成本费用的利息、租金、特许权使用费等情况，有否漏扣企业所得税问题。

主管税务机关应根据备案合同资料、扣缴企业所得税管理台账记录、对外售付汇开具税务证明等监管资料和已申报扣缴税款情况，核对办理税款清算手续。

第二十条 主管税务机关可根据需要对代扣代缴企业所得税的情况实施专项检查，实施检查的主管税务机关应将检查结果及时传递给同级国家税务局或地方税务局。专项检查可以采取国、地税联合检查的方式。

第二十一条 税务机关在企业所得税源泉扣缴管理中，遇有需要向税收协定缔约对方获取涉税信息或告知非居民企业在中国境内的税收违法行为时，可按照《国家税务总局关于印发〈国际税收情报交换工作规程〉的通知》（国税发〔2006〕70号）规定办理。

第五章 法律责任

第二十二条 扣缴义务人未按照规定办理扣缴税款登记的，主管税务机关应当按照《税务登记管理办法》第四十五条、四十六条的规定处理。

本办法第五条第二款所述被转让股权的境内企业未依法变更税务登记的，主管税务机关应当按照《税务登记管理办法》第四十二条的规定处理。

第二十三条 扣缴义务人未按本办法第五条规定的期限向主管税务机关报送《扣缴企业所得税合同备案登记表》、合同复印件及相关资料的，未按规定期限向主管税务机关报送扣缴表的，未履行扣缴义务不缴或者少缴已扣税款的，或者应扣未扣税款的，非居民企业未按规定期限申报纳税的、不缴或者少缴应纳税款的，主管税务机关应当按照税收征管法及其实施细则的有关规定处理。

第六章 附则

第二十四条 本办法由国家税务总局负责解释，各省、自治区、直辖市和计划单列市国家税务局、地方税务局可根据本办法制定具体操作规程。

第二十五条 本办法自 2009 年 1 月 1 日起施行。

附件（略）。

国家税务总局令
第 19 号

　　《非居民承包工程作业和提供劳务税收管理暂行办法》已经国家税务总局第 5 次局务会议审议通过，现予发布，自 2009 年 3 月 1 日起施行。

国家税务总局局长　肖捷

二〇〇九年一月二十日

非居民承包工程作业和
提供劳务税收管理暂行办法

第一章 总 则

第一条 为规范对非居民在中国境内承包工程作业和提供劳务的税收征收管理，根据《中华人民共和国税收征收管理法》（以下简称税收征管法）及其实施细则、《中华人民共和国企业所得税法》（以下简称企业所得税法）及其实施条例、《中华人民共和国营业税暂行条例》及其实施细则、《中华人民共和国增值税暂行条例》及其实施细则、中国政府对外签署的避免双重征税协定（含与香港、澳门特别行政区签署的税收安排，以下统称税收协定）等相关法律法规，制定本办法。

第二条 本办法所称非居民，包括非居民企业和非居民个人。非居民企业是指依照外国（地区）法律成立且实际管理机构不在中国境内，但在中国境内设立机构、场所的，或者在中国境内未设立机构、场所，但有来源于中国境内所得的企业。非居民个人是指在中国境内无住所又不居住或者无住所而在境内居住不满一年的个人。

第三条 本办法所称承包工程作业，是指在中国境内承包建筑、安装、装配、修缮、装饰、勘探及其他工程作业。

本办法所称提供劳务是指在中国境内从事加工、修理修配、交通运输、仓储租赁、咨询经纪、设计、文化体育、技术服务、教育培训、旅游、娱乐及其他劳务活动。

第四条 本办法所称非居民在中国境内承包工程作业和提供劳务税收管理，是指对非居民营业税、增值税和企业所得税的纳税事项管理。涉及个人所得税、印花税等税收的管理，应依照有关规定执行。

第二章 税源管理

第一节 登记备案管理

第五条 非居民企业在中国境内承包工程作业或提供劳务的，应当自项目合同或协议（以下简称合同）签订之日起 30 日内，向项目所在地主管税务机关办理税务登记手续。

依照法律、行政法规规定负有税款扣缴义务的境内机构和个人，应当自扣缴义务发生之日起 30 日内，向所在地主管税务机关办理扣缴税款登记手续。

境内机构和个人向非居民发包工程作业或劳务项目的，应当自项目合同签订之日起 30 日内，向主管税务机关报送《境内机构和个人发包工程作业或劳务项目报告表》（见附件 1），并附送非居民的税务登记证、合同、税务代理委托书复印件或非居民对有关事项的书面说明等资料。

第六条 非居民企业在中国境内承包工程作业或提供劳务的，应当在项目完工后 15 日内，向项目所在地主管税务机关报送项目完工证明、验收证明等相关文件复印件，并依据《税务登记管理办法》的有关规定申报办理注销税务登记。

第七条 境内机构和个人向非居民发包工程作业或劳务项目合同发生变更的，发包方或劳务受让方应自变更之日起 10 日内向所在地主管税务机关报送《非居民项目合同变更情况报告表》（见附件 2）。

第八条 境内机构和个人向非居民发包工程作业或劳务项目，从境外取得的与项目款项支付有关的发票和其他付款凭证，应在自取得之日起 30 日内向所在地主管税务机关报送《非居民项目合同款项支付情况报告表》（见附件 3）及付款凭证复印件。

境内机构和个人不向非居民支付工程价款或劳务费的，应当在项目完工开具验收证明前，向其主管税务机关报告非居民在项目所在地的项目执行进度、支付人名称及其支付款项金额、支付日期等相关情况。

第九条 境内机构和个人向非居民发包工程作业或劳务项目，与非居民的主管税务机关不一致的，应当自非居民申报期限届满之日起 15 日内向境内机构和个人的主管税务机关报送非居民申报纳税证明资料复印件。

第二节 税源信息管理

第十条 税务机关应当建立税源监控机制，获取并利用发改委、建设、外汇管理、商务、教育、文化、体育等部门关于非居民在中国境内承包工程作业和提供劳务的相关信息，并可根据工作需要，将信息使用情况反馈给有关部门。

第十一条 非居民或境内机构和个人的同一涉税事项同时涉及国家税务局和地方税务局的，各主管税务机关办理涉税事项后应当制作《非居民承包工程作业和提供劳务项目信息传递表》（见附件4），并按月传递给对方纳入非居民税收管理档案。

第三章 申报征收

第一节 企业所得税

第十二条 非居民企业在中国境内承包工程作业或提供劳务项目的，企业所得税按纳税年度计算、分季预缴，年终汇算清缴，并在工程项目完工或劳务合同履行完毕后结清税款。

第十三条 非居民企业进行企业所得税纳税申报时，应当如实报送纳税申报表，并附送下列资料：

（一）工程作业（劳务）决算（结算）报告或其他说明材料；

（二）参与工程作业或劳务项目外籍人员姓名、国籍、出入境时间、在华工作时间、地点、内容、报酬标准、支付方式、相关费用等情况的书面报告；

（三）财务会计报告或财务情况说明；

（四）非居民企业依据税收协定在中国境内未构成常设机构，需要享受税收协定待遇的，应提交《非居民企业承包工程作业和提供劳务享受税收协定待遇报告表》（以下简称报告表）（见附件5），并附送居民身份证明及税务机关要求提交的其他证明资料。

非居民企业未按上述规定提交报告表及有关证明资料，或因项目执行发生变更等情形不符合享受税收协定待遇条件的，不得享受税收协定待遇，应依照企业所得税法规定缴纳税款。

第十四条 工程价款或劳务费的支付人所在地县（区）以上主管税务机关根据附件1及非居民企业申报纳税证明资料或其他信息，确定符合企业所得税法实施条例第一百零六条所列指定扣缴的三种情形之一的，可指定工程价款或劳务费的支付人为扣缴义务人，并将《非居民企业承包工程作业和提供劳务企业所得税扣缴义务通知书》（见附件6）送达被指定方。

第十五条 指定扣缴义务人应当在申报期限内向主管税务机关报送扣缴

企业所得税报告表及其他有关资料。

第十六条 扣缴义务人未依法履行扣缴义务或无法履行扣缴义务的,由非居民企业在项目所在地申报缴纳。主管税务机关应自确定未履行扣缴义务之日起 15 日内通知非居民企业在项目所在地申报纳税。

第十七条 非居民企业逾期仍未缴纳税款的,项目所在地主管税务机关应自逾期之日起 15 日内,收集该非居民企业从中国境内取得其他收入项目的信息,包括收入类型、支付人的名称、地址、支付金额、方式和日期等,并向其他收入项目支付人(以下简称其他支付人)发出《非居民企业欠税追缴告知书》(见附件 7),并依法追缴税款和滞纳金。

非居民企业从中国境内取得其他收入项目,包括非居民企业从事其他工程作业或劳务项目所得,以及企业所得税法第三条第二、三款规定的其他收入项目。非居民企业有多个其他支付人的,项目所在地主管税务机关应根据信息准确性、收入金额、追缴成本等因素确定追缴顺序。

第十八条 其他支付人主管税务机关应当提供必要的信息,协助项目所在地主管税务机关执行追缴事宜。

第二节 营业税和增值税

第十九条 非居民在中国境内发生营业税或增值税应税行为,在中国境内设立经营机构的,应自行申报缴纳营业税或增值税。

第二十条 非居民在中国境内发生营业税或增值税应税行为而在境内未设立经营机构的,以代理人为营业税或增值税的扣缴义务人;没有代理人的,以发包方、劳务受让方或购买方为扣缴义务人。

工程作业发包方、劳务受让方或购买方,在项目合同签订之日起 30 日内,未能向其所在地主管税务机关提供下列证明资料的,应履行营业税或增值税扣缴义务:

(一)非居民纳税人境内机构和个人的工商登记和税务登记证明复印件及其从事经营活动的证明资料;

(二)非居民委托境内机构和个人代理事项委托书及受托方的认可证明。

第二十一条 非居民进行营业税或增值税纳税申报,应当如实填写报送纳税申报表,并附送下列资料:

(一)工程(劳务)决算(结算)报告或其他说明材料;

（二）参与工程或劳务作业或提供加工、修理修配的外籍人员的姓名、国籍、出入境时间、在华工作时间、地点、内容、报酬标准、支付方式、相关费用等情况；

（三）主管税务机关依法要求报送的其他有关资料。

第四章　跟踪管理

第二十二条　主管税务机关应当按项目建档、分项管理的原则，建立非居民承包工程作业和提供劳务项目的管理台账和纳税档案，及时准确掌握工程和劳务项目的合同执行、施工进度、价款支付、对外付汇、税款缴纳等情况。

第二十三条　境内机构和个人从境外取得的付款凭证，主管税务机关对其真实性有疑义的，可要求其提供境外公证机构或者注册会计师的确认证明，经税务机关审核认可后，方可作为计账核算的凭证。

第二十四条　主管税务机关应对非居民享受协定待遇进行事后管理，审核其提交的报告表和证明资料的真实性和准确性，对其不构成常设机构的情形进行认定。对于不符合享受协定待遇条件且未履行纳税义务的情形，税务机关应该依法追缴其应纳税款、滞纳金及罚款。

第二十五条　税务机关应当利用售付汇信息，包括境内机构和个人向非居民支付服务贸易款项的历史记录，以及当年新增发包项目付款计划等信息，对承包工程作业和提供劳务项目实施监控。对于付汇前有欠税情形的，应当及时通知纳税人或扣缴义务人缴纳，必要时可以告知有关外汇管理部门或指定外汇支付银行依法暂停付汇。

第二十六条　主管税务机关应对非居民参与国家、省、地市级重点建设项目，包括城市基础设施建设、能源建设、企业技术设备引进等项目中涉及的承包工程作业或提供劳务，以及其他有非居民参与的合同金额超过5000万元人民币的，实施重点税源监控管理；对承包方和发包方是否存在关联关系、合同实际执行情况、常设机构判定、境内外劳务收入划分等事项进行重点跟踪核查，对发现的问题，可以实施情报交换、反避税调查或税务稽查。

第二十七条　省（自治区、直辖市和计划单列市）税务机关应当于年度终了后45日内，将《非居民承包工程作业和提供劳务重点建设项目统计表》（见附件8），以及项目涉及的企业所得税、增值税、营业税、印花税、个人所得税等税收收入和税源变动情况的分析报告报送国家税务总局（国际税务司）。

第二十八条　主管税务机关可根据需要对非居民承包工程作业和提供劳务的纳税情况实施税务审计，必要时应将审计结果及时传递给同级国家税务局或地方税务局。税务审计可以采取国家税务局、地方税务局联合审计的方式进行。

第二十九条　主管税务机关在境内难以获取涉税信息时，可以制作专项情报，由国家税务总局（国际税务司）向税收协定缔约国对方提出专项情报请求；非居民在中国境内未依法履行纳税义务的，主管税务机关可制作自动或自发情报，提交国家税务总局依照有关规定将非居民在中国境内的税收违法行为告知协定缔约国对方主管税务当局；对非居民承包工程作业和提供劳务有必要进行境外审计的，可根据税收情报交换有关规定，经国家税务总局批准后组织实施。

第三十条　欠缴税款的非居民企业法定代表人或非居民个人在出境前未按照规定结清应纳税款、滞纳金又不提供纳税担保的，税务机关可以通知出入境管理机关阻止其出境。

第三十一条　对于非居民工程或劳务项目完毕，未按期结清税款并已离境的，主管税务机关可制作《税务事项告知书》（见附件9），通过信函、电子邮件、传真等方式，告知该非居民限期履行纳税义务，同时通知境内发包方或劳务受让者协助追缴税款。

第五章　法律责任

第三十二条　非居民、扣缴义务人或代理人实施承包工程作业和提供劳务有关事项存在税收违法行为的，税务机关应按照税收征管法及其实施细则的有关规定处理。

第三十三条　境内机构或个人发包工程作业或劳务项目，未按本办法第五条、第七条、第八条、第九条规定向主管税务机关报告有关事项的，由税务机关责令限期改正，可以处2000元以下的罚款；情节严重的，处2000元以上10000元以下的罚款。

第六章　附　则

第三十四条　各省、自治区、直辖市和计划单列市国家税务局、地方税务局可根据本办法制定具体实施办法。

附件（略）：1. 境内机构和个人发包工程作业或劳务项目报告表

2. 非居民项目合同变更情况报告表

3. 非居民项目合同款项支付情况报告表

4. 非居民承包工程作业和提供劳务项目信息传递表

5. 非居民企业承包工程作业和提供劳务享受税收协定待遇报告

6. 非居民企业承包工程作业和提供劳务企业所得税扣缴义务通知书

7. 非居民企业欠税追缴告知书

8. 非居民承包工程作业和提供劳务重点建设项目统计表

9. 税务事项告知书

国家税务总局关于印发《非居民企业所得税汇算清缴管理办法》的通知

国税发〔2009〕6号

各省、自治区、直辖市和计划单列市国家税务局,广东省和深圳市地方税务局:

为贯彻实施《中华人民共和国企业所得税法》及其实施条例,规范非居民企业所得税汇算清缴工作,税务总局制定了《非居民企业所得税汇算清缴管理办法》,现印发给你们,请遵照执行。执行中发现的问题请及时反馈税务总局(国际税务司)。

附件(略):1. 非居民企业所得税汇算清缴涉税事宜通知书(据实申报企业适用)

2. 非居民企业所得税汇算清缴涉税事宜通知书(核定征收企业适用)

3. 非居民企业汇总申报企业所得税证明

4. 非居民企业所得税应纳税款核定通知书

二〇〇九年一月二十二日

非居民企业所得税汇算清缴管理办法

为规范非居民企业所得税汇算清缴工作，根据《中华人民共和国企业所得税法》（以下简称企业所得税法）及其实施条例和《中华人民共和国税收征收管理法》（以下简称税收征管法）及其实施细则的有关规定，制定本办法。

一、汇算清缴对象

（一）依照外国（地区）法律成立且实际管理机构不在中国境内，但在中国境内设立机构、场所的非居民企业（以下称为企业），无论盈利或者亏损，均应按照企业所得税法及本办法规定参加所得税汇算清缴。

（二）企业具有下列情形之一的，可不参加当年度的所得税汇算清缴：

1. 临时来华承包工程和提供劳务不足1年，在年度中间终止经营活动，且已经结清税款；

2. 汇算清缴期内已办理注销；

3. 其他经主管税务机关批准可不参加当年度所得税汇算清缴。

二、汇算清缴时限

（一）企业应当自年度终了之日起5个月内，向税务机关报送年度企业所得税纳税申报表，并汇算清缴，结清应缴应退税款。

（二）企业在年度中间终止经营活动的，应当自实际经营终止之日起60日内，向税务机关办理当期企业所得税汇算清缴。

三、申报纳税

（一）企业办理所得税年度申报时，应当如实填写和报送下列报表、资料：

1. 年度企业所得税纳税申报表及其附表；

2. 年度财务会计报告；

3. 税务机关规定应当报送的其他有关资料。

（二）企业因特殊原因，不能在规定期限内办理年度所得税申报，应当在年度终了之日起5个月内，向主管税务机关提出延期申报申请。主管税务机关批准后，可以适当延长申报期限。

（三）企业采用电子方式办理纳税申报的，应附报纸质纳税申报资料。

（四）企业委托中介机构代理年度企业所得税纳税申报的，应附送委托人签章的委托书原件。

（五）企业申报年度所得税后，经主管税务机关审核，需补缴或退还所得税的，应在收到主管税务机关送达的《非居民企业所得税汇算清缴涉税事宜通知书》（见附件1和附件2）后，按规定时限将税款补缴入库，或按照主管税务机关的要求办理退税手续。

（六）经批准采取汇总申报缴纳所得税的企业，其履行汇总纳税的机构、场所（以下简称汇缴机构），应当于每年5月31日前，向汇缴机构所在地主管税务机关索取《非居民企业汇总申报企业所得税证明》（以下称为《汇总申报纳税证明》，见附件3）；企业其他机构、场所（以下简称其他机构）应当于每年6月30前将《汇总申报纳税证明》及其财务会计报告送交其所在地主管税务机关。

在上述规定期限内，其他机构未向其所在地主管税务机关提供《汇总申报纳税证明》，且又无汇缴机构延期申报批准文件的，其他机构所在地主管税务机关应负责检查核实或核定该其他机构应纳税所得额，计算征收应补缴税款并实施处罚。

（七）企业补缴税款确因特殊困难需延期缴纳的，按税收征管法及其实施细则的有关规定办理。

（八）企业在所得税汇算清缴期限内，发现当年度所得税申报有误的，应当在年度终了之日起5个月内向主管税务机关重新办理年度所得税申报。

（九）企业报送报表期限的最后一日是法定休假日的，以休假日期满的次日为期限的最后一日；在期限内有连续三日以上法定休假日的，按休假日天数顺延。

四、法律责任

（一）企业未按规定期限办理年度所得税申报，且未经主管税务机关批准延期申报，或报送资料不全、不符合要求的，应在收到主管税务机关送达的《责令限期改正通知书》后按规定时限补报。

企业未按规定期限办理年度所得税申报，且未经主管税务机关批准延期申报的，主管税务机关除责令其限期申报外，可按照税收征管法的规定处以2000元以下的罚款，逾期仍不申报的，可处以2000元以上10000元以下的罚款，同时核定其年度应纳税额，责令其限期缴纳。企业在收到主管税务机关送达的《非居民企业所得税应纳税款核定通知书》（见附件4）后，应在规定时限内缴纳税款。

（二）企业未按规定期限办理所得税汇算清缴，主管税务机关除责令其限期办理外，对发生税款滞纳的，按照税收征管法的规定，加收滞纳金。

（三）企业同税务机关在纳税上发生争议时，依照税收征管法相关规定执行。

五、本办法自2008年1月1日起执行。

附件（略）。

国家税务总局关于印发《非居民企业所得税汇算清缴工作规程》的通知

国税发〔2009〕11号

各省、自治区、直辖市和计划单列市国家税务局,广东省和深圳市地方税务局:

现将《非居民企业所得税汇算清缴工作规程》印发给你们,请遵照执行。执行中发现的问题请及时反馈到税务总局(国际税务司)。

附件(略):1. 非居民企业汇总申报纳税事项协查函

2. 非居民企业汇总申报纳税事项处理联络函

3. 非居民企业所得税汇算清缴汇总表(据实申报企业适用)

4. 非居民企业所得税汇算清缴汇总表(核定征收企业适用)

5. 非居民企业所得税汇算清缴指标分析表(据实申报企业适用)

二〇〇九年二月九日

非居民企业所得税汇算清缴工作规程

为贯彻落实《国家税务总局关于印发〈非居民企业所得税汇算清缴管理办法〉的通知》（国税发〔2009〕6号，以下简称《办法》），规范税务机关对非居民企业所得税的汇算清缴工作，提高汇算清缴工作质量，制定本规程。

一、汇算清缴工作内容

非居民企业所得税汇算清缴包括两方面内容：一是非居民企业（以下简称企业）应首先按照《办法》的规定，自行调整、计算本纳税年度的实际应纳税所得额、实际应纳所得税额，自核本纳税年度应补（退）所得税税款并缴纳应补税款；二是主管税务机关对企业报送的申报表及其他有关资料进行审核，下发汇缴事项通知书，办理年度所得税多退少补工作，并进行资料汇总、情况分析和工作总结。

二、汇算清缴工作程序

企业所得税汇算清缴工作分为准备、实施、总结三个阶段，各阶段工作的主要内容及时间要求安排如下：

（一）准备阶段。主管税务机关应在年度终了之日起三个月内做好以下准备工作：

1. 宣传辅导。以公告或其他方式向企业明确汇算清缴范围、时间要求、应报送的资料及其他应注意事项。必要时，应组织企业办税人员进行培训、辅导相关的税收政策和办税程序及手续。

2. 明确职责。汇算清缴工作应有领导负责，由具体负责非居民企业所得税日常管理的部门组织实施，由各相关职能部门协同配合共同完成。必要时，应组织对相关工作人员的业务培训。

3. 建立台账。建立日常管理台账，主要记载企业预缴税款、享受税收优惠、弥补亏损等事项，以便在汇算清激工作中进行核对。

4. 备办文书。向上级税务机关领取或按照规定的式样印制汇算清缴有关的表、证、单、书。

（二）实施阶段。主管税务机关应在年度终了之日起五个月内完成企业年度所得税纳税申报表及有关资料的受理、审核以及办理处罚、税款的补

（退）手续。

1. 资料受理。主管税务机关接到企业的年度所得税纳税申报表和有关资料后，应检查企业报送的资料是否齐全，如发现企业未按规定报齐有关附表、文件等资料，应责令限期补齐；对填报项目不完整的，应退回企业并责令限期补正。

2. 资料审核。对企业报送的有关资料，主管税务机关应就以下几个方面内容进行审核：

（1）企业年度所得税纳税申报表及其附表与年度财务会计报告的数字是否一致，各项目之间的逻辑关系是否对应，计算是否正确。

（2）企业是否按规定结转或弥补以前年度亏损额。

（3）企业是否符合税收减免条件。

（4）企业在中国境内设立两个或者两个以上机构、场所，选择由其主要机构、场所汇总缴纳企业所得税的，是否经税务机关审核批准，以及各机构、场所账表所记载涉及计算应纳税所得额的各项数据是否准确。

（5）企业有来源于中国境外的应纳税所得额的，境外所得应补企业所得税额是否正确。

（6）企业已预缴税款填写是否正确。

3. 结清税款。主管税务机关应结合季度所得税申报表及日常征管情况，对企业报送的年度申报表及其附表和其他有关资料进行初步审核，在5月31日前，对应补缴所得税、应办理退税的企业发送《非居民企业所得税汇算清缴涉税事宜通知书》，并办理税款多退少补事宜。

4. 实施处罚。主管税务机关对企业未按《办法》规定办理年度所得税申报，应按照规定实施处罚；必要时发送《非居民企业所得税应纳税款核定通知书》，核定企业年度应纳税额，责令其缴纳。

5. 汇总申报协调。

（1）汇缴机构所在地主管税务机关在接受企业年度所得税汇总申报后，应于5月31日前为企业出具《非居民企业汇总申报所得税证明》。

（2）汇缴机构所在地主管税务机关对企业的汇总申报资料进行审核时，对其他机构的情况有疑问需要进一步审核的，可以向其他机构所在地主管税务机关发送《非居民企业汇总申报纳税事项协查函》（见附件1），其他机构所在地主管税务机关应负责就协查事项进行调查核实，并将结果函复汇缴机构所在地主管税务机关。

（3）其他机构所在地主管税务机关在日常管理或税务检查中，发现其他机构有少计收入或多列成本费用等所得税的问题，应将有关情况及时向汇缴机构所在地主管税务机关发送《非居民企业汇总申报纳税事项处理联络函》（见附件2）。

（4）其他机构所在地主管税务机关按照《办法》规定对其他机构就地征收税款或调整亏损额的，应及时将征收税款及应纳税所得额调整额以《非居民企业汇总申报纳税事项处理联络函》通知汇缴机构所在地主管税务机关，汇缴机构所在地主管税务机关应对企业应纳税所得额及应纳税总额作相应调整，并在应补（退）税额中减除已在其他机构所在地缴纳的税款。

（三）总结阶段。各地税务机关应在7月15日前完成汇算清缴工作的资料归档、数据统计、汇总以及总结等工作，并于7月31日前向税务总局报送企业所得税汇算清缴工作总结及有关报表。工作总结的主要内容应包括：

1. 基本情况及相关分析。

（1）基本情况。主要包括企业税务登记户数、应参加汇算清缴企业户数、实际参加汇算清缴企业户数、未参加汇算清缴企业户数及其原因、据实申报企业户数、核定征收企业户数；据实申报企业的盈利户数、营业收入、利润总额、弥补以前年度亏损、应纳税所得额、应纳所得税额、减免所得税额、实际缴纳所得税额、亏损户数、亏损企业营业收入、亏损金额等内容；核定征收企业中换算的收入总额、应纳税所得额、应纳所得税额、减免所得税额、实际缴纳所得税额。

（2）主要指标分析和说明。主要分析汇算清缴面、所得税预缴率、税收负担率、企业亏损面等指标。

（3）据实申报企业盈亏情况分析。根据盈利企业户数、实际参加汇缴户数分析盈利面变化情况；分析盈利和亏损企业的营业收入、成本、费用、未弥补亏损前利润总额、亏损总额等指标的变化情况及原因等。

（4）纳税情况分析。包括预缴率变化，所得税预缴、补税和退税等情况。

2. 企业自行申报情况。主要包括申报表及其附表的填写和报送，自行调整的企业户数、主要项目和金额等情况。

3. 税务机关依法调整情况。主要包括税务机关依法调整的户数、主要项目、金额，同时应分别说明调增（减）应纳税所得额及应纳所得税额、亏损总额的户数、金额等情况。

4. 主要做法。包括汇算清缴工作的组织安排和落实情况，对税务人员的业务培训及对企业的前期宣传、培训、辅导情况，对申报表的审核情况以及汇算清缴工作的检查考核评比等情况。

5. 发现的问题及意见或建议。分企业和税务机关两个方面，企业方面主要包括申报表的填报、申报软件的操作使用情况和《办法》的执行情况等；税务机关方面主要包括所得税汇算清缴工作规程在实际操作中的应用情况及效果，说明存在的问题及改进的意见和建议。

三、《办法》及本规程所涉及的文书，由各省、自治区、直辖市和计划单列市国家税务局和相关地方税务局按照规定式样自行印制。

附件（略）。

国家税务总局关于中国居民企业向QFII支付股息、红利、利息代扣代缴企业所得税有关问题的通知

国税函〔2009〕47号

各省、自治区、直辖市和计划单列市国家税务局、地方税务局：

根据《中华人民共和国企业所得税法》及其实施条例（以下称企业所得税法）规定，现就中国居民企业向合格境外机构投资者（以下称为QFII）支付股息、红利、利息代扣代缴企业所得税有关问题明确如下：

一、QFII取得来源于中国境内的股息、红利和利息收入，应当按照企业所得税法规定缴纳10%的企业所得税。如果是股息、红利，则由派发股息、红利的企业代扣代缴；如果是利息，则由企业在支付或到期应支付时代扣代缴。

二、QFII取得股息、红利和利息收入，需要享受税收协定（安排）待遇的，可向主管税务机关提出申请，主管税务机关审核无误后按照税收协定的规定执行；涉及退税的，应及时予以办理。

三、各地税务机关应了解QFII在我国从事投资的情况，及时提供税收服务，建立税收管理档案，确保代扣代缴税款及时足额入库。

二〇〇九年一月二十三日

国家税务总局关于非居民企业取得B股等股票股息征收企业所得税问题的批复

国税函〔2009〕394号

上海市国家税务局：

你局《关于大众交通（集团）股份有限公司向B股非居民股东派发股利涉税问题的请示》（沪国税际〔2009〕49号）收悉，现批复如下：

根据《中华人民共和国企业所得税法》及其实施条例规定，在中国境内外公开发行、上市股票（A股、B股和海外股）的中国居民企业，在向非居民企业股东派发2008年及以后年度股息时，应统一按10%的税率代扣代缴企业所得税。非居民企业股东需要享受税收协定待遇的，依照税收协定执行的有关规定办理。

二〇〇九年七月二十四日

国家税务总局关于营业税改征增值税试点中非居民企业缴纳企业所得税有关问题的公告

国家税务总局公告 2013 年第 9 号

现将营业税改征增值税试点中非居民企业缴纳企业所得税有关问题公告如下：

营业税改征增值税试点中的非居民企业，取得《中华人民共和国企业所得税法》第三条第三款规定的所得，在计算缴纳企业所得税时，应以不含增值税的收入全额作为应纳税所得额。

本公告自发布之日起施行。

特此公告。

国家税务总局

2013 年 2 月 19 日

国家税务总局关于非居民企业派遣人员在中国境内提供劳务征收企业所得税有关问题的公告

国家税务总局公告 2013 年第 19 号

根据《中华人民共和国企业所得税法》及其实施条例、中国政府对外签署的避免双重征税协定（含与香港、澳门特别行政区签署的税收安排，以下统称税收协定）以及《国家税务总局关于印发〈中华人民共和国政府和新加坡共和国政府关于对所得避免双重征税和防止偷漏税的协定及议定书条文解释〉的通知》（国税发〔2010〕75 号）等规定，现就非居民企业派遣人员在中国境内提供劳务征收企业所得税有关问题公告如下：

一、非居民企业（以下统称"派遣企业"）派遣人员在中国境内提供劳务，如果派遣企业对被派遣人员工作结果承担部分或全部责任和风险，通常考核评估被派遣人员的工作业绩，应视为派遣企业在中国境内设立机构、场所提供劳务；如果派遣企业属于税收协定缔约对方企业，且提供劳务的机构、场所具有相对的固定性和持久性，该机构、场所构成在中国境内设立的常设机构。

在做出上述判断时，应结合下列因素予以确定：

（一）接收劳务的境内企业（以下统称"接收企业"）向派遣企业支付管理费、服务费性质的款项；

（二）接收企业向派遣企业支付的款项金额超出派遣企业代垫、代付被派遣人员的工资、薪金、社会保险费及其他费用；

（三）派遣企业并未将接收企业支付的相关费用全部发放给被派遣人员，而是保留了一定数额的款项；

（四）派遣企业负担的被派遣人员的工资、薪金未全额在中国缴纳个人所得税；

（五）派遣企业确定被派遣人员的数量、任职资格、薪酬标准及其在中国境内的工作地点。

二、如果派遣企业仅为在接收企业行使股东权利、保障其合法股东权益而派遣人员在中国境内提供劳务的，包括被派遣人员为派遣企业提供对接收企业投资的有关建议、代表派遣企业参加接收企业股东大会或董事会议等活动,均不因该活动在接收企业营业场所进行而认定为派遣企业在中国境内设立机构、场所或常设机构。

三、符合第一条规定的派遣企业和接收企业应按照《非居民承包工程作业和提供劳务税收管理暂行办法》(国家税务总局令第19号)规定办理税务登记和备案、税款申报及其他涉税事宜。

四、符合第一条规定的派遣企业应依法准确计算其取得的所得并据实申报缴纳企业所得税;不能如实申报的,税务机关有权按照相关规定核定其应纳税所得额。

五、主管税务机关应加强对派遣行为的税收管理,重点审核下列与派遣行为有关的资料,以及派遣安排的经济实质和执行情况,确定非居民企业所得税纳税义务:

(一)派遣企业、接收企业和被派遣人员之间的合同协议或约定;

(二)派遣企业或接收企业对被派遣人员的管理规定,包括被派遣人员的工作职责、工作内容、工作考核、风险承担等方面的具体规定;

(三)接收企业向派遣企业支付款项及相关账务处理情况,被派遣人员个人所得税申报缴纳资料;

(四)接收企业是否存在通过抵消交易、放弃债权、关联交易或其他形式隐蔽性支付与派遣行为相关费用的情形。

六、主管税务机关根据企业所得税法及本公告规定确定派遣企业纳税义务时,应与被派遣人员提供劳务涉及的个人所得税、营业税的主管税务机关加强协调沟通,交换被派遣人员提供劳务的相关信息,确保税收政策的准确执行。

七、各地在执行本公告规定对非居民企业派遣人员提供劳务进行税务处理时,应严格按照有关规定为派遣企业或接收企业及时办理对外支付相关手续。

八、本公告自2013年6月1日起施行。本公告施行前发生但未作税务处理的事项,依据本公告执行。

特此公告。

国家税务总局
2013年4月19日

国家税务总局　国家外汇管理局
关于服务贸易等项目对外支付税务备案有关问题的公告

国家税务总局　国家外汇管理局公告 2013 年第 40 号

为便利对外支付和加强跨境税源管理，现就服务贸易等项目对外支付税务备案有关问题公告如下：

一、境内机构和个人向境外单笔支付等值 5 万美元以上（不含等值 5 万美元，下同）下列外汇资金，除本公告第三条规定的情形外，均应向所在地主管国税机关进行税务备案，主管税务机关仅为地税机关的，应向所在地同级国税机关备案：

（一）境外机构或个人从境内获得的包括运输、旅游、通信、建筑安装及劳务承包、保险服务、金融服务、计算机和信息服务、专有权利使用和特许、体育文化和娱乐服务、其他商业服务、政府服务等服务贸易收入；

（二）境外个人在境内的工作报酬，境外机构或个人从境内获得的股息、红利、利润、直接债务利息、担保费以及非资本转移的捐赠、赔偿、税收、偶然性所得等收益和经常转移收入；

（三）境外机构或个人从境内获得的融资租赁租金、不动产的转让收入、股权转让所得以及外国投资者其他合法所得。

外国投资者以境内直接投资合法所得在境内再投资单笔 5 万美元以上的，应按照本规定进行税务备案。

二、境内机构和个人（以下称备案人）在办理对外支付税务备案时，应向主管国税机关提交加盖公章的合同（协议）或相关交易凭证复印件（外文文本应同时附送中文译本），并填报《服务贸易等项目对外支付税务备案表》（一式三份，以下简称《备案表》，见附件1）。

同一笔合同需要多次对外支付的，备案人须在每次付汇前办理税务备案手续，但只需在首次付汇备案时提交合同（协议）或相关交易凭证复印件。

三、境内机构和个人对外支付下列外汇资金，无需办理和提交《备案表》：

（一）境内机构在境外发生的差旅、会议、商品展销等各项费用；

（二）境内机构在境外代表机构的办公经费，以及境内机构在境外承包工程的工程款；

（三）境内机构发生在境外的进出口贸易佣金、保险费、赔偿款；

（四）进口贸易项下境外机构获得的国际运输费用；

（五）保险项下保费、保险金等相关费用；

（六）从事运输或远洋渔业的境内机构在境外发生的修理、油料、港杂等各项费用；

（七）境内旅行社从事出境旅游业务的团费以及代订、代办的住宿、交通等相关费用；

（八）亚洲开发银行和世界银行集团下属的国际金融公司从我国取得的所得或收入，包括投资合营企业分得的利润和转让股份所得、在华财产（含房产）出租或转让收入以及贷款给我国境内机构取得的利息；

（九）外国政府和国际金融组织向我国提供的外国政府（转）贷款（含外国政府混合（转）贷款）和国际金融组织贷款项下的利息。本项所称国际金融组织是指国际货币基金组织、世界银行集团、国际开发协会、国际农业发展基金组织、欧洲投资银行等；

（十）外汇指定银行或财务公司自身对外融资如境外借款、境外同业拆借、海外代付以及其他债务等项下的利息；

（十一）我国省级以上国家机关对外无偿捐赠援助资金；

（十二）境内证券公司或登记结算公司向境外机构或境外个人支付其依法获得的股息、红利、利息收入及有价证券卖出所得收益；

（十三）境内个人境外留学、旅游、探亲等因私用汇；

（十四）境内机构和个人办理服务贸易、收益和经常转移项下退汇；

（十五）国家规定的其他情形。

四、境外个人办理服务贸易、收益和经常转移项下对外支付，应按照个人外汇管理的相关规定办理。

五、备案人可通过以下方法获取《备案表》：

（一）在主管国税机关办税服务厅窗口领取；

（二）从主管国税机关官方网站下载。

六、备案人提交的资料齐全、《备案表》填写完整的，主管国税机关无须当场进行纳税事项审核，应编制《备案表》流水号，在《备案表》上盖章，1份当场退还备案人，1份留存，1份于次月10日前以邮寄或其他方式传递给备案人主管地税机关。

《备案表》流水号具体格式为：年份（2位）+ 税务机关代码（6位）+ 顺序号（6位）。"年份"指公历年度后两位数字，"顺序号"为本年度的自然顺序号。

七、备案人完成税务备案手续后，持主管国税机关盖章的《备案表》，按照外汇管理的规定，到外汇指定银行办理付汇审核手续。

八、主管国税机关或地税机关应自收到《备案表》后15个工作日内，对备案人提交的《备案表》及所附资料进行审查，并可要求备案人进一步提供相关资料。审查的内容包括：

（一）备案信息与实际支付项目是否一致；

（二）对外支付项目是否已按规定缴纳各项税款；

（三）申请享受减免税待遇的，是否符合相关税收法律法规和税收协定（安排）的规定。

九、主管税务机关审查发现对外支付项目未按规定缴纳税款的，应书面告知纳税人或扣缴义务人履行申报纳税或源泉扣缴义务，依法追缴税款，按照税收法律法规的有关规定实施处罚。

十、主管国税机关、地税机关应加强对外支付税务备案事项的管理，及时统计对外支付备案情况及税收征管情况，填写《服务贸易等项目对外支付税务备案情况年度统计表》（见附件2），并于次年1月31日前层报税务总局（国际税务司）。

十一、各级税务部门、外汇管理部门应当密切配合，加强信息交换工作。执行过程中如发现问题，应及时向上级部门反馈。

十二、本公告自2013年9月1日起施行。《国家税务总局　国家外汇管理局关于加强外国公司船舶运输收入税收管理及国际海运业对外支付管理的通知》（国税发〔2001〕139号）、《国家税务总局　国家外汇管理局关于加强外国公司船舶运输收入税收管理及国际海运业对外支付管理的补充通知》（国税发〔2002〕107号）、《国家税务总局　国家外汇管理局关于境内机构及个人对外支付技术转让费不再提交营业税税务凭证的通知》（国税发〔2005〕28号）、《国家外汇管理局　国家税务总局关于服务贸易等项目对外支付提交税务证明有关问题的通知》（汇发〔2008〕64号）、《国家税务总局关于印发〈服务贸易等项目对外支付出具税务证明管理办法〉的通知》（国税发〔2008〕122号)、《国家外汇管理局关于转发国家税务总局服务贸易等项目对外支付出具税务证明管理办法的通知》(汇发〔2009〕1号)、《国家外汇管理局 国家税务总局关于进一步明确服务贸易等项目对外支付提交税务证明有关问题的通知》(汇发〔2009〕52号)和《国家税务总局关于修改〈服务贸易等项目对外支付出具税务证明申请表〉的公告》(国家税务总局公告2012年第54号)同时废止。

特此公告。

附件(略):1. 服务贸易等项目对外支付税务备案表
     2. 服务贸易等项目对外支付备案情况年度统计表

国家税务总局 国家外汇管理局
2013年7月9日

国家税务总局关于非居民企业
股权转让适用特殊性税务处理有关问题的公告

国家税务总局公告 2013 年第 72 号

为规范和加强非居民企业股权转让适用特殊性税务处理的管理，根据《中华人民共和国企业所得税法》及其实施条例、《财政部 国家税务总局关于企业重组业务企业所得税处理若干问题的通知》（财税〔2009〕59号，以下简称《通知》）的有关规定，现就有关问题公告如下：

一、本公告所称股权转让是指非居民企业发生《通知》第七条第（一）（二）项规定的情形；其中《通知》第七条第（一）项规定的情形包括因境外企业分立、合并导致中国居民企业股权被转让的情形。

二、非居民企业股权转让选择特殊性税务处理的，应于股权转让合同或协议生效且完成工商变更登记手续30日内进行备案。属于《通知》第七条第（一）项情形的，由转让方向被转让企业所在地所得税主管税务机关备案；属于《通知》第七条第（二）项情形的，由受让方向其所在地所得税主管税务机关备案。

股权转让方或受让方可以委托代理人办理备案事项；代理人在代为办理备案事项时，应向主管税务机关出具备案人的书面授权委托书。

三、股权转让方、受让方或其授权代理人（以下简称备案人）办理备案时应填报以下资料：

（一）《非居民企业股权转让适用特殊性税务处理备案表》（见附件1）；

（二）股权转让业务总体情况说明，应包括股权转让的商业目的、证明股权转让符合特殊性税务处理条件、股权转让前后的公司股权架构图等资料；

（三）股权转让业务合同或协议（外文文本的同时附送中文译本）；

（四）工商等相关部门核准企业股权变更事项证明资料；

（五）截至股权转让时，被转让企业历年的未分配利润资料；

（六）税务机关要求的其他材料。

以上资料已经向主管税务机关报送的，备案人可不再重复报送。其中以复印件向税务机关提交的资料，备案人应在复印件上注明"本复印件与原件一致"字样,并签字后加盖备案人印章;报送中文译本的,应在中文译本上注明"本译文与原文表述内容一致"字样,并签字后加盖备案人印章。

四、主管税务机关应当按规定受理备案,资料齐全的,应当场在《非居民企业股权转让适用特殊性税务处理备案表》上签字盖章,并退1份给备案人;资料不齐全的,不予受理,并告知备案人各应补正事项。

五、非居民企业发生股权转让属于《通知》第七条第(一)项情形的,主管税务机关应当自受理之日起30个工作日内就备案事项进行调查核实、提出处理意见,并将全部备案资料以及处理意见层报省(含自治区、直辖市和计划单列市,下同)税务机关。

税务机关在调查核实时,如发现此种股权转让情形造成以后该项股权转让所得预提税负担变化,包括转让方把股权由应征税的国家或地区转让到不征税或低税率的国家或地区,应不予适用特殊性税务处理。

六、非居民企业发生股权转让属于《通知》第七条第(二)项情形的,应区分以下两种情形予以处理:

(一)受让方和被转让企业在同一省且同属国税机关或地税机关管辖的,按照本公告第五条规定执行。

(二)受让方和被转让企业不在同一省或分别由国税机关和地税机关管辖的,受让方所在地省税务机关收到主管税务机关意见后30日内,应向被转让企业所在地省税务机关发出《非居民企业股权转让适用特殊性税务处理告知函》(见附件2)。

七、非居民企业股权转让未进行特殊性税务处理备案或备案后经调查核实不符合条件的,适用一般性税务处理规定,应按照有关规定缴纳企业所得税。

八、非居民企业发生股权转让属于《通知》第七条第(一)项情形且选择特殊性税务处理的,转让方和受让方不在同一国家或地区的,若被转让企业股权转让前的未分配利润在转让后分配给受让方的,不享受受让方所在国家(地区)与中国签订的税收协定(含税收安排)的股息减税优惠待遇,并由被转让企业按税法相关规定代扣代缴企业所得税,到其所在地所得税主管税务机关申报缴纳。

九、省税务机关应做好辖区内非居民企业股权转让适用特殊性税务处理的管理工作,于年度终了后30日内向国家税务总局报送《非居民企业股权转让适用特殊性税务处理情况统计表》（见附件3）。

十、本公告自发布之日起施行。本公告实施之前发生的非居民企业股权转让适用特殊性税务处理事项尚未处理的，可依据本公告规定办理。《国家税务总局关于加强非居民企业股权转让所得企业所得税管理的通知》（国税函〔2009〕698号）第九条同时废止。

特此公告。

附件（略）：1. 非居民企业股权转让适用特殊性税务处理备案表
2. 非居民企业股权转让适用特殊性税务处理告知函
3. 非居民企业股权转让适用特殊性税务处理情况统计表

国家税务总局
2013年12月12日

国家税务总局关于加强非居民企业股权转让所得企业所得税管理的通知

国税函〔2009〕698号

各省、自治区、直辖市和计划单列市国家税务局、地方税务局：

为规范和加强非居民企业股权转让所得企业所得税管理，依据《中华人民共和国企业所得税法》及其实施条例、《中华人民共和国税收征收管理法》及其实施细则、《国家税务总局关于印发〈非居民企业所得税源泉扣缴管理暂行办法〉的通知》（国税发〔2009〕3号）和《财政部 国家税务总局关于企业重组业务企业所得税处理若干问题的通知》（财税〔2009〕59号），现就有关问题通知如下：

一、本通知所称股权转让所得是指非居民企业转让中国居民企业的股权（不包括在公开的证券市场上买入并卖出中国居民企业的股票）所取得的所得。

二、扣缴义务人未依法扣缴或者无法履行扣缴义务的，非居民企业应自合同、协议约定的股权转让之日（如果转让方提前取得股权转让收入的，应自实际取得股权转让收入之日）起7日内，到被转让股权的中国居民企业所在地主管税务机关（负责该居民企业所得税征管的税务机关）申报缴纳企业所得税。非居民企业未按期如实申报的，依照税收征管法有关规定处理。

三、股权转让所得是指股权转让价减除股权成本价后的差额。

股权转让价是指股权转让人就转让的股权所收取的包括现金、非货币资产或者权益等形式的金额。如被持股企业有未分配利润或税后提存的各项基金等，股权转让人随股权一并转让该股东留存收益权的金额，不得从股权转让价中扣除。

股权成本价是指股权转让人投资入股时向中国居民企业实际交付的出资金额，或购买该项股权时向该股权的原转让人实际支付的股权转让金额。

四、在计算股权转让所得时，以非居民企业向被转让股权的中国居民企业投资时或向原投资方购买该股权时的币种计算股权转让价和股权成本价。如果同一非居民企业存在多次投资的，以首次投入资本时的币种计算股权转让价和股权成本价，以加权平均法计算股权成本价；多次投资时币种不一致的，则应按照每次投入资本当日的汇率换算成首次投资时的币种。

五、境外投资方（实际控制方）间接转让中国居民企业股权，如果被转让的境外控股公司所在国（地区）实际税负低于 12.5% 或者对其居民境外所得不征所得税的，应自股权转让合同签订之日起 30 日内，向被转让股权的中国居民企业所在地主管税务机关提供以下资料：

（一）股权转让合同或协议；

（二）境外投资方与其所转让的境外控股公司在资金、经营、购销等方面的关系；

（三）境外投资方所转让的境外控股公司的生产经营、人员、账务、财产等情况；

（四）境外投资方所转让的境外控股公司与中国居民企业在资金、经营、购销等方面的关系；

（五）境外投资方设立被转让的境外控股公司具有合理商业目的的说明；

（六）税务机关要求的其他相关资料。

六、境外投资方（实际控制方）通过滥用组织形式等安排间接转让中国居民企业股权，且不具有合理的商业目的，规避企业所得税纳税义务的，主管税务机关层报税务总局审核后可以按照经济实质对该股权转让交易重新定性，否定被用作税收安排的境外控股公司的存在。

七、非居民企业向其关联方转让中国居民企业股权，其转让价格不符合独立交易原则而减少应纳税所得额的，税务机关有权按照合理方法进行调整。

八、境外投资方（实际控制方）同时转让境内或境外多个控股公司股权的，被转让股权的中国居民企业应将整体转让合同和涉及本企业的分部合同提供给主管税务机关。如果没有分部合同的，被转让股权的中国居民企业应向主管税务机关提供被整体转让的各个控股公司的详细资料，准确划分境内被转让企业的转让价格。如果不能准确划分的，主管税务机关有权选择合理的方法对转让价格进行调整。

九、非居民企业取得股权转让所得，符合财税〔2009〕59 号文件规定的特殊性重组条件并选择特殊性税务处理的，应向主管税务机关提交书面备案资料，证明其符合特殊性重组规定的条件，并经省级税务机关核准。

十、本通知自 2008 年 1 月 1 日起执行。执行中遇到的问题请及时报告国家税务总局（国际税务司）。

二〇〇九年十二月十日

国家税务总局关于印发
《外国企业常驻代表机构税收管理暂行办法》的通知

国税发〔2010〕18号

各省、自治区、直辖市和计划单列市国家税务局、地方税务局:

  为规范外国企业常驻代表机构税收管理,税务总局制定了《外国企业常驻代表机构税收管理暂行办法》,现印发给你们,请遵照执行。执行中发现的问题请及时反馈税务总局(国际税务司)。

二〇一〇年二月二十日

外国企业常驻代表机构税收管理暂行办法

第一条 为规范外国企业常驻代表机构税收管理，根据《中华人民共和国税收征收管理法》（以下简称税收征管法）及其实施细则、《中华人民共和国企业所得税法》及其实施条例、《中华人民共和国营业税暂行条例》及其实施细则、《中华人民共和国增值税暂行条例》及其实施细则，以及相关税收法律法规，制定本办法。

第二条 本办法所称外国企业常驻代表机构，是指按照国务院有关规定，在工商行政管理部门登记或经有关部门批准，设立在中国境内的外国企业（包括港澳台企业）及其他组织的常驻代表机构（以下简称代表机构）。

第三条 代表机构应当就其归属所得依法申报缴纳企业所得税，就其应税收入依法申报缴纳营业税和增值税。

第四条 代表机构应当自领取工商登记证件（或有关部门批准）之日起30日内，持以下资料，向其所在地主管税务机关申报办理税务登记：

（一）工商营业执照副本或主管部门批准文件的原件及复印件；

（二）组织机构代码证书副本原件及复印件；

（三）注册地址及经营地址证明（产权证、租赁协议）原件及其复印件；如为自有房产，应提供产权证或买卖契约等合法的产权证明原件及其复印件；如为租赁的场所，应提供租赁协议原件及其复印件，出租人为自然人的还应提供产权证明的原件及复印件；

（四）首席代表（负责人）护照或其他合法身份证件的原件及复印件；

（五）外国企业设立代表机构的相关决议文件及在中国境内设立的其他代表机构名单（包括名称、地址、联系方式、首席代表姓名等）；

（六）税务机关要求提供的其他资料。

第五条 代表机构税务登记内容发生变化或者驻在期届满、提前终止业务活动的，应当按照税收征管法及相关规定，向主管税务机关申报办理变更登记或者注销登记；代表机构应当在办理注销登记前，就其清算所得向主管税务机关申报并依法缴纳企业所得税。

第六条 代表机构应当按照有关法律、行政法规和国务院财政、税务主管部门的规定设置账簿，根据合法、有效凭证记账，进行核算，并应按照实际履行的功能和承担的风险相配比的原则，准确计算其应税收入和应纳税所得额，在季度终了之日起15日内向主管税务机关据实申报缴纳企业所得税、营业税，并按照《中华人民共和国增值税暂行条例》及其实施细则规定的纳税期限，向主管税务机关据实申报缴纳增值税。

第七条 对账簿不健全，不能准确核算收入或成本费用，以及无法按照本办法第六条规定据实申报的代表机构，税务机关有权采取以下两种方式核定其应纳税所得额：

（一）按经费支出换算收入：适用于能够准确反映经费支出但不能准确反映收入或成本费用的代表机构。

1. 计算公式：

收入额 = 本期经费支出额/（1 - 核定利润率 - 营业税税率）；
应纳企业所得税额 = 收入额 × 核定利润率 × 企业所得税税率。

2. 代表机构的经费支出额包括：在中国境内、外支付给工作人员的工资薪金、奖金、津贴、福利费、物品采购费（包括汽车、办公设备等固定资产）、通讯费、差旅费、房租、设备租赁费、交通费、交际费、其他费用等。

（1）购置固定资产所发生的支出，以及代表机构设立时或者搬迁等原因所发生的装修费支出，应在发生时一次性作为经费支出额换算收入计税。

（2）利息收入不得冲抵经费支出额；发生的交际应酬费，以实际发生数额计入经费支出额。

（3）以货币形式用于我国境内的公益、救济性质的捐赠、滞纳金、罚款，以及为其总机构垫付的不属于其自身业务活动所发生的费用，不应作为代表机构的经费支出额；

（4）其他费用包括：为总机构从中国境内购买样品所支付的样品费和运输费用；国外样品运往中国发生的中国境内的仓储费用、报关费用；总机构人员来华访问聘用翻译的费用；总机构为中国某个项目投标由代表机构支付的购买标书的费用，等等。

（二）按收入总额核定应纳税所得额：适用于可以准确反映收入但不能准确反映成本费用的代表机构。计算公式：

应纳企业所得税额 = 收入总额 × 核定利润率 × 企业所得税税率。

第八条 代表机构的核定利润率不应低于15%。采取核定征收方式的代表机构，如能建立健全会计账簿，准确计算其应税收入和应纳税所得额，报主管税务机关备案，可调整为据实申报方式。

第九条 代表机构发生增值税、营业税应税行为，应按照增值税和营业税的相关法规计算缴纳应纳税款。

第十条 代表机构需要享受税收协定待遇，应依照税收协定以及《国家税务总局关于印发〈非居民享受税收协定待遇管理办法（试行）〉的通知》（国税发〔2009〕124号）的有关规定办理，并应按照本办法第六条规定的时限办理纳税申报事宜。

第十一条 本办法自2010年1月1日起施行。原有规定与本办法相抵触的，以本办法为准。《国家税务总局关于加强外国企业常驻代表机构税收征管有关问题的通知》（国税发〔1996〕165号）、《国家税务总局关于外国企业常驻代表机构有关税收管理问题的通知》（国税发〔2003〕28号）以及《国家税务总局关于外国政府等在我国设立代表机构免税审批程序有关问题的通知》（国税函〔2008〕945号）废止，各地不再受理审批代表机构企业所得税免税申请，并按照本办法规定对已核准免税的代表机构进行清理。

第十二条 各省、自治区、直辖市和计划单列市国家税务局和地方税务局可按本办法规定制定具体操作规程，并报国家税务总局（国际税务司）备案。

国家税务总局关于印发
《非居民企业所得税核定征收管理办法》的通知

国税发〔2010〕19号

各省、自治区、直辖市和计划单列市国家税务局、地方税务局：

为规范非居民企业所得税核定征收工作，税务总局制定了《非居民企业所得税核定征收管理办法》，现印发给你们，请遵照执行。执行中发现的问题请及时反馈税务总局（国际税务司）。

二〇一〇年二月二十日

非居民企业所得税核定征收管理办法

第一条 为了规范非居民企业所得税核定征收工作，根据《中华人民共和国企业所得税法》（以下简称企业所得税法）及其实施条例和《中华人民共和国税收征收管理法》（以下简称税收征管法）及其实施细则，制定本办法。

第二条 本办法适用于企业所得税法第三条第二款规定的非居民企业，外国企业常驻代表机构企业所得税核定办法按照有关规定办理。

第三条 非居民企业应当按照税收征管法及有关法律法规设置账簿，根据合法、有效凭证记账，进行核算，并应按照其实际履行的功能与承担的风险相匹配的原则，准确计算应纳税所得额，据实申报缴纳企业所得税。

第四条 非居民企业因会计账簿不健全，资料残缺难以查账，或者其他原因不能准确计算并据实申报其应纳税所得额的，税务机关有权采取以下方法核定其应纳税所得额。

（一）按收入总额核定应纳税所得额：适用于能够正确核算收入或通过合理方法推定收入总额，但不能正确核算成本费用的非居民企业。计算公式如下：

$$应纳税所得额 = 收入总额 \times 经税务机关核定的利润率$$

（二）按成本费用核定应纳税所得额：适用于能够正确核算成本费用，但不能正确核算收入总额的非居民企业。计算公式如下：

$$应纳税所得额 = 成本费用总额 / (1 - 经税务机关核定的利润率) \times 经税务机关核定的利润率$$

（三）按经费支出换算收入核定应纳税所得额：适用于能够正确核算经费支出总额，但不能正确核算收入总额和成本费用的非居民企业。计算公式：

$$应纳税所得额 = 经费支出总额 / (1 - 经税务机关核定的利润率 - 营业税税率) \times 经税务机关核定的利润率$$

第五条 税务机关可按照以下标准确定非居民企业的利润率：

（一）从事承包工程作业、设计和咨询劳务的，利润率为15%~30%；

（二）从事管理服务的，利润率为30%~50%；

（三）从事其他劳务或劳务以外经营活动的，利润率不低于15%。

税务机关有根据认为非居民企业的实际利润率明显高于上述标准的，可以按照比上述标准更高的利润率核定其应纳税所得额。

第六条 非居民企业与中国居民企业签订机器设备或货物销售合同，同时提供设备安装、装配、技术培训、指导、监督服务等劳务，其销售货物合同中未列明提供上述劳务服务收费金额，或者计价不合理的，主管税务机关可以根据实际情况，参照相同或相近业务的计价标准核定劳务收入。无参照标准的，以不低于销售货物合同总价款的 10% 为原则，确定非居民企业的劳务收入。

第七条 非居民企业为中国境内客户提供劳务取得的收入，凡其提供的服务全部发生在中国境内的，应全额在中国境内申报缴纳企业所得税。凡其提供的服务同时发生在中国境内外的，应以劳务发生地为原则划分其境内外收入，并就其在中国境内取得的劳务收入申报缴纳企业所得税。税务机关对其境内外收入划分的合理性和真实性有疑义的，可以要求非居民企业提供真实有效的证明，并根据工作量、工作时间、成本费用等因素合理划分其境内外收入；如非居民企业不能提供真实有效的证明，税务机关可视同其提供的服务全部发生在中国境内，确定其劳务收入并据以征收企业所得税。

第八条 采取核定征收方式征收企业所得税的非居民企业，在中国境内从事适用不同核定利润率的经营活动，并取得应税所得的，应分别核算并适用相应的利润率计算缴纳企业所得税；凡不能分别核算的，应从高适用利润率，计算缴纳企业所得税。

第九条 拟采取核定征收方式的非居民企业应填写《非居民企业所得税征收方式鉴定表》（见附件，以下简称《鉴定表》），报送主管税务机关。主管税务机关应对企业报送的《鉴定表》的适用行业及所适用的利润率进行审核，并签注意见。

对经审核不符合核定征收条件的非居民企业，主管税务机关应自收到企业提交的《鉴定表》后 15 个工作日内向其下达《税务事项通知书》，将鉴定结果告知企业。非居民企业未在上述期限内收到《税务事项通知书》的，其征收方式视同已被认可。

第十条 税务机关发现非居民企业采用核定征收方式计算申报的应纳税所得额不真实，或者明显与其承担的功能风险不相匹配的，有权予以调整。

第十一条 各省、自治区、直辖市和计划单列市国家税务局和地方税务局可按照本办法第五条规定确定适用的核定利润率幅度，并根据本办法规定制定具体操作规程，报国家税务总局（国际税务司）备案。

第十二条 本办法自发布之日起施行。

附件（略）：非居民企业所得税征收方式鉴定表

国家税务总局关于认定税收协定中"受益所有人"的公告国家税务总局公告

2012 年第 30 号

根据《国家税务总局关于如何理解和认定税收协定中"受益所有人"的通知》(国税函〔2009〕601 号),现对受益所有人身份的认定,公告如下:

一、在判定缔约对方居民的受益所有人身份时,应按照国税函〔2009〕601 号文件第二条规定的各项因素进行综合分析和判断,不应仅因某项不利因素的存在,或者第一条所述"逃避或减少税收、转移或累积利润等目的"的不存在,而做出否定或肯定的认定。

二、对国税函〔2009〕601 号文件第二条规定的各因素的理解和判断,可根据不同所得类型通过公司章程、公司财务报表、资金流向记录、董事会会议记录、董事会决议、人力和物力配备情况、相关费用支出、职能和风险承担情况、贷款合同、特许权使用合同或转让合同、专利注册证书、版权所属证明,以及代理合同或指定收款合同等资料进行分析和认定。

三、申请享受协定待遇的缔约对方居民(以下简称申请人)从中国取得的所得为股息的,如果其为在缔约对方上市的公司,或者其被同样为缔约对方居民且在缔约对方上市的公司 100% 直接或间接拥有(不含通过不属于中国居民或缔约对方居民的第三方国家或地区居民企业间接持有股份的情形),且该股息是来自上市公司所持有的股份的所得,可直接认定申请人的受益所有人身份。

四、申请人通过代理人或指定收款人等(以下统称代理人)代为收取所得的,无论代理人是否属于缔约对方居民,都不应据此影响对申请人受益所有人身份的认定,但代理人应向税务机关声明其本身不具有受益所有人身份。代理人的声明样式见附件。

五、税务机关按照本公告第四条的规定认定受益所有人身份,并批准相关税收协定待遇的,如果代理人所属居民国或地区与中国签有税收协定或信息交换协议,可视需要通过信息交换了解代理人的有关信息。通过信息交换可以认定代理人的受益所有人身份的,税务机关可改变此前的审批结果,向原受益所有人补征税款,并按照有关规定加收滞纳金。

六、有权审批的税务机关在处理相关审批事项时，因受益所有人身份难以认定而不能在规定期限内做出决定的，可以按照《国家税务总局关于印发〈非居民享受税收协定待遇管理办法（试行）〉的通知》（国税发〔2009〕124号）第十七条的规定，做出暂不享受税收协定待遇的处理。经过审批后可以享受税收协定待遇的，税务机关应将相应税款退还申请人。

七、按照国税发〔2009〕124号文件的规定，有权审批的税务机关在处理相关审批事项时，涉及否定申请人的受益所有人身份的案件，应报经省级税务机关批准后执行，省级税务机关应将相关案件处理结果同时报税务总局（国际税务司）备案。

八、同一纳税人就类似情形需要向不同税务机关申请认定受益所有人身份并享受税收协定待遇的，可向相关税务机关说明情况，相关税务机关应在相互协商一致后做出处理决定；相关税务机关不能协调一致的，应层报其共同的上级税务机关处理，并说明协商情况。

九、本公告自公布之日起施行。

附件（略）：代理人等确认自己不具有受益所有人身份的声明（略）

二〇一二年六月二十九日

国家税务总局关于境内机构向我国银行的境外分行支付利息扣缴企业所得税有关问题的公告
国家税务总局公告
2015 年第 47 号

根据《中华人民共和国企业所得税法》及其实施条例的有关规定，现对我国银行的境外分行业务活动中涉及从境内取得的利息收入有关企业所得税问题，公告如下：

一、本公告所称境外分行是指我国银行在境外设立的不具备所在国家（地区）法人资格的分行。境外分行作为中国居民企业在境外设立的分支机构，与其总机构属于同一法人。境外分行开展境内业务，并从境内机构取得的利息，为该分行的收入，计入分行的营业利润，按《财政部 国家税务总局关于企业境外所得税收抵免有关问题的通知》（财税〔2009〕125 号）的相关规定，与总机构汇总缴纳企业所得税。境内机构向境外分行支付利息时，不代扣代缴企业所得税。

二、境外分行从境内取得的利息，如果据以产生利息的债权属于境内总行或总行其他境内分行的，该项利息应为总行或其他境内分行的收入。总行或其他境内分行和境外分行之间应严格区分此类收入，不得将本应属于总行或其他境内分行的境内业务及收入转移到境外分行。

三、境外分行从境内取得的利息如果属于代收性质，据以产生利息的债权属于境外非居民企业，境内机构向境外分行支付利息时，应代扣代缴企业所得税。

四、主管税务机关应加强监管，严格审核相关资料，并利用第三方信息进行比对分析，对违反本公告相关规定的，应按照有关法律法规处理。

五、本公告自 2015 年 7 月 19 日起施行。《国家税务总局关于加强非居民企业来源于我国利息所得扣缴企业所得税工作的通知》（国税函〔2008〕955 号）第二条同时废止。

特此公告。

国家税务总局关于印发《非居民纳税人享受税收协定待遇管理规程（试行）》的通知

税总发〔2015〕128 号

各省、自治区、直辖市和计划单列市国家税务局、地方税务局：

《非居民纳税人享受税收协定待遇管理办法》将于 2015 年 11 月 1 日起执行。现将《非居民纳税人享受税收协定待遇管理规程（试行）》印发你们，请遵照执行。

附件（略）：1. 不应享受协定待遇补征税款案件情况简表
2. 非居民纳税人享受协定待遇不良信用清单
3. 非居民纳税人享受税收协定待遇汇总表

非居民纳税人享受税收协定待遇
管理规程（试行）

为贯彻落实《国家税务总局关于发布〈非居民纳税人享受税收协定待遇管理办法〉的公告》（国家税务总局公告 2015 年第 60 号），明确各级税务机关在非居民纳税人享受税收协定待遇管理工作中的具体职责和操作流程，制定本规程。

一、各级税务机关应加强对非居民纳税人享受税收协定待遇的事中事后管理，防范协定滥用和税收流失风险。

二、非居民纳税人在纳税申报或通过扣缴义务人扣缴申报时，自行享受协定待遇的，主管税务机关要在受理纳税申报或扣缴申报环节做好享受协定待遇相关信息采集，并进行事中风险控制。

三、主管税务机关应对非居民纳税人提交的享受协定待遇相关申报信息、报告表和资料进行抽查，审核非居民纳税人是否符合享受协定待遇条件，抽查对象应重点涵盖来自实际税率较低的国家（地区）、信用不良或享受协定优惠金额较大的非居民纳税人：

（一）非居民纳税人享受税收协定股息、利息、特许权使用费或财产收益条款待遇的，于季度终了 3 个月内对该季度享受税收协定待遇情况进行抽查，同一条款的抽查比例不低于该季度享受该条款待遇非居民纳税人户数的 30%。

（二）非居民纳税人享受税收协定其他条款待遇的，于季度终了 6 个月内对该季度享受税收协定待遇情况进行抽查，同一条款的抽查比例不低于该季度享受该条款待遇非居民纳税人户数的 10%。

四、主管税务机关对非居民纳税人享受协定待遇的相关申报信息、报告表和资料进行审核时，应重点审核以下内容：

（一）税收居民身份证明是否符合规定要求，是否存在双重税收居民身份的情况；

（二）申报所得类型及适用协定条款是否正确，非居民纳税人是否符合享受协定待遇条件；

（三）税款金额计算是否正确；

（四）是否存在滥用税收协定的风险。

五、在非居民纳税人享受协定待遇后续管理工作中，各级税务机关之间（含国税机关与地税机关之间，以及跨地区税务机关之间）应相互支持、协作，努力实现信息共享。

同一非居民纳税人在我国多地享受同一条款协定待遇，主管税务机关之间跨省或分别属于国税部门、地税部门的，一地主管税务机关在后续管理过程中发现该非居民纳税人不符合享受协定待遇条件并作出补税决定的，应在30日内将案件情况及不符合享受协定待遇理由层报省税务机关，由省税务机关之间沟通协调。作出补税决定后90日内各地无法达成一致的，补税地所在省税务机关应填写《不应享受协定待遇追征税款案件情况简表》（附件1），上报国家税务总局，由国家税务总局决定并通知各地统一执行。

六、主管税务机关因非居民纳税人不符合享受协定待遇条件作出补税决定且补税金额超过500万元（含500万）的，应在作出补税决定之日起30日内填写《不应享受协定待遇补征税款案件情况简表》，层报国家税务总局。

国家税务总局将定期汇总整理各地上报的《不应享受协定待遇补征税款案件情况简表》，并进行通报。对税收风险较大和执行不一致的案件，将不定期组织专家会审。

七、省税务机关应对非居民纳税人不当享受协定待遇的情况进行信用档案管理。

主管税务机关应对不符合享受协定待遇条件而享受了协定待遇，经责令限期缴纳税款，逾期仍不缴纳税款的非居民纳税人，以及不配合税务机关进行后续管理的非居民纳税人建立信用档案，并于季度终了15日内将《非居民纳税人享受协定待遇不良信用清单》（附件2）层报国家税务总局。

国家税务总局将定期通报非居民纳税人不当享受协定待遇的信用信息。各级税务机关应将信用不良的非居民纳税人作为重点管理对象，对其取得来源于本辖区的所得纳税情况和享受协定待遇情况严格监控，防范税收流失风险。

八、各地税务机关应定期对来自实际税率较低的国家（地区）、信用不良或所得类型风险较高的非居民纳税人享受税收协定待遇的情况进行专题检查。

九、各级税务机关应做好所负责辖区内非居民纳税人享受协定待遇情况的统计和分析工作，每年 3 月底前向国家税务总局报送上一年度的《非居民纳税人享受税收协定待遇汇总表》（附件 3）。

十、主管税务机关应妥善保管与非居民纳税人享受协定待遇相关的资料，适时开展非居民纳税人享受协定待遇的经济分析，利用有关数据进行税收风险管理，并建立与反避税调查、税收情报交换、税务检查和相互协商等国际税收管理程序间信息共享的动态管理监控机制。

十一、省税务机关可根据实际工作情况，制定适用于本辖区的非居民纳税人享受税收协定待遇管理工作细则或工作指引，探索建立科学的后续管理案源选择、风险识别、风险排序、风险应对指标和体系，辖区内的征管协作可以参照本规程第五条的规定执行，也可以另行规定。各地制定的工作细则和工作指引应上报国家税务总局（国际税务司）备案。

十二、本规程自 2015 年 11 月 1 日起执行。

附件（略）。

国家税务总局关于印发
《非居民企业税收协同管理办法(试行)》的通知

国税发〔2010〕119号

各省、自治区、直辖市和计划单列市国家税务局、地方税务局：

为规范和加强非居民企业税收协同管理，提高非居民税收管理质量和效率，税务总局制定了《非居民企业税收协同管理办法(试行)》，现印发给你们，请遵照执行，并将执行中问题反馈给税务总局(国际税务司)。

二〇一一年三月二十日

非居民企业税收协同管理办法（试行）

第一章 总 则

第一条 为规范和加强非居民企业税收协同管理，提高非居民税收管理质量和效率，根据《中华人民共和国企业所得税法》及其实施条例（以下统称企业所得税法）和《中华人民共和国税收征收管理法》及其实施细则（以下统称税收征管法），制定本办法。

第二条 本办法所称协同管理是指各级税务机关之间、国税机关和地税机关之间、税务机关内部各部门之间在非居民企业税收管理方面的协调配合工作。

第三条 各级税务机关应设立非居民企业税收管理岗位，配备专业人员，负责非居民企业税收管理日常事务，承办非居民企业税收协同管理。各省（含自治区、直辖市和计划单列市，下同）级税务局国际税务管理部门应指定专人负责非居民企业税收协同管理事宜。

第二章 一般协同管理

第四条 对于需要跨省查询异地非居民企业税务登记或申报纳税等已有涉税信息资料的，主管税务机关应把需要查询的具体内容层报省级税务局，由省级税务局通过书面或电话等方式告知异地省级税务局，异地省级税务局应在收到对方请求后10个工作日内予以回复。

第五条 对于需要跨省调查取证的，主管税务机关应制作包括具体背景情况及联系人的专函，层报省级税务局，由省级税务局转发异地省级税务局，异地省级税务局应予配合，协助对方税务局做好相关工作；如有异议，可提请税务总局（国际税务司，下同）协调。

第三章 机构场所汇总纳税协同管理

第六条 非居民企业在中国境内设立两个或两个以上机构、场所，需要选择由其主要机构、场所汇总缴纳企业所得税的，主要机构、场所主管税务机关负责受理企业申请，并报经各机构场所主管税务机关的共同上级税务机关审核批准。

第七条 共同上级税务机关接受主要机构、场所主管税务机关的书面请示后，应采取书面或电话方式征求其他机构、场所主管税务机关意见，其他机构、场所主管税务机关应及时回复，采取电话方式的应作电话笔录。共同上级税务机关应根据企业所得税法规定，在征求其他机构、场所主管税务机关意见后，作出是否同意非居民企业汇总缴纳企业所得税的批复。

第八条 主要机构、场所主管税务机关拟对经批准汇总缴纳企业所得税的非居民企业实施税务检查时，需要同时对其他机构、场所进行检查的，应报请共同上级税务机关组织实施联合税务检查。

第四章 股权转让协同管理

第九条 非居民企业发生股权转让行为，如果扣缴义务人与被转让股权企业不在同一地的，扣缴义务人主管税务机关应按照《国家税务总局关于印发〈非居民企业所得税源泉扣缴管理暂行办法〉的通知》（国税发〔2009〕3号）第十五条第三款规定向被转让股权企业所在地主管税务机关发送《非居民企业税务事项联络函》（以下简称《联络函》），被转让股权企业所在地主管税务机关在扣缴义务发生之日起3个月内未收到《联络函》的，可按照企业所得税法规定直接向非居民企业追缴税款。

被转让股权企业所在地主管税务机关未在上述规定期限内收到《联络函》也未向非居民企业追缴税款的，扣缴义务人主管税务机关仍应负责督促扣缴义务人扣缴税款。

第十条 非居民企业整体转让两个或两个以上中国居民企业股权，如果中国居民企业不在同一地的，各主管税务机关应相互告知税款计算方法并取得一致意见后组织税款入库；如不能取得一致意见的，应报其共同上一级税务机关协调。

第五章 异地从事经营活动协同管理

第十一条 主管税务机关发现同一非居民企业同时在异地从事相同或类似承包工程作业或提供劳务以及提供特许权许可使用的，应及时把征免税判定、常设机构判定、核定利润率、税款计算缴纳、外籍人员停留时间等信息告知异地主管税务机关，异地主管税务机关应把非居民企业的上述信息及时告知对方主管税务机关。各地主管税务机关应就非居民企业的纳税义务判定及理由、应纳税款计算等税务处理结论取得一致意见；如不能取得一致意见的，应报其共同上一级税务机关协调。

第六章 国税机关和地税机关协同管理

第十二条 非居民企业取得企业所得税法第三条第二款规定的所得，由机构、场所所在地国税机关负责管理。

非居民企业取得企业所得税法第三条第三款规定的所得,由支付该项所得的境内单位和个人的所得税主管税务机关负责管理。

第十三条 主管国税机关或地税机关在非居民企业税收管理中,发现属于对方管理的税源,不得自行组织入库,应及时把相关信息告知对方处理。

第十四条 主管国税机关或地税机关在非居民企业税收管理中,发现既有自身管理的税源又有对方管理的税源,应该相互通报情况,并就非居民企业构成常设机构、所得性质划分等税务处理形成一致意见;如不能达成一致意见的,应分别逐级报请各自上一级税务机关相互协调;如省级国税局与地税局仍存有异议的,报请税务总局协调。

第七章 对外支付出具税务证明协同管理

第十五条 税务机关内部非居民企业税源管理环节与对外支付税务证明出具环节应紧密衔接。税源管理环节应督促非居民企业和境内支付单位及个人按照《非居民承包工程作业和提供劳务税收管理暂行办法》(国家税务总局令第 19 号)和《国家税务总局关于印发〈非居民企业所得税源泉扣缴管理暂行办法〉的通知》(国税发〔2009〕3 号)规定办理税务登记、扣缴登记、资料报备及申报纳税等事宜,并依照税收征管法及相关规定处罚税务违章行为;在此基础上,对外支付税务证明出具环节应按照《国家税务总局关于印发〈服务贸易等项目对外支付出具税务证明管理办法〉的通知》(国税发〔2008〕122 号)规定,为境内机构和个人出具对外支付税务证明。

第十六条 境内机构和个人需对外支付,尽管提交资料齐全,但是征纳双方对税务处理存有异议的,如果主管税务机关能够确保税收收入不致流失,可以先行为境内机构和个人出具对外支付税务证明。

第十七条 对外支付税务证明中的税源仅由国税机关或地税机关管辖的,未管辖的国税机关或地税机关均应按规定及时出具对外支付税务证明。

第八章 附 则

第十八条 各省、自治区、直辖市和计划单列市国家税务局和地方税务局可根据本办法制定操作规程。

第十九条 税务总局将适时考核各地非居民企业税收协同管理工作。

第二十条 本办法自 2011 年 1 月 1 日起施行。

财政部　国家税务总局关于将铁路运输和邮政业纳入营业税改征增值税试点的通知

财税〔2013〕106号

各省、自治区、直辖市、计划单列市财政厅（局）、国家税务局、地方税务局，新疆生产建设兵团财务局：

经国务院批准，铁路运输和邮政业纳入营业税改征增值税（以下称营改增）试点。结合交通运输业和部分现代服务业营改增试点运行中反映的问题，我们对营改增试点政策进行了修改完善。现将有关试点政策一并印发你们，请遵照执行。

一、自2014年1月1日起，在全国范围内开展铁路运输和邮政业营改增试点。

二、各地要高度重视营改增试点工作，切实加强试点工作的组织领导，周密安排，明确责任，采取各种有效措施，做好试点前的各项准备以及试点过程中的监测分析和宣传解释等工作，确保改革的平稳、有序、顺利进行。遇到问题请及时向财政部和国家税务总局反映。

三、本通知附件规定的内容，除另有规定执行时间外，自2014年1月1日起执行。《财政部　国家税务总局关于在全国开展交通运输业和部分现代服务业营业税改征增值税试点税收政策的通知》（财税〔2013〕37号）自2014年1月1日起废止。

附件（略）：1. 营业税改征增值税试点实施办法
2. 营业税改征增值税试点有关事项的规定
3. 营业税改征增值税试点过渡政策的规定
4. 应税服务适用增值税零税率和免税政策的规定

参考文献

艾华：《如何理性认识税收收入增长高于 GDP 增长》，《税务研究》2005 年第 7 期。

褚作人：《发挥政府采购政策功能支持中小企业健康发展》，《中国政府采购》2009 年第 7 期。

费茂清、陈蓓、许燕：《地方税制的内外环境建设探析》，《经济体制改革》1999 年第 4 期。

辜声阻、王敏：《完善中小企业信贷融资体系的战略思考》，《商业时代》2017 年第 12 期。

河南省税务局年度工作总结（2000~2016 年）。

候梦姗：《税收经济导论》，中国财政经济出版社，1990。

胡改蓉、张明坤：《论中小企业政策性融资的制度安排》，《福建金融》2017 年第 2 期。

贾绍华：《中国税收流失问题研究》，中国财政经济出版社，2002。

李忠：《税收流失的制度分析》，《重庆大学学报》（社会科学版）2003 年第 6 期。

刘建民：《APEC 国家和地区公司所得税优惠政策比较研究》，《国外财经》2000 年第 2 期。

牛华勇：《我国税收流失原因的制度分析》，《涉外税务》2000 年第 9 期。

彭程：《涉外税务审计中存在的问题和对策》，《税务研究》2017 年第 3 期。

漆丽丽：《税收收入统计预测模型与经济分析》，《税务研究》2005 年第 1 期。

山东省济南市国家税务局课题组：《非居民企业纳税人股息、利息和财产收益企业所得税管理探究》,《涉外税务》2016 年第 4 期。

邵智:《治理税收流失的对策研究》,华中师范大学硕士学位论文,2004。

沈彤:《充分发挥税收在服务业发展中的作用》,《税务研究》2007 年第 8 期。

史山山、华国庆:《财税法视角下促进科技自主创新之比较研究》,《法制与社会》2008 年第 18 期。

王峰丽、蒋宝林:《OECD 国家 R&D 税收激励政策研究与经验借鉴》,《中国科技论坛》2005 年第 4 期。

王建平:《应继续调整和降低增值税小规模纳税人的征税率》,《税务研究》2017 年第 8 期。

王秀芝:《现行中小企业税收政策存在的问题及改革政策》,《商业时代》2009 年第 23 期。

韦坚、韦宁卫、蒙强:《国外纳税服务的借鉴与比较》,《法制与经济》2006 年第 1 期。

温雪梅:《教育国际化与中国高等教育国际化服务发展》,湖南师范大学博士论文,2010。

徐思聪:《完善我国创业投资财税政策研究》,苏州大学硕士学位论文,2009。

杨绍媛:《我国税收流失规模的测算》,《吉林财税高等专科学校学报》2014 年第 2 期。

殷志军:《信用担保附加性实证分析——以浙江省为例》,《金融与保险》2010 年第 7 期。

于明珠:《借鉴外国征管经验提高我国税收征管效率》,《财会研究》2006 年第 2 期。

赵春玲:《缺乏非正式制度的约束是我国税收流失的重要原因》,《改革》2003 年第 6 期。

郑伟:《促进我国高科技产业突破性发展的财税政策创新研究》,《科技进步与对策》2007 年第 6 期。

郑州市税务局年度工作总结(2000~2016 年)。

《中国财政年鉴》(1982~2016 年),北京,中国财政出版社。

《中国税收年鉴》(1982~2016年)，北京，中国税务出版社。

《中国统计年鉴》(1982~2016年)，北京，中国统计出版社。

周立新：《论税收政策及其政策目标与政策手段的选择》，《商业研究》2005年第2期。

2010《中国税收问卷跟踪调查报告》，中国税收调查系统网。

Abe Greenbaun, *The Problem Resolution Service* 3 (2000).

Agrawal. H., *Individual Investment and Tax Planning* (Jammu: Finance & Economics Publishing House of India, 2006).

Alan J., Auerbach and Martin Feldstein, *Handbook of Public Economics* (Urbana: Elsevier Science Publishers, 2006).

Allingham. G & Sanadmem. A., *Theoretical Analysis for Individual Income Tax Evasion* (California: Publishing House of California, 2016).

Almarza. G. C., *The Audit Work Report of Canada Customs and Revenue Agency* (Houston: Finance & Economics Press, 2017).

Alm. James & Beck. William., "Will the State Clean. Individual Response to State Tax Amnesties", *Journal of Monetary Economics* 65 (1991).

Andreoni, "Tax Compliance", *Journal of Economics Literature* 29 (1998).

A. B. Atkinson, *Modern Public Finance* (Washington: Edward Elgar Publishing Company, 2003).

Bahl., "A Representative Tax System Approach to Measuring Tax Effort in Developing Countries", *International Monetary Fund Staff Papers* (New York: Cambridge University Press, 2005).

Bahl. A. J., "A Regression Approach to Tax Effort and Tax Ratio Analysis", *International Monetary Fund Staff Papers* (2002).

Bahl. G. & Roy. H., "A Regression Approach to Tax Effort and Tax Ratio Analysis", *International Monetary Fund Staff Papers* 18 (1971).

Bahl. G. & Roy. H., "A Representative Tax System Approach to Measuring Tax Effort in Developing Countries", *International Monetary Fund Staff Papers* 6 (2003).

Baily. M. J., *National Income and the Price Level: A Study in Macroeconomic Theory* (New York: Macgraw Hill Press, 2008).

Barro. R. J. , "Output Effects of Government Purchases", *Journal of Political Economy* 6 (2001).

Charlesl. Vehorn &Tohn Brondolo, "Organization Options for Tax Administration", *Bulletin for International Fiscal Document* 11 (1999).

Ercolani. V. & Pavoni. N. , "the Effect of Government Consumption on Private Consumption: Macro Evidence from Micro Data", *Job Market Pape* (2008).

Garrison. Charles B. and Feng Yao Lee. Taxation. Aggregate Activity and Economic Growth. Further Cross Country Evidence on Some Supply Side Hypotheses. Economic Inquiry. 2002 (1).

Inman. A &Robert P. , "Federal Assistance and Local Services in the United States", *The Evolution of a New Federalist Fiscal* (Chicago: U. Chicago Press, 2004).

Inman. R. P. & Harvey Rosen, "Federal Assistance and Local Services in the United States. The Evolution of a New Federalist Fiscal," *Order in Fiscal Federalism* 1988.

James A. & Kinder, "A. Tax on Stop-loss Clauses to Fund High-risk Pools", *Journal of Risk & Insurance* 12 (2003).

James. G. , *Finance & Accounting* (Phoenix: Mechanism Industry Publishing House, 2005).

Justin Scott Tax System & Tax Administration. Journal of Finance, 2018 (5). 37-49.

Knight. J. , "Fiscal Decentralization: Incentive, Redistribution and Reform in China", *Oxford Deveopment Studies* 9 (2007).

Knight. J. L. , "Fiscal Decentralization: Incentive, Redistribution and Reform in China", *Oxford Development Studies* 27 (1999).

K. Marsden, "Link between Taxes and Economic Growth. some Empirical Evidence", *World Bank Staff Working Papers* 8 (2006).

Laferia. R. D. & Lockwood. B. , *Option for Tax Reform: An Evaluation of the European Commisions's Proposals for Reform on VAT on Financial Services* (Urbana: University of Warwick, 2010).

Macheal Kaza, "An Empirical Study on Tax Loss", *Journal of Economics* 5 (2010).

Megris W B., *Finance and Accounting* (California: Finance & Economics Publishing House of California, 2001).

Michael Moran, "Availability Analysis. A Guide to Efficient Tax Use", *Journal of Finance* 4 (2005).

Monacelli. D. & Pazienza. M. G., *VAT Exemption of Financial Services in the EU: an Assessment of the Italian Case* (Urbana: University of Warwick, 2007).

OECD Revised Discussion Draft on Transfer Pricing Aspects of Intangibles, July 7th 2016.

Pechman J., "Tax Reforms", *NBER Working Paper* (New York: Cambridge University Press, 2003).

Ramesh Ponnuru, "the Perils of Tax Reform: Frankly, Tiny and Timid Is Better than Big and Bold", *National Review* 12 (2004).

Scully. G. W., "the Growth Tax in the United States", *Public Choice* 2 (2005).

Spivak. G. HM Treasury. Government Publishes Final Legislation on the Bank Levy. 3 (2010).

Stine. William F, "Is Local Government Revenue Response to Federal Aid Symmetrical", *National Tax Papers* 1994 (47).

Tom Neubig & Balvinder Sangha, *Tax Risk and Strong Corporate Governance*, 3 (2004).

William F., "Is Local Government Revenue Response to Federal Aid Symmetrical?", 8 (2004).

致　谢

在本书的写作接近尾声之际，我首先感谢黄河科技学院董事长、老校长胡大白先生，黄河科技学院杨雪梅校长、杨保成副校长及科学研究中心主任李德昌和副主任周丽华的大力支持！

要特别感谢学术精湛、睿智博学、温文尔雅、责任心强的杨保成教授，在杨教授的悉心指导与栽培下，我最终完成了北京交通大学中国产业安全研究中心的研究任务：论文发表、课题研究和研究报告的写作。从本书的选题、大纲拟定，框架构建、数据整理、材料搜集到出站报告的最后完成，都得到了杨校长高屋建瓴、画龙点睛的指导。在学习研究期间，我深深地感受到了杨校长渊博的学识、广阔的视野、深邃的思维、大家的气度，更深深地感受到杨校长的人格魅力。为此，对杨校长表示最衷心的感谢和最崇高的敬意！

感谢河南省电化教育馆党办主任崔海生对我提供的大力支持！

最后，感谢家人对我在黄河科技学院工作期间的各种帮助。

李　飞

2018 年 10 月 20 日

图书在版编目(CIP)数据

"一带一路"视阈下的跨国税源管理/李飞，李怡君著．——北京：社会科学文献出版社，2018.12
　ISBN 978 – 7 – 5201 – 3370 – 8

　Ⅰ.①一… Ⅱ.①李…②李… Ⅲ.①国际税收 – 税收管理 – 研究 Ⅳ.①F810.42

中国版本图书馆 CIP 数据核字（2018）第 200749 号

"一带一路"视阈下的跨国税源管理

著　　者 /	李　飞　李怡君
出 版 人 /	谢寿光
项目统筹 /	吴　敏
责任编辑 /	吴　敏　吴云苓
出　　版 /	社会科学文献出版社・皮书出版分社 (010) 59367127 地址：北京市北三环中路甲 29 号院华龙大厦　邮编：100029 网址：www.ssap.com.cn
发　　行 /	市场营销中心 (010) 59367081　59367083
印　　装 /	三河市尚艺印装有限公司
规　　格 /	开本：787mm × 1092mm　1/16 印　张：15.5　字　数：261 千字
版　　次 /	2018 年 12 月第 1 版　2018 年 12 月第 1 次印刷
书　　号 /	ISBN 978 – 7 – 5201 – 3370 – 8
定　　价 /	79.00 元

本书如有印装质量问题，请与读者服务中心 (010 – 59367028) 联系

▲ 版权所有 翻印必究